沖縄のシマ社会への社会教育的アプローチ

暮らしと学び空間のナラティヴ

末本誠 著
Makoto Suemoto

福村出版

沖縄に

はじめに

本書は「シマ（生まれジマ）」と呼ばれる沖縄の集落がもつ、「学びの空間」としての意味の解明を目指している。「学び」というと、ただちに「学校」や「教室」「教科書」を思い出すかもしれないが、ここで取り上げるのは客観的な知識の習得を旨とする、いわゆる学校の世界とは異なっている。本書が取り上げるのは、集落の公民館（区事務所）を拠点に展開する、人びとの日常におけるさまざまな生活的実践である。本書は沖縄のシマ社会において人びとが繰り広げる暮らしの中に、教育（社会教育）的な意味を見出すことを通じて、その現代的な意義を明らかにしようとする。

沖縄には、1000を超すとされる集落が存在する。各集落には集会施設を備えた区事務所（字公民館）があり、さまざまの日常的活動が活発に展開している。その活動は多彩であり、内容豊かである。最近注目を集める若者によるエイサーも、そのような集落の活動の一部に属する。集落で展開する日常の活動というのは具体的には、伝統的な年中行事（神行事）や生年合同祝い、学事奨励会、教育隣組、区行政の集まり、スポーツ行事、防犯活動、大清掃等々である。集落の活動はこのように、子どもを対象にするものから高齢者対象のものまで幅が広く、奥行も深い。字公民館ないしは区事務所は、それらの活動を実際に担う老人会や婦人会、青年会などの、地域組織の事務局になっている。

ところで字公民館は、学校と並ぶ教育機関に位置づけられる公立の公民館とは区別され、社会教育法による区分では「公民館類似施設」（第42条）に分類される。フォーマルな教育の一部である前者に対して、後者は住民が行う任意の活動であるため、これまで先に示した諸活動に教育的な意味を見出そうとする取り組みは、ほとんど行われていないのが実情である。社会教育の世界でも、教育制度を中心とした議論では客観的な知識の伝達を重視する考えが強く、学校が家庭や地域から切り離されるのと同様に、公民館も地域の日常的な生活から自らを区別しようとしてきたからである。

しかしながら今日、学校教育の行き詰まりを背景に新しい教育のモデルを探求しようとする動きが、国際的に高まっている。本書はそのような新しい教育の世界を、集落の日常的な生活実践の中に求めようとする。沖縄の集落の活動については、これまでも民俗学や歴史学をはじめとするさまざまな研究が蓄積されてきており、本書はそこに社会教育の立場からの知見を加えようとするものである。

これまで、教育ないしは社会教育研究からの沖縄の集落へのアプローチが限られたものであったという背景には、日常の生活的実践の教育的意味を明らかにするための方法が見つけにくかったという事由が存在する。端的に言えば、集落での人々の生活と一体となって展開するシマ社会の未分化な意味世界に入り込むことが、難しかったのである。この困難を克服するために、本書では筆者がフランスでの成人教育研究の進展に触れる過程で接した、エスノメソドロジーやアクションリサーチ、ライフヒストリーと呼ばれる、新しい方法論による試みをする。エスノメソドロジーやアクションリサーチは、これまで科学性や客観性に重きをおいてきた学問研究のある種の偏りに対して、原初に戻る取り組みとして事実の複雑性に目を向け、研究する者が現実に関わりをもつことを重視する考えである。ライフヒストリーは、その具体的な研究方法の一つである。

本書では、集落の日常の生活的実践の意味を探求するにあたって、集落がもつ「学びの空間」としての世界が重層的な構成をもつものと捉え、「公民館制度」→「地域課題の変遷」→「字誌づくり」→「村踊り」→「人生の出来事」という、シマ社会の表層から深部にいたる（制度や集団から個人へ）多様なアプローチを試みる。

ところで今日、沖縄は二つの意味で世の関心の的になっている。一つは領土問題に後押しされた、普天間基地の辺野古への移転という政治問題として。もう一つは住みやすさや癒しを与える、憧れの土地として。しかし正確には、前者は「本土」に住むものの沖縄差別への無自覚と、また後者は自分と前者の関わりを考えない身勝手さと言い換えられるべきだろう。その中にあって本書の「シマ社会」という切り口は、現代社会において沖縄がもつ意味の探求としては、迂遠なものに感じられるかもしれない。しかしながら、ここでの試みは沖縄なるもののある本質を探究しようとしている。その本質とは、沖縄の人々が歴史の中で蓄積してきた生活的な実践がもつダイナミズムと創造性であり、それが有するはずのレジスタンスの根基である。

本書は、研究全体の課題や対象、方法を説明する第Ⅰ部と、シマ社会の日常的諸実践に関するいくつかの個別研究を集めた第Ⅱ部、それらの教育論および沖縄研究としてのまとめをする第Ⅲ部の、三つの部分から構成されている。字公民館に関する制度論的な検討を行った第3章が第Ⅰ部に含まれているのは、この章で明らかにされた成果の限界がすなわちこの研究の前提になり、出発点になるからである。

第Ⅱ部の「シマ社会」は五つの章からなり、それぞれ地域課題の変遷から見たシマ社会の集合的学習過程の検討（第4章）と字誌づくりの意味世界の解明（第5章）、戦争体験記録の意味を介した字誌づくりの社会的ダイナミズムの探求（第6章）、村踊りがもつ若者の学習としての意味の探求（第7章）、「人生の出来事」を通じた異なる世代間の経験の意味に関する探究（第8章）を含んでいる。第Ⅲ部は全体のまとめとなるシマの生活的実践の教育的意味に関する教育論的総括と、沖縄社会教育の固有性に関する総括（第9章）である。

目次

第Ⅱ部　シマ社会

第Ⅲ部　総括

第Ⅰ部　前提

第１章

問題としての集落と日常の生活的実践

第1節

本書の目的と課題

目的

本書の目的は、端的には集落の公民館（字公民館）を拠点として展開する、「シマ（生まれジマ）」と呼ばれる沖縄の集落における住民の日常の生活的実践がもつ教育的意義、とりわけ社会教育的な意義を明らかにすることである。そのためここでは、「公民館制度」「地域課題」「字誌づくり」「村踊り」「人生の出来事」という重層的な観点を置き、かつ制度から住民の内的な世界へと視点を移行させることによって、集落の日常の生活的実践の意義を明らかにしようとする。次に詳しく示すように、沖縄の集落では公民館を中心に伝統的な年中行事や区が独自に組織する諸行事、地域団体による活動が多彩にまた豊かに展開している。本書はこれらの生活的な諸実践を有するシマ社会の意味を、教育ないしは社会教育的観点から解明することを試みる。

本書はまた以上の試みを通して、これまで「真理の教育」の発展を標榜しながら展開してきた、社会教育研究の枠組みを広げる教育論的探求を企図している。「真理の教育」は、フランス革命期のコンドルセの公教育計画に典型を見る、近代の公教育制度の基軸をなしてきた理念である。この理念は戦後日本における教育制度研究および教育行政研究の指針として位置づき、社会教育の議論でも領導的な役割を果たしてきた。

しかしながら近年、学校型の教育の行き詰まりが議論になり、このような教育観は改めて吟味の対象になっている。周知のとおりイリッチやフレイレを嚆矢として、客観的な知を規範化しその伝達を目的とする学校型の教育観の克服、ないしは転換が模索されているのである。本書は教育理論の研究を直接の目的とするものではないが、上記のように近代的な制度の枠組みの外にある集落や人々の日常生活を研究対象に据えることによって、自ずとこうした教育論的な探究の流れの中に位置づく。

「生活」および「実践」

方法論的な観点である日常生活の「実践性」をここでは筆者なりに、他から与えられた環境として個人に作用し、その生活を規定する社会化された秩序下において、個人の日常的な判断や行動が有する創造性と理解する。

従来、「実践」は生産や芸術活動など創造的な意味をもつ事柄に対して用いられ、「日常」ないし「生活」は創造的要素を欠いた、単なる繰り返しの世界と考えられてきた。しかし近年、社会構成主義やエスノメソドロジーなどの議論の中で、改めて日常生活がもつ社会的意味に関心が集まりその実践性が論議されているのである。[1]

セルトーは、権力や制度を介し「社会政治的な秩序」として編成された人々の生活の中に、「読むこと、話すこと、歩くこと、住むこと、料理すること……」に関わった「もののやりかた（l'art de faire）」という、創造の世界を見出した。[2] セルトーはこれを長期の展望に基づく「戦略（stratégie）」に対する、目前での駆け引きたる「戦術（tactique）」に対比させて、従来の実践性論議と区別している。

また田辺繁治は人類学の立場から、規則や規範に従って生み出されると考えられてきた「ルーティン化された慣習的行為」が不変のものではなく、「その反復は変動と差異をともないながら実践を生みだす」ものと捉える必要を示唆する概念として、この概念を位置づけている。[3]

同様に教育における議論としては、レイブとウェンガーによる「正当的周辺参加」論を例に挙げることができる。『状況に埋め込まれた学習』という本のタイトルが示す通り、この議論は徒弟制のように新参者が先達とともに実践の場と時間を共有する過程で、自然に技や知識を身につけるという事実がもつ教育的意味を問い直そうとした。[4] この理論の教育論としての特徴は、従来の「知の伝達」を旨とする学校型の教育観に対する批判、およびそれと異なる教育観の探求を目指している点にある。

しかし社会教育の領域では、このような「日常」や「実践」に関する新しい議論の流れを受け止め、日常の生活的実践を教育的な観点から問おうとする研究はいまだ少ない。戦後の社会教育研究においては、「社会教育とは家庭学校以外に行はれる教育的活動で組織化の道程に入り来りつつあるものを指す」という、戦前の春山作樹の規定に従った「未分化→組織化・制度化」を社会教育発展の方向として受け止める論議が主流となり[5]、制度化以前の未分化な活動の様態そのものの社会教育的意味の解明は、研究関心の外に置かれる傾向が強かったからである。これとの対比でいえば本書は、「制度→未分化（地域課題・字誌づくり・村踊り・人生の出来事）」という、逆向きのベクトルを指向している。

学問研究のパラダイム転換

このような社会教育研究におけるベクトルの方向転換は、近年の学問全体で起きているパラダイム転換と軌を一にする。中でも本書が強い示唆を得ているのは、フランスの社会史研究におけるM・アギュロンや喜安朗らのソシアビリテ研究である[6]。アギュロンらの社会史研究による19世紀の労働者史研究は、マルクスが出現する以前の、「階級」という概念によらないいわば労働者の「生きられた時間」を再現しようとした。例えばアギュロンはマルクス以前に戻って、労働者の集団としての意識が形成、確立される以前の未分化な労働や生活意識の中から、サークルのような組織化された生活形態や共同の意識が形成される過程を問題にした。一方、喜安はアギュロンの探求とは異なりサークルのような一定程度組織化された形態から逆に、未分化な労働者の生活意識へと入り込む必要を提起した。こうした「階級」としての把握が成立する以前の労働者の共同性獲得の過程への注目と、その過程が有する意味の理解における視点の逆転という歴史学における関心の方向転換と、本書における社会教育の「制度」から「集落」ないしは「シマ社会」への関心の転回は、同一線上に位置する。

集落と社会教育研究

沖縄の集落は強い個性と独立性をもち、それぞれ固有の習俗や芸能、方言などの豊かな伝統文化を保有している。沖縄の集落が小宇宙（ミクロコスモス）と表現されることがあるのは、生活文化的なまとまりとしての個性と独立性の強さを意識してのことである。[7] 次に詳しく見るように、このような沖縄の集落に関する研究はこれまで民俗学や民族学、社会学、歴史学など幅広い領域で取り組まれてきたが、社会教育を含めた教育学的な観点からのアプローチはいまだ少ない。しかもその多くは学校ないしはその周辺に位置する集落の実践活動を取り上げるに留まり、生活文化的な塊の中にまで入り込む研究は希である。さらに詳しくいえば全体に数は少ないながら、沖縄集落に関する社会教育的な研究には次の二通りのアプローチが見られる。

一つは集落の活動を外から観察し、いわば塊としての生活的実践を切り分けながら、実証的にその教育的意味を明らかにしようとするアプローチである。このアプローチでは小林文人による集落の育英事業や嘉納英明の字公民館幼児園や教育隣組、学事奨励会、字公民館図書室、子供文庫などについての研究のように、これまでも「教育」と受け止められてきた集落の組織だった機能や活動が研究対象となる。[8] したがってこうした実証的な研究の場合、集落の教育的意味は学校教育をモデルにつくられたこれまでの「教育」の枠から、あまり離れることはない。このアプローチでは知識の伝達という既存の教育イメージを基に、同質の要素が集落の活動の中にいかに存在するかを発見し、その意義を明らかにすることに主眼が置かれる。

もう一つのアプローチは、対象となる集落の活動や生活の中に入り込み、いわば内側からその塊としての意味を全体的に明らかにしようとする、エスノメソドロジーやアクションリサーチなどを方法とする研究である。山城千秋の青年団研究や松田武雄のエイサー青年に関するエスノグラフィー研究、小林平造のシマ社会の若者の自立に関するライフヒストリー研究、上野景三の綱引きに関するエスノグラフィー研究などがこれに属する。[9]

このアプローチでは豊年祭の踊りや芝居、地謡などの伝統芸能の継承、生年合同祝いなどのような、直接には教育を目的としない実践活動が対象になる。ただしこの場合の教育的意味は、既存の教育の枠組みには収まらない。生年合同祝いに、学校型の教育イメージをあてはめその教育的意義を解明することは、不可能とは言わないまでもそれは限られた一部を明らかにするに留まるといわなければならない。その理由は、これらの活動の中には学校のような知識の伝達という営みが、必ずしも重要な位置を占めていないからである。本書の課題もまた、必ずしも知識の伝達を主たる目的としないシマ社会の教育的機能の解明にある。

用語について

ここで本書において使用する、いくつかの用語について説明しておきたい。まず「集落」は「人が集まり住んでいるところ」一般を指すが（大辞泉）、より狭くは「農業集落」や「集落営農」「限界集落」などのように人々の暮らしの集合体として、生活や生産、水や道路の管理等、一定の機能を共同で保持する単位を意味するものとして理解されている。本書では「集落」を、主に後者の意味で用いる。広い意味での集落は農村と都市の双方を含むとされるが、周知の通り都市部では集落機能は弱体化ないしは行政による代替が進んでいるため、「集落」はすなわち「農村集落」を指す場合が多い。また農村の集落を指す用語としては、「村落」が使われる。しかし都市部にも集落機能を保有する地域的な単位は存在するため、ここでは「集落」を都市部を含むものと考える。

一方「シマ」および「シマ社会」は、沖縄独特の用語法であるために若干の説明が必要である。前者について高良倉吉は古琉球に成立した間切り・シマ制度の歴史的な意味を、[10]「その後の近世琉球、近代沖縄を通じて琉球・沖縄における地方行政区画として形を変えながらも生きつづけ、今日の市町村区画をその根底において規定する強靭な制度だったということができよう」と指摘している。[11]

また戦前、佐喜真興英は『シマの話』（一九二六）の「序」において、「一シマについて主として書いたのは、沖縄の社会がシマについてできて居り、シマの異なる毎に土俗の変化を示して居るから、土俗記載に、その変化から来る不便を避けんが為である」と述べている。[12] 沖縄の社会の実態は「シマ」にあるのだが、シマごとの差が大きくて沖縄社会の姿が見えにくいため、「一シマ」について書くことによってそれをはっきりさせることと理解できる。

興味深いのは高良が、シマは「シマ→村→字（部落）」と呼称を変えながら今日まで存続してきた歴史実態的な行政の単位であると同時に、「民衆生活の完結的な母体として機能する、琉球・沖縄社会の細胞に似た単位であった」とし、上記の引用に続けて、「民衆レベルのあらゆる年中行事や祭礼はいずれもシマ単位におこなわれるものであり、複数のシマレベルもしくは間切りレベルの年中行事や祭礼は本来の慣行には全く見られない」と指摘していることである。[13]

「シマ」は「本土」との関係を意識する用語として沖縄そのものを意味する場合や、そうしたアイデンティティの一部として泡盛を指す場合もあるが、ここでは以上のような沖縄の集落に関わる用語として用いる。ちなみに『沖縄民俗辞典』（二〇〇八）では、「シマ」は「日常生活を営む地域や領域を示した沖縄語。ときに死後の世界・異界をも包括し得る意味を持って使われる」とされている。[14] 本書では「シマ」を、沖縄の集落を指す地域単位の呼称で、住民の日常的な生活実践が展開する基本的な生活単位と規定しておく。なお本書では「シマ」はこうした生活的な実践の単位を重視した用語として用い、その客観的な意味を表す用語としては「シマ社会」を用いる。

なお、「本土」という用語については沖縄の歴史文化的な特殊性を考え、この用語が「日本」を沖縄理解の基準として位置づける表現に陥ることを排するために、カギ括弧をつけて用いる。

第2節　集落公民館

沖縄における集落公民館の位置

集落公民館とは何か、また何ゆえシマ社会が問題になるのかという点に関して最初に確認しておく必要があるのは、すでに触れたように沖縄における戦後の公民館の歴史は市町村を単位としたいわゆる公立公民館の歴史として展開したのではないという事実である。沖縄戦後、沖縄では米軍統治下において成人学校や琉米文化会館、さらには琉球大学の郊外普及部など、日本「本土」とは異なる社会教育の施策が展開される。[15] そのなかで「教育四法」を初めとする「本土」の教育法制度が、さまざまなルートを経てまた関係者の多くの苦労によって沖縄にもたらされる。[16] 公民館に関しては、いわゆる寺中構想に代表される初期公民館構想が奄美大島を経由して伝えられた。しかしながら、「本土」の教育制度を沖縄に定着させることは米軍統治の下では困難であった上に、その受け皿となるべき市町村の自治体としての財政的基盤が脆弱であったために、公立公民館を普及させることができなかった。そのせいで、県の社会教育行政の担当者は公民館の普及を自治体の下位に位置する、それまで「ムラヤー」と呼ばれて来た行政区の事務所の活用を介して進める施策を展開した。「カンカラサンシン」の逸話が物語るように、戦禍が生々しく残る沖縄戦終結後の集落では住民が協力して地域の復旧に取り組み、さまざまの課題を共同して解決することが求められた。「ムラヤー」はその拠点であり、そこに公民館制度がいわばかぶさる形で字公民館は普及したのである。村のたまり場であり住民の互助と共同の拠点づくりを骨子とした初期公民館構想に通じる事態、がそこには存在した。この間の事情は、第3章で詳しく述べる。

こうした沖縄の特殊事情は一九七二年の沖縄の本土復帰によって解消されるが、それまでの間、字公民館はまさに沖縄の「公立公民館」として位置づき機能した[17]。復帰後は復帰前の公立公民館としての字公民館の役割は無くなったが、各集落においては今日でも依然として字公民館の位置づけは大きく、シマ社会の日常的な諸実践の拠点として機能している[18]。このように戦後の教育基本法および社会教育法制上の制度的枠組みの内側にありながら、制度論的な検討だけでは説明のつかない存在が沖縄の字公民館ないしは集落公民館なのである。ちなみに沖縄では、集落公民館は「字公民館」や「区事務所」と呼ばれることが多く、「集落公民館」と呼ばれることはあまりない[19]。ここでは制度論的意味を示す用語として、これを用いる。

集落公民館の活動

次に注目したいのは、こうした沖縄の集落公民館が集落それ自体の機能と結びついて、豊かな生活的実践活動を展開する拠点になっているという事実である。小宇宙としてのこうした事実を言葉で説明するために、少々長い引用になるが沖縄の集落での生活的実践の豊かさを示す例として、島袋正敏による名護市の字公民館の活動内容の紹介を引用したい。これは名護市史の一部として編まれた、市内の各集落の現況と活動紹介を目的とした『わがまち・わがむら』（一九八八）を基にした概括的な整理である[20]。

「伝統的な年中行事に初ウクシ、初ウガン、道具ウマチー、ハチバル、カーウガン、クサティウガン、山植えウガン、浜下り、山羊御願、清明祭、観音祭、アブシバレー、ハーリー、ムギヌプーウガン、五月ウマチー、六月ウマチー（神ウイミとも言う）、ティラウガン、ハジヌウガン、ヤーサグイウガン、豚御願、綱引き、ウンガミ、カジマヤー、ミャーダニ、お宮や御嶽ウガン、シヌグ、ウンネー（芋折目）、エイサー、豊年祭、火の御願、ウシデーク、タントゥイウガン、ウシ焼き行事、ハンカ（シマクサラー）、キリシタン等である。

伝統的行事以外の一般行事には、新春マラソン、新春書初め会、交通安全友の会、新年会、部落総会（戸主会・区民総会・常会などという）、生年合同祝い、区長・役員選挙、青少年バレーボール大会、共同売店総会、子ども会総会、学事奨励会、区子ども育成連絡会、幼児園入卒園式、親子映写会、幼児園運動会、公民館講座・講演会、ピクニック、ビーチパーティー、子どもキャンプ、親善ボウリング大会、農協部落懇談会、教育懇談会、校外指導、区防犯協議会、春と秋の大清掃（ムラブー）、行政委員会（代議委員会、評議委員会）、各専門部会、字誌づくり委員会、区民運動会、婦人会総会、婦人講座、老人会総会、青年会総会、親子ソフトボール大会、盆踊り、区民健康診断、健康相談、農道共同清掃作業（ミチブー）、班長会、敬老会、老人ゲートボール大会、寝たきり老人訪問、腰ユクイ、総合文化祭、慰霊祭（平和祈願祭）、産業共進会、産業視察、社会見学、海岸共同清掃作業、月見会、福祉推進委員会、各団体の忘年会、火災防止祈願、愛楽園慰問などがある。

諸団体には老人会、婦人会、向上会、成人会、婦人会、青年会、子ども会、教育隣組、育英会、農協育年部、農協婦人部、字ＰＴＡ、交通安全友の会、青少年育成協議会、福祉推進委員会等があり、そのほとんどは公民館が活動の場であり、館長は支援の中心となる……。」

これでもかといわんばかりに詰め込まれたこの例示が表すのは、単に沖縄の集落における日常の生活的実践の多様さではなく、シマ社会の豊かさである。

第3節　シマ社会への教育論的接近

シマの内発的な力

それでは本書は、こうしたシマ社会の日常の生活的実践にどのような意味を見出しながら社会教育研究の対象に据えようとするのだろうか。

第一に挙げたいのは、シマ社会がもつ内発的な力への注目という点である。人口が数百人という小さな集落が教育隣組や学事奨励会のような直接教育に関わる活動を自治的に維持しているだけではなく、祭りでの分厚く豊かな芸能や踊り、音楽などの伝統文化をもち、生年合同祝いのような高齢者を支える仕組みをもっていることは、社会教育的な観点からシマ社会の内発的な力を表すものとして、まずもって注目される事柄である。また、内的な強い結合をもちつつも小さなシマが巨大な米軍基地と踵を接し、大げさな言い方だがいわばアメリカの世界戦略と対峙していることもまた、政治の主体形成を問題にする社会教育研究の立場からは注目されるところである。加えてこの10年余の間に、沖縄本島北部を中心にして字誌づくりの動きが広がり、住民自らがシマの歴史を綴り共同してシマのアイデンティティの確立を目指す活動が盛んになっている点も注目されるところである。さらにこの動きから、名護市源河区での「リュウキュウ鮎を取り戻す会」の動きが生まれ、本島北部の住民が「山原」

という豊かな自然を共有する者としての連帯意識を基にした、「イノシシサミット」や「エコツーリズム」「共同店サミット」などの共通の取り組みが生まれてきていることも同様である。

しかしこうした評価には、集落の活発な活動例が限定的であることを理由に異論が呈されるかも知れない。確かにこれらの活動が、沖縄のすべての集落に対して当てはまるわけではないことは事実である。また都市化の影響で居住者が減り、シマの行事を維持し得なくなっている集落は少なくない。さらにモータリゼーションの中で、伝統的に地域での共同の消費を支えてきた共同売店も、一部に復活への動きはあっても、全体としては崩壊の危機に瀕している。似田貝香門が、かつて地域社会の崩壊という社会変化を現代資本主義の矛盾の表れと捉え「全般的都市化」と呼んだ社会変化は[21]、沖縄にも及んでいる。

しかしながら、そうした社会変化が進行するなかでも伝統が失われず、上で紹介したような日常の生活的実践が活発に展開していることは、どのように理解したらいいのだろうか。本書のこだわりはここにある。しかも社会教育研究の観点から重要であると思われるのは、こうしたシマ社会の内発的な力が活動を実際に支える住民の人間的な諸能力の形成、発展を通して具体化しているということである。上記のシマ社会の日常的な諸活動には、すべてにその当事者が存在する。これらの日常の生活的実践の多くはシマの伝統としてルーティン化した活動であるが、そこには人から人への知の伝達があり技術の伝承がある。それはすなわち人びとの学習の過程であり、またシマを支える新たな主体の形成過程に他ならない。それは、どのような教育的意味をもつのか。これが本書の第一の関心事である。

崩壊の中の創造

二番目は、全般的な地域社会の衰退が進行する中で展開しまた再生される上記のようなシマ社会の活力を、どのように理解すべきかという問題である。沖縄のシマ社会の内発的な力が全般的には弱まるか解体の方向に進んでいるように見えながら、無くなってしまわないのは何故なのか。それはそこにシマの日常的な実践の当事者が、しかも個人ではなく集団として存在し、自らが関わる活動の意味を改めて見直し積極的に評価し創造しようとする、内発的な力が作用しているからではないのか。以上の考えから、ここではそのような事実を「崩壊の中の創造」と呼ぶ。

この点に関して社会学者の富永健一は、『日本の近代化と社会変動』（一九九〇）の中で「村落の近代化」について、「一言にしていえば、村落に固有の特性としての封建的ゲマインシャフト性の解体、すなわち村落の村落度の低下が、村落の近代化に他ならない。それは一つの不可避的な、そして普遍的な変動の方向性である」と指摘している[22]。

富永がここで基本的に設定している「封建的ゲマインシャフト性」というカテゴリーは、特殊な歴史を有する沖縄にそのままあてはまるかどうか議論がいるだろうが、用水の共同管理など従来からの村落の共同の範囲の広域化や、生活と結びついた共有林野の意義の消滅、結や講や組などの伝統的集団の衰退などは沖縄にも共通してみられる変化である。「封建的ゲマインシャフト性」という規定が適合的であるかどうかの問題を保留したうえでではあるが、富永の指摘に基づいて沖縄のシマ社会が近代化の過程にあると理解することは可能だろう。しかしながら「村落の近代化の過程では伝統的な共同体的結合は消滅する」という社会学的な知見が法則化され、それが「近代化の過程にあるが故に村落の共同体的結合はやがて消滅すべきもの」のように、地域社会に関する動かし得ない公理として扱われてしまうと、この規定は実際に「共同体的結合」の再生に取り組んでいる人々にとって、ある種の暴力に転じてしまう恐れがある。

全般的にはそのような法則が成り立つとはしても、教育研究の立場からはその中でも「消滅」に抗う力が存在することが重要なのである。沖縄社会の近代化が進行する中で、集落的な共同性が保持され再創造されているのは、何故なのか。それは、やがて消え去るべきものが残っているだけではなく、新たな創造の過程と考えられるのではなかろうか。

社会が近代化するにつれて地域の共同性が崩壊していくのは事実だとしても、それは浜辺の砂山を波が消し去るときや水をかけた角砂糖が溶けていくときのような、一方向的で単純なものではない。事実一時途絶えた伝統の組踊が復活したり、那覇市の新興団地でもともとは無かった祭りの旗頭が作られたり、本島南部の元来エイサーという伝統のなかった集落で若者がエイサーを始めたりするというような事例はいくつも見出される。[23] これらの動きもまた、社会の新たな変化である。そこには、何があるのか。「崩壊の中の創造」という視点は、こうした変化を単なるノスタルジーではなく未来を展望する創造的な実践と捉える、社会教育研究独自の観点なのである。

ちなみに次章で紹介するように、生態民族学には「ソフトレジスタンス」という概念が存在する。現代資本主義が強いる「全般的都市化」が、「開発」や「個人主義化」という名でシマ社会に及ぶときに、本来消滅すべきシマの共同や伝統が消え去らずに存続するだけでなく、新たに生み出される伝統もあるという事実は、外的な圧力と内発性との間に何らかの軋轢ないしは内側からの抵抗が存在することを予感させる。レジスタンスは創造の重要な要素である。

また社会学者の蓮見音彦が「本土」における集落の自治性について、鈴木榮太郎以来の集落の自治的要素を「行政村としての自然村」として位置づけ直しているのも注目される。そこでは、自然村的要素も行政村から独立して存在したのではないことが強調され、集落的まとまりと行政的単位が政治的に乖離させられる中での自治の未完が論じられている。[24] このように、政治・行政的まとまりを前提にしながらその制度枠を草の根から自治的・民主主義的に位置づけ直そうとする問題関心は、玉野井芳郎の地域主義や守田志郎の集落の共同体的な伝統の見直し論などと共通する。[25]

政治的アプローチから社会－文化的アプローチへ

三番目は上記のような問題関心に基づいてシマ社会にアプローチするには、従来の社会教育研究が主要な関心事としてきた政治的なアプローチから、社会－文化的へのアプローチの変更が必要になるということである。

戦後の社会教育研究において集落が教育論的な関心事になるのは、一九七〇年代のいわゆる公民館「近代化」論においてである。六〇年代に始まる都市化と工業化を背景に新しい公民館のあり方として提起された、宇佐川満による自治公民館論の提起に始まった小川利夫との間の公民館「近代化」に関する論争では、自治会という行政の末端組織を教育論としてどのように評価するかが問題になった。小川は、宇佐川が提起した自治会組織と公民館組織の一体化という自治公民館構想が、戦前の政治による教育支配を再現させる可能性がある点を取り上げ批判したのである。[26]この議論の是非にここで立ち入るつもりはないが、こうした社会教育や公民館の理解が当時の政治学的な研究動向に従っていたことには、改めて注目しておく必要があるだろう。つまりこの議論においては、自治会という行政の末端組織と一体化した公民館の政治的な機能が論議の焦点になったのである。対案として小川は、公民館市民大学論という地域の政治から切り離された公民館機能を構想し、その成果は『社会教育と国民の学習権』（一九七三）という形でまとめあげられた。

近年、神田嘉延が沖縄の集落公民館の行政事務所としての位置づけを重視し、権力の末端として捉える必要を強調しているのはこうした研究関心の流れに立った、いわばオーソドックスな問題提起ということができる。[27]事実、集落公民館の源流に位置づく「ムラヤー（村屋）」は旧間切り制度の下では村の行政事務所であり、権力の末端機構に位置していた。字公民館の前身であるムラヤーは権力機構の一部であり、子どもを含む一般の庶民には怖い場所に映っていた。本書においても、このような社会教育研究における政治学的な研究の流れを無視するわけにはいかない。

しかしながら政治的な観点だけを唯一絶対として、アプローチの可能性を狭く限定することも適切とはいえない。とりわけシマ社会の日常的な実践に教育的な意義を見出そうとする本書の場合には、シマの生活文化を内側から理解し活動の当事者である青年や、成人、高齢者の内面形成やその変化に寄り添った検討が必要になる。社会教育の政治学的研究が価値を見出してきた権利主体の形成は、重要ではあってもシマ社会における人間形成の全体ではなく、ごく一部であることが忘れられてはならないのである。本書で問題とする集落の生活的な諸実践は、神行事と密接に関わったシマの民俗‐文化的な活動の一部として展開しており、その教育的な意味の解明にはシマ社会の現実に目を向けながら、その社会‐文化的な意義を見出そうとすることが求められるのである。

第4節 沖縄学としての社会教育研究

沖縄学

谷川健一は、「沖縄学の特色は、宗教、政治、思想、文化、習俗の万般にわたって日本『本土』と異なる発展を示してきた沖縄の『本土』との間の差意識を基調としていることである」と述べている[28]。この謂に倣えば、本書は沖縄学の一部に属する。ただし本書において「本土との差意識」は、第3章に示す公民館史の研究からもたらされている。この法制度論的な研究では、両者の違いはすなわち沖縄と「本土」の格差の問題であった。「本土復帰」の時点で、沖縄に存在した公立公民館の数が読谷村立中央公民館1館のみであったという事実は、まさに「社会教育の後進地帯」としての沖縄を印象づける事柄と映ったのである。しかしこの研究は字公民館という差異の存在を明らかにし、そこから集落の日常の生活的実践という切り口が垣間見えることになった。

ところで『沖縄大百科事典』（一九八三）の「沖縄学」の項では、この用語は戦後沖縄の政治的現実を背景にした「沖縄問題」との関連が深いために、「沖縄の人々にとって自己のアイデンティティ確認のために沖縄学へのニーズが強く、研究者もこれに積極的に答えようとする態度を持つ」傾向があり、「統一して沖縄が独自の方法と体系を構築することにはまだ成功しておらず、（……）沖縄学という呼称に批判的な評価を与える研究者も多い」と記述されている。[29]「沖縄学」の学問としての未完成さが問題とされ、「沖縄学」が帯びざるを得ない「沖縄問題」への関与という、研究に付随するイデオロギー性が問題として指摘されているのである。

しかしながら、社会教育研究の立場から「沖縄学」の一部に自ら位置づこうとする本書にとって、人々の暮らしを規定する基本的条件である「沖縄問題」に関わることから生じる、イデオロギー性は避けて通ることができない前提である。学問の展開にとって重要なのは必ずしも完成度ではなく、「沖縄とは何か」、谷川風にいえば「沖縄の日本『本土』との差異」とは何かという、前提的な疑問の存在を認めそれを解明しようと努力することである。この意味で、抑圧や不公正に対する抵抗や社会的な運動の中に教育的意味を見出そうとしてきた社会教育研究にとって、イデオロギー性は不可避の要件である。しかも沖縄戦や米軍基地などの「沖縄問題」は、平和や人権、抑圧と自由にかかわる切実な今日的課題である。

沖縄の社会教育

それでは「沖縄学としての社会教育研究」を標榜するとは、どういうことなのだろうか。この議論の出発は、そもそも「兵庫県の公民館」や「愛知県の公民館」「佐賀県の公民館」などのように、「沖縄の公民館」を「本土」の一地方として扱うことができるのかという疑問にある。このような把握は、法制度を基準とした場合には可能である。その場合、沖縄は日本の47都道府県の一つとして他と横並びになる。しかしすでに触れたように、「本土」と沖縄の社会教育をめぐる歴史および実態には差異がある。

沖縄戦の終結後、日本から切り離された沖縄では本土復帰までの間、米軍支配と直接結びついた異様とも言うべき社会教育政策が展開された。たとえば構内にラジオ放送の電波塔をもつ、米軍の宣撫工作と一体となった琉球大学の開学や、琉米親善を演出するための琉米文化会館の設置、そこを拠点とした『今日の琉球』や『守礼の光』等の情報誌の発行などはその典型的な事例である。「沖縄の社会教育」は、こうした特殊沖縄的な政治的環境と密接不可分に結びついて展開してきたのである。本書は、こうした沖縄の社会教育の特殊な展開を背景にして、「沖縄学」としての沖縄社会教育研究を試みようとする。

平良研一は、沖縄戦後の米軍の文化政策を取り上げながら「沖縄の社会教育」問題の焦点が、集落を基盤にした教育文化的な諸活動にあることに注目し、「復帰後この間の激しい社会変貌を経て著しい『変化』を遂げた」沖縄の社会教育が、都市化による「近代化」の一方で「いわゆる近代の『進歩観』ではとらえきれない発展への可能性を見出すことが出来ないだろうか」と述べている[30]。

米軍は、沖縄戦の準備段階から文化人類学者を動員して沖縄の伝統文化についての研究を進め、沖縄戦終了後も早い時期から宣撫工作や住民対策の中に、沖縄文化の振興策を位置づけていた。これは沖縄文化の日本文化との異質性を利用し、日本「本土」から沖縄を分離し支配しようとする米軍の沖縄統治の戦略的な関心を表す。しかし一方で、これと同時に伝統文化は収容所での住民の生活や、灰燼に帰した集落の復興を下支えする役割を果たした。また復帰運動や反基地闘争などの大衆運動の一翼を担った、沖縄青年団協議会が「全島エイサー大会」を組織したように、伝統芸能の再生と発展は間接的な形ではあれ本土復帰にいたる沖縄の人々の間に、レジスタンスの心性を育む素地になっていた。こうした伝統は伝統文化の継承や再生を通じて、復帰後の今日までその意味を保ち続けているのではなかろうか。

すでに述べたように、本書は政治的な観点から「沖縄の社会教育」の意義を性急に問うものではないが、米軍基地に隣接しながら人々がシマを拠点に日々の生活を守り、祭りを維持し学事奨励会や教育隣組、生年合同祝いなど共同の慣行を保持している中に、レジスタンスの意味を見出す余地があると考えるのである。

第５節　シマ社会研究の基本的な視点

本章の最後にシマ社会へのアプローチにかかわる、社会教育研究としての固有の観点を整理しておきたい。以下の視点は実証の対象とはならないが、これ以降の各章における検討の前提となる本書での探究の基本的な観点を意味する。

１　シマ社会のオントロジー

第一に指摘したいのはシマ社会が有する、現代社会における一つの自治的結合形態としての意味の確認である。ここではシマ社会を、現代社会においてそれとして独自の存在意義を主張している存在と捉える。集落というまとまりがもつ歴史性や伝統文化の様相のゆえに、その活動は確かに古いものを維持しようとする営みのように見える。しかし住民がシマを維持しようとする努力は、古いものに執着するノスタルジックな営みではなく、市民としての権利である。この点については、最終章で詳しく述べる。

2 共同性と結社性の両立

二番目はシマ社会で展開する住民の日常生活の背景には、結社的（associational）な要素の拡大が見られるが、それはさらに共同体的（communal）な要素によって包摂されていると考えられるという点である。associational な要素と communal な要素を二項対立で捉えない議論は、次に見る高橋明善等による社会学的な研究においても指摘されている。本研究でも両者を対立的に捉えるのではなく、共同性の上に乗った結社性ないしは共同性に包まれた結社性という、両者が入り組んで成り立つ関係を前提にする。

3 シマ社会の普遍性

三番目は対象とするシマ社会やその住民をいたずらに特殊化せず、人間ないしは社会一般として、その普遍性を前提に出発するという視点である。沖縄は文化や歴史において「本土」とは異なる特殊性を有することは事実であり、沖縄学としての特殊性を重視した社会教育研究を目指すことはすでに述べたとおりであるが、教育学の研究という人間の内面の変化を研究対象とする本研究においては、当然のことながら人間研究としての普遍的な視点が基本にならなければならない。

そのために本書では、欧米を中心に近年著しい発展を示している成人教育研究、とりわけ成人の学習研究の成果を取り入れる。このように成人教育研究の成果を沖縄集落の研究に持ち込むことは、特殊沖縄的なシマ社会の生活的な実践の意味を個別性を踏まえつつ普遍の問題として探求する、教育固有のアプローチを可能にするはずである。

4　外在的規範との関係

四番目はシマの生活的諸実践を住民の主体形成の過程として検討するにあたって、何らかの外在的な規範をあてはめるという視点をとらないということである。ヨーロッパ社会に生まれた「主体」概念は、その欠如を「野蛮」と位置づける。こうした文化的風土の下で形成された教育観を基に、系統立った知識に支持されて成り立つ個人の自立や自律という近代的な主体概念をシマ社会に持ち込むことは、沖縄独自の人間形成の意義を見失わせてしまう可能性がある。

共同体という概念につきまとう主体性の欠如や他律的というイメージは、共同性の強さが強調されることの多い沖縄のシマ社会に関する、教育的なアプローチを妨げる要因になってきた。こうした固定観念から自由になることによって成り立つ本研究は、客観的な知識という外在的で他律的な教育的規範の存在を予定しない。むしろ、従来の規範主義に立つ教育観そのものを見直すことが、本研究の課題である。

5　アクションリサーチ

五番目は、研究の手法としてアクションリサーチを取り入れるという点である。アクションリサーチが強調するのは、研究が実践に対して収奪的であってはならないという基本的原理である。研究者は集落の実践や字誌づくりの活動の中に入り込む努力をしながら、実践者である住民と共同して彼らの実践の一層の発展を探求する。

フランスのエコミュージアムの活動では、研究者は博物館の機能の一部として住民自らが地域の「財産」を発見する過程に参加し、そこでの意味の構築に貢献するという役割を果たした[31]。こうしたフランスでの経験は、字誌づくりの意味の確認においても示唆的であり、住民自身によるシマの伝統の意味の発見と意味の構築、創造を第一に、研究者はその支援者としての役割を果たすことが求められる。

6　個への注目

六番目は、本書ではライフヒストリーという方法論を採用し、シマ社会の意味の探求に「個」の視点を取り入れるということである。共同性を最大の特質とされてきた沖縄の研究に、「個」という観点を取り入れることが違和感をもって迎えられるであろうことは、想像に難くない。しかし近年の社会教育ないしは成人教育研究においては、省察的な学習論のように成人の学習過程を説明する方法として心理学的な理論が注目を集めている。こうした新しい知見を取り入れることは、沖縄研究に新しい世界を切り開く可能性と考えるべきだろう。また「個」への着目が、ただちに個人主義に陥ることではないことも強調しておきたい事柄である。

7　集団的アイデンティティの形成

七番目は、いま述べた「個」の視点を沖縄社会により適合させるために、個人のアイデンティティ形成がシマを単位とする集団としてのアイデンティティ形成と、密接不可分に結びついて展開していると考えるということである。シマ社会における人間形成の過程は他者との共同体的な結びつきの中で形成される「個」、あるいは共同体的な他者との一体性からの「個」の乖離や異化として展開していると考えられるのではなかろうか。シマ社会は、こうした他者との関わりを促進する仕組みを制度化し、常態化する仕組みと考えられる。

8　シマ社会の現代的意義

八番目は、シマの日常の生活的諸実践の社会教育的意義の究明には、シマ社会の今日的な存在理由を問うことが不可欠であるという点である。「崩壊の中の創造」には、何らかの形で住民の企図が含まれている。この過程に存在する、住民の「賭け（enjeu）」の正体を明らかにすることは、シマの今日的な意義の解明につながると同時にその社会教育的意義の解明に不可欠な課題である。

とりわけ沖縄には沖縄戦で家族が経験した恐怖や悲しみ、自責、疑問、不合理感、不安およびその癒しや自己の再構築などの、人々の内面の形成にかかわる事実が数多く含まれる。また沖縄戦後の復興や基地問題、地域の開発と自然保護の矛盾、市場経済の流入などの現代的諸問題も、シマ社会が存続する前提の一部である。シマの日常の生活的実践の意味を考えることを通じて、これらの前提条件と住民の主体形成関係を問うことは社会教育研究固有の課題である。

【注】

1　H・ブルーマー『シンボリック相互作用論』後藤将之訳　勁草書房　一九九一、A・クロン『入門エスノメソドロジー』山田富秋・水川善文訳　せりか書房　一九九六。

2　M. de Certeau, Pratiques quotidiennes., G. Poujol et R. Labourie (sous la direction de), les cultures populaires. Privat, 1979, ミッシェル・ド・セルトー『日常的実践のポエティーク』山田登世子訳　国文社　一九八七。

3　田辺繁治「日常的実践のエスノグラフィー」田辺繁治／松田素二『日常的実践のエスノグラフィー』世界思想社　二〇〇二　3頁。

4　J・レイブ、E・ウェンガー『状況に埋め込まれた学習』佐伯胖訳　産業図書　一九九三。

5　春山作樹「社会教育概論」『岩波教育科学講座第15冊』一九三二　8頁。

6　M. Agulhon, Le cercle dans la france bourgeoise 1810-1848. Armand Colin, 1977.　喜安朗『近代フランス民衆の〈個と共同性〉』平凡社　一九九四、二宮宏之『全体を見る目と歴史家たち』木鐸社　一九八六、二宮宏之『結びあうかたち』山川出版社　一九九五。

7　たとえば、谷川健一編『村落共同体─叢書わが沖縄第4巻』木耳社　一九七一　429頁。
8　小林文人「沖縄の集落育英奨学活動の展開」（平成16年度日本学術振興会科学研究費研究成果報告書『沖縄の字（集落）公民館研究』第3集　二〇〇五）。嘉納英明『戦後沖縄教育の軌跡』那覇出版社　一九九九、同「沖縄の字公民館図書室の設立と展開」『九州教育学会研究紀要』第36号　二〇〇八、同「沖縄の字公民館幼児園の成立過程に関する一考察」『子ども社会研究』第15号　二〇〇九、同「沖縄の字公民館幼児園の成立過程に関する研究」『九州教育学会研究紀要』第37号　二〇〇九、同「近代沖縄における学事奨励会の就学および修学機能」『子ども社会研究』第16号　二〇一〇、同「沖縄の自治会幼児園の成立過程」『日本公民館学会年報』第7号　二〇一〇。
9　山城千秋『沖縄の「シマ社会」と青年会活動』エイデル研究所　二〇〇七、松田武雄「字公民館と青年会の芸能活動」（日本学術振興会科学研究費研究成果報告書『沖縄の字（集落）公民館研究　第2集』二〇〇四、小林平造「沖縄集落（「シマ社会」）の社会教育的機能に関する研究」同右書　第1集　二〇〇三、同「集落活動の社会教育的意義に関する研究」同右書　第2集、上野景三「沖縄のシマ社会における地域教育力の崩壊と再生」同右書　第3集。
10　高良の区分では、「古琉球」は12世紀の貝塚時代を抜けたグスク時代から一六〇九年の島津進入まで、日本の鎌倉時代から安土桃山時代までを指す。高良倉吉『琉球王国の構造』吉川弘文館　一九八七　2頁。
11　高良　同右書　137～138頁。
12　佐喜真興英『シマの話』（比嘉政夫・我部政男編『佐喜真興英全集　女人政治考・霊の島々』）新泉社　一九八二。
13　高良　同右書　138頁。
14　渡邊欣雄他編『沖縄民俗辞典』吉川弘文館　二〇〇八　250頁。
15　小林文人・平良研一編『民衆と社会教育』エイデル研究所　一九八八。
16　小林文人「海を越えた教育基本法」『季刊教育法』第41号　エイデル研究所　一九八四。

17　「本土復帰」の時点での沖縄の公立公民館の数は、読谷村中央公民館の1館のみである。平良研一「沖縄」平沢薫・三井為友編『現代社会教育事典』進々堂　一九六八。
18　小林文人・島袋敏正編『おきなわの社会教育』エイデル研究所　二〇〇二。
19　行政単位としての字や区の公民館施設を強調する場合に「字公民館」という用語を使用し、集落の生活実践との結びつきを重視する用語として「集落公民館」を使う。
20　名護市史編纂委員会『名護市史本編6教育』名護市役所　二〇〇三　448～449頁。
21　似田貝香門「地域社会の形成と主体」蓮見音彦・山本英治・似田貝香門『地域形成の理論』学陽書房　一九八一。
22　富永健一『日本の近代化と社会変動』講談社学術文庫　一九九〇　295頁。
23　松田武雄「字公民館と青年会の芸能活動」『沖縄の字（集落）公民館研究　第2集』同右書。
24　蓮見音彦「行政村としての自然村」北川隆吉・蓮見音彦・山口博一編『現代世界の地域社会』有信堂　一九八七。
25　玉野井芳郎『地域主義の思想』農山漁村文化協会　一九七九、守田志郎『小さな部落』朝日新聞社　一九七三。
26　日本社会教育学会の年報『現代公民館論』は、その集約である。日本社会教育学会『現代公民館論』東洋館出版社　一九六五。
27　神田嘉延「公立公民館と自治公民館」『鹿児島大学教育学部研究紀要』第49巻　一九九八。
28　谷川健一「沖縄学の展開のために」谷川『沖縄学の課題』木耳社　一九七二。
29　沖縄タイムス社『沖縄大百科事典（上巻）』一九八三　426～437頁。
30　平良研一「『思想』としての沖縄社会教育」『東アジア社会教育研究』東京・沖縄・東アジア社会教育研究会　No.6　二〇〇一　96頁。
31　末本「エコミュージアム論再考」星山幸夫編著『自然との共生のまちづくり』北樹出版　二〇〇五。

第2章

研究対象としての沖縄集落

▼
▼
▼

第1節

研究対象としての集落

集落の意味

沖縄に限らず、日本には歴史の中で自然発生的に形成されてきた「ムラ」「郷」「地下」「組」などと呼ばれる、自治体の下位に位置する人々の暮らしの単位が存在する。農業センサス（一九七〇）ではこれらを「農業集落」と呼び、「一定の土地（地理的な領域）と家（社会的な領域）とを成立要件とした農村の地域社会」と定義し、調査における基本的な単位としている。近年の農業関連の調査では沖縄の農業集落の数は1000とされているから、行政区も1000あるということになり[1]、本書で問題にする集落および字公民館も1000ということになるが、この数はあくまでも目安を示すに留まる。

本書で問題にする集落は、佐喜真興英がかつて「シマ」と呼んだ場合のように、神行事や祭り、字誌づくりなど、そこに住む人々が共通の意志と共同の行動をとる基盤となる、一つの生活的実践のまとまりを指す。この点では、1000という数値がそのまま本研究の対象となるシマの正確な数を表すわけではない。生活的実践の集合体としてのシマの成立過程には歴史的、制度的にさまざまな要因が入り込んでおり、現実には斉一な把握をすることは困難である。人口規模も多様であり、数十人から数千人規模まで幅がある。本研究では一定の基準として、明治41年に制定された沖縄県及島嶼町村制による「字（大字）」（「間切」時代の「村」）、またはその後に設けられた行政区を基本単位とする範域を考える[2]。本研究で取り扱われる字公民館は、この行政単位に基づいて組織されていることが多い。

区は市町村の下位に位置し独立した行政単位としての権限を有しないが、戦前、戦後の歴史的な背景の中で、生活単位としての強い結びつきを有し、区長を中心とした自治的な地域生活の管理と運営が行われている。とりわけ神行事と結びついた、祭りや伝統芸能などの文化活動のウェイトが大きい。これらの活動は、沖縄でも進行している都市化や貨幣経済の浸透の中で解体の進む、地域的な共同生活を維持し再創造する重要な役割を果たしている[3]。

ところで沖縄には、農村部だけでなく那覇市や浦添市のような都市部も存在する。集落は本来日本の村落社会から生まれた農村的な基盤をもつが、都市部でも旧来からの集落としてのまとまりをもつ地域があるほか、新興の住宅地でも町内会を単位とした集落的な活動が展開されており、シマ社会としての生活的な実践は都市においても存在するものと考える。

第2節　問題としての集落――さまざまな学的関心の交錯

沖縄の集落が、さまざまな学問から関心をもたれる理由は何だろうか。またその中で社会教育研究はどのような独自の関心を保ち、さらにそれはどのように他の学問関心と交錯するのだろうか。ここで教育研究の立場から他の学問領域での議論を検討し、示唆的と思われる点を整理しておきたい。

民俗学、民族学、文化人類学

民俗学や民族学、文化人類学は、沖縄の集落が保有する伝統的な日常の生活的実践に早くから注目してきた学問領域といえる。注目される成果としては、鳥越憲三郎『琉球宗教史の研究』[4]（一九六五）や『沖縄の民族学的研究』（一九七三）、『沖縄の社会組織と世界観』（一九八五）をはじめとする渡邊欣雄の一連の著作、および谷川健一による『叢書わが沖縄』（一九七〇〜一九七二）や馬淵東一・小川徹による『沖縄文化論叢』（一九七一〜一九七二）等のアンソロジーがある。また松井健による生態民族学という新しい展開も、注目されるところである。

1　民俗文化の基盤

第一に注目されるのは、民俗学や民族学、文化人類学の沖縄研究が、「村落」をさまざまな民俗や文化の成立基盤とし、その存在を研究の前提としてきていることである。『沖縄文化論叢』の民俗編には「生活慣習」「年中行事」「神の祭祀」「民間説話」「祭祀組織」「門柱・親族・家族」等と並んで「村落」という項目が立てられており5本の論文が収められている。その解説で小川徹は、「村落とは、もしこれをデュルケム流に表現するならば、沖縄の場合、社会基体のいわば存在形態であって、およそ沖縄の社会と文化の研究に指向するものにとって、第一に取り上げられるべき研究対象と考えられる」と述べている[5]。デュルケムの社会基体（substrat social）は、「社会関係を成立させ、社会生活の諸機能を規定する基盤」（『社会学辞典』弘文堂）のことであるから、小川のいう「沖縄の社会基体の存在様式」とは、沖縄においては研究対象となる民族学的諸事実が村落という基盤の上に成り立っているという、前提的な事実を確認するものということができる。

これまで述べてきたように、本研究においては制度から「個」の内面へと問題関心を移行させながら、沖縄の集落における日常の生活的実践の社会教育的意味を明らかにしようとするが、このように人間の内面の変化を問題にする場合でも、その変化は「村落」という社会基体によって集団的、共同体的に規定されているのである。

谷川は『村落共同体』の「解説」で、「極めて重要なことは、沖縄の村落では住民の生活意識が集落の展開の仕方と深く絡まっていることである」と指摘し、また「（沖縄の）ミクロコスモスでは集団指導が生きており、個人単位の発想にもとずく（ママ）生活慣習というものは営まれない」（カッコ内は引用者）と述べている。[6]すでに述べたように、社会教育の研究においては何らかの形での個人の内面形成を問題にするために、「個」の視点は欠かせないものである。したがって引用した谷川の二つの言説が集落における「個」の存在を否定するものであれば、本研究の意図は否定されるに等しい。その意味でここでの「住民の生活意識」は、まさに教育的な関心との接点に位置する。しかしよく読むと、ここには「住民の生活意識」が集落という集団の意思によって規定されるとはいえ、そこに必ずしも個人としての意識が存立しないと述べられているわけではない。谷川は、「個人単位の発想にもとづく生活慣習」がないと言っているのであって、「個人単位の発想」そのものがないと言っているわけではないのである。とすれば本研究での問題の焦点は、「住民の生活意識」と「個人単位の発想」がどのように関わり合って、日常的な生活実践が成立しているのかを問うことであるということになるだろう。

2　連帯

第二は集落の「連帯」への注目である。谷川が言う集団としての集落の住民の生活は具体的には先の島袋の整理のような、字公民館の諸活動として展開している。これらはいずれも個人では成し得ない活動である。このような事実は社会教育的な関心からはある種の「連帯」として注目されるところだが、沖縄の村落の本質の一つが「連帯」にあることについて、仲原善忠は「未納者があれば親類または組のものが負担し、それでも完納できない場合は村の責任となった。村の連帯性はいやでも応でも強まらざるを得なかった」と、島津の侵攻以降強められた貢租負担に対応するために村の連帯が、不可避的に強くならざるを得なかった点を指摘している。[7]また比嘉春潮は村内法および内法を基にして、沖縄の農村に昔から存在する風紀や治安の維持、農事や衛生の改善、伝統の保存などの慣行について、詳しく例をあげて説明している。[8]

ところでこのような集落の連帯は慣習によって保持され、また慣習を保持することを通して再生産されるものと思われる。しかしこの点は渡邊欣雄が『沖縄の社会組織と世界観』（一九八五）の中で、東村慶佐次での調査結果として村落内の日常的で現実的な人間関係を支える「エーカ」と呼ばれる親族関係の身内の教育について触れているものの、全体に民俗的文化の再生産の問題への関心は希薄であるように思える。[9]

3　同族集団

三番目は、こうした集落の連帯を支える力である神事や祭祀、および門中などの同族集団への注目である。中でも「共通の始祖を中心に父系血縁で結びつく集団」（『沖縄民俗辞典』）とされる門中は、養取慣行や祖先祭祀、墓制に関する組織として注目を集めてきた。渡辺万寿太郎の「琉球の同族団構成（門中研究）」では、「門中の同族意識」が「自然その生活の方面にも影響し、部落生活の運用上多大の効果が」あるであろうと指摘されている。[10]

しかしその後の研究の展開の中で、「門中というのは系図や身分に関連してできたもので、必ずしも先祖を一つにしているとか、祭祀をともにすることから、自ら形成されたというものではない」という事実（渡口真清）や、その起源は人々の家系、身分に関する意識が高まってくる「サツマ入以後」の士農分離以後（一六一三）であり必ずしも古いものではないこと、[11][12]「士族門中」と「百姓門中」の区別があり前者に発したものが後者に広がったものであることが明らかにされている。[13]以上の指摘を踏まえて本研究にとって重要なのは、近世以降、農村部に普及した「百姓門中」だろう。

『沖縄民俗辞典』は「門中の現代的側面」として、①自己確認としての祖先崇拝、②相互互助ネットワーク、③資産運用・文化事業団体の三つをあげている。また②と③にあたる具体例として、「門中成員の子弟のための学事奨励会の開催や育英資金の貸与・給付、成員間のビジネス・ネットワークの構築、そして選挙支援」が紹介され、現代の少子高齢化社会においては戦前に門中が有した託児所的機能のような「育児・介護の社会化」としての役割に期待を寄せる「声」もあると指摘されている。[14]

しかしながら『沖縄民俗辞典』が同時に、父系でつながる門中が「自己と先祖の一対一関係での縦の関係でしかない」と指摘している点にも、注目すべきだろう。比嘉政夫による玉城村仲村渠での「組」という村落組織と門中の関わりに関する調査結果でも、両者の間に直接の関わりは見られないことが明らかになっている。[15] これらの点から、門中をシマ社会の連帯の要因と考えることには、一定の限界があると考えられる。

4　教育学との近接

四つ目に人類学には「知識人類学」や「民俗知識論」などの、教育学との近接領域が生まれている点に注目したい。渡邊欣雄の『民俗知識論の課題』（二〇〇四）では沖縄の知識人類学が取り上げられており、民俗調査において扱う話者の語りの正当性が問題になっている。そこでは話者の知識は「民俗的知識」と総称され、知識の拮抗性というコミュニティ内部における「闘争や葛藤」の対象となる場合のあることが指摘されている。この点は、本研究で取り上げる字誌の成立との関係で重要な意味をもつ。しかしより原理的な問題として興味深いのは、「民俗的知識の成層性」に関する議論である。「民俗的知識の成層性」とは話者がもつ知識の量の差のことであり、「全知」「部知」「無知」「偽知」という区別と「全知」∪「部知」∪「無知」という包摂関係および「全知」→「偽知」という可変的な関係が存在すると指摘されている。[16] こうした民俗知識の差は、先行する世代から新しい世代に引き継がれる場合に生ずるものであり、知識が「正当化」されるレベルの違いとされる。また「全知」→「偽知」という可変的な関係は、コミュニティの内容についてよく知らなかった話者が、よく知っている話者へと変化することを指している。これはまさしく教育的な問題である。

こうした民俗的知識の「正当性」論議は、のちに述べる「ローカルな知」の論議と重なる。「全知」∪「部知」∪「無知」という包摂関係は、「慣例的知識」が「具体的な行為に直接結びついた、共有された知識の断片の組み合わせによって生じる、実用的な正当化のレベル」を経て、「抽象的知識」へとつながっている世界なのである[17]。この論議は民俗調査の方法論として説明されており、知識を引き継ぎ生みだす主体についての掘り下げた論議は見られないが、そこから先は教育研究プロパーの課題というべきだろう。

5　ソフトレジスタンス

五つ目に「ソフトレジスタンス」という、沖縄の民俗に関する生態民族学からのアプローチに注目したい。松井健は松田素二の議論を基にした自分なりの注目として、「ソフトレジスタンス」を「抵抗している気持ちが毛頭なくとも、結局人々のそのような行動が、それらの人々を支配し統制していこうとする意図に抵抗として働くという意味」と説明している[18]。

本書で議論すべき点を加えながらこれを言い換えれば、要するにソフトレジスタンスとは沖縄の集落に伝わるさまざまな伝統の維持、再生産が、都市化や「開発」、基地問題などの外的な社会変化の中でやむなくも生じざるを得ない内発性との間の摩擦についての、積極的な解釈ということができるだろう。類似の事柄を「崩壊の中の創造」ととらえ、シマの住民が維持する伝統とシマに及ぶ伝統崩壊への外圧との間に、何らかの軋轢が生まれる可能性を考えようとする本研究にとって、生態民族学の見解は示唆的である。

松井の議論の元にある松田の議論に戻ると、社会教育研究にとって重要な「ソフトレジスタンス」論の要点は、「伝統の限界」という問題と「当事者」の問題の二つである。

松田の「ソフトレジスタンス」論は人類学の新しい可能性を探求する論議の中で、アフリカの植民地支配の暴力に対抗する契機を「伝統という反逆」に求めようとする、周到な検証を基に組み立てられているため簡単に要約することは難しいが、あえて注目する箇所をさがすとすれば、「これまで見向きもされなかった、屈服と受容の中に潜んだソフトな抵抗、日常の微細な生活実践の中に盛り込まれたミクロな抵抗、被抑圧者という集合体の枠を超え、『支配者』や『日和見主義者』が指し示す異化された抵抗……」を、松田の「ソフトレジスタンス」

の基本的な観点と見ることができる。[19]

こうした抵抗観を「崩壊の中の創造」という本研究での観点と重ねることは、「創造」の意味を拡大することにつながるだろう。沖縄では小さな集落が米軍基地と踵を接し、さまざまな事件に遭遇する歴史が繰り返されながら「崩壊の中の創造」が展開していると考えられることは、すでに指摘してきた通りである。さらに注目すべきなのは、「しかしながら伝統の抵抗性は、無条件に認められるものではない。伝統の抵抗力が、容易に抑圧の力にも変質することがあるからだ。伝統は、抵抗性と抑圧性の二つの顔を持っている」という指摘である。[20]

沖縄の集落の上記の「抵抗性」の一方で、生活的な実践および伝統がもつ「抑圧性」とは何か。これは権力による民衆統治の道具として機能した、戦前の社会教育への批判から始まった戦後の社会教育研究の基本的イッシューと一致する検討課題である。

さらに他方の「当事者」について、松田は抵抗概念を両義的に理解し「はっきりとした意志と意図をもたない抵抗が対象化できる」として、「このように抵抗を考える際に、もっとも重要なのは、多様な変革の過程にその主体が関与しているかであり、関与していれば、その実践は行為者の意図に関わりなく抵抗として定位できる」と指摘している。[21] 問題となる「主体の関与」とは本研究の場合、「崩壊の中の創造」の当事者は誰であり、どのような過程で「創造」の過程に関係するようになるのかを問う必要を示唆するだろう。

地理学

地理学での集落研究には、歴史地理の観点から屋取集落や宮古、八重山の移住者による集落およびコザ市など都市部の集落の変遷を分析した、田里友哲『論集沖縄の集落研究』（一九八三）があるが、[22] ここでは『神と村』（一九七五）や『古層の村』（一九七七）などで知られる仲松弥秀の仕事に注目したい。[23]

仲松は徹底して実地に足を運び現実に村の移動の跡を辿りながら、「祖霊神の御嶽（腰当森・クサテムイ）」「拝井泉」「殿（トゥン）・神アサギ」「ノロ火神」などを手がかりに、神を基盤とする沖縄村落の精神的意味を基にした、その歴史的成り立ちと変遷の過程を明らかにした。沖縄人としての実感と愛着を基に生みだされた仲松の独特の集落観は、「クサテ森の祭祀集団、並びにその生活空間」と自らの手で規定されている。[24]「腰当」とは「幼児が親の膝に座っている状態と同じく、村落民が御嶽の神に抱かれ、膝に座って腰を当て、何らの不安も感ぜずに安心しきって拠りかかっている状態」を指す。集落の北側にあって、冬の北風を防いでくれる神の鎮座する森、それが「クサテ森」である。

仲松のこのような沖縄の村落研究の基本的な観点は、「沖縄本島を中核としている沖縄諸島には、自己の内部から自ら生まれた『愛と信頼』に基づいて発生した村落がそのほとんどであると思われる」という一節に端的に示されている。[25]やや理解しにくい表現だが、仲松は沖縄の集落を歩きながら、先人たちがその土地の自然と地理に規定されつつも、その地に住むことにある種の合理性を見出した事実を重視した。移動村落の調査では、自然と一体になってともに神を祀る生活集団として成り立ってきた村落が、権力などの外圧によって無理に現在の位置に移動させられた歴史が見出されるのである。こうした仲松の集落理解は集落の自治や内的結合の何たるかを、シマの内側から理解する起点を示しているように思われる。

歴史学

本書が歴史学との交差として特に関心をもつのは、先に指摘した集落の「連帯性」の評価に関する問題である。馬淵東一・小川徹編の『沖縄文化論叢3　民俗編Ⅱ』の「村落」の章に集録された比嘉春潮「沖縄の村落組織」（一九五〇）や仲原善忠「集落」（一九五九）、饒平名浩太郎の「琉球農村の与（組）制度」（一九六二）などは、厳密な意味での歴史学とはいえないだろうが、歴史的な観点から集落の意味に迫る研究である。またこの意味では、鳥越憲三郎『沖縄庶民生活史』（一九七一）や大井浩太郎『沖縄農村社会文化史』（一九七六）も、同様に歴史的な観点をもった集落の研究といえる。

これに対して、安良城盛昭の『新・沖縄史論』（一九八〇）や高良倉吉『沖縄歴史論序説』（一九八〇）などの研究は直接に集落の歴史を研究したものではないが、より厳密な歴史学として沖縄の近現代史の大きな枠組みの中における集落の意味を説明しており、本研究にとっても示唆を得るところは多い。

たとえば安良城盛昭の、次のような指摘に注目してみよう。安良城は民俗学や民族学に「前近代の琉球社会を質的に連続性のあるひとつの社会であるとみなした論議が多々見受けられる」ことを捉えて、「前近代に起因すると思われる現象にぶつかると……当然それはずっと昔から琉球社会に存続しつづけて現在にいたっている、という理解を前提として研究が進められている場合によくぶつかる……ところが、この理解は間違っている……」と述べている[26]。

安良城自身はこのような疑問に対して、「向象賢から始まり蔡温に至るまでの時期」を区切りとする前近代の琉球社会の転換を例として挙げながら、沖縄の村落そのものの歴史に変遷があることを問題にしているのだが、本研究との関係で重要なのは、首里王府によって村落での祭祀が禁止ないしは統制されていたという事実である。安良城は18世紀半ばの宮古、八重山で出された「土俗的祭祀の禁止」を例に取りながら、「当時のお祭りは、『神遊び』と言って農耕を休み、何日間か踊り遊ぶのが通例であり、この『あそび』を首里王府が規制するために、祭祀の統制を行い、王府公認の『遊び』を決めていった」という事実を指摘している[27]。

このように集落の連帯を超歴史的に理解しないためには、そこが権力の影響力の及ぶ場所である事実を明確にしておくことが求められる。この点で、高良倉吉が市町村誌の前身である戦前の郷土史誌について、「いわゆるアカデミックな関心のもとに生まれたものではなく、実は地方改良運動と直接間接的に密接な関連を持って企画されたとみられる」と述べていることは[28]、字誌づくりを対象として取り上げる本研究にとって重要な意味をもつ指摘というべきである。

しかしながら興味深いことに安良城は先の指摘に続けて、「王府公認の祭祀の背後には、実は首里王府が認めないような様々なお祭りがあり、さまざまな民俗慣行が、いろいろな地域に、いろいろな形で存在していた」と述べている[29]。この指摘の通り祭祀に代表される土着の文化は首里王府の統制下におかれながらも、その管理からはみ出し独自に展開する活動でもあったのである。集落は権力統治の下に置かれながらも、なお内発的な自治的要素をもっているという両義的な存在である点に目を向ける必要がある。

社会学

社会学の研究成果には、本研究から見て注目される二通りのアプローチがある。一つは、沖縄の社会変動についての実証的な研究を主たるテーマとするいわば外在的な研究であり[30]、もう一つは沖縄社会の特質に注目した内在的な研究である[31]。

前者の、沖縄振興計画下における沖縄社会の変化に関する実証的な研究を目指す、山本英治・高橋明善・蓮見音彦編『沖縄の都市と農村』（一九九五）では「農村・都市関係」および「地域問題」という分析の観点が用意され、那覇市の自治会や郷友会が取り上げられているほか、過疎化する北部農村の社会・生活変動や農村自治と地域文化形成が取り上げられている。また高橋の『沖縄の基地移設と地域振興』（二〇〇一）は、より積極的に沖縄の地域振興政策下の社会変動に踏み込んだ研究であり、ここでも北部のいくつかの自治体を例にした内発的発展の可能性が実証的に取り上げられ論じられている。とくに、後者の「フィールド・ノート」として示された

「基地の中での農村自治と地域文化の形成」では、「自治を支える字の構造」が取り上げられ文化運動を軸とした村づくりや農村の自治の可能性が論じられている。

とりわけ注目されるのは、高橋が「字はユイマールや宗教行事では伝統慣行の衰えは否めないが、即自的な集団から目的意識的、自覚的アソシエーションとして再組織化されているように思える」と述べ、続けて「その軸にムラが『本土』と異なってタテ型の統制を伴うことなく、ヤー単位社会をソフトに維持しながらも個人・団体や集団をも集団単位として位置づけてきた伝統をふまえて、現在は文化活動によって再生している……」と指摘していることである。[32]

これは「沖縄振興計画」という、大きな社会的・政治的な枠組みの中での集落の位置づけに着目し、その意義を明確に述べている点で本研究への示唆は大きい。とりわけ共同体的なつながりを基に成立するとされてきたシマ社会が、アソシエーション的な結合を含み新たに再組織されているという指摘や、文化活動がその紐帯になっている点などの指摘は興味深い。

しかしながら、その内発的な力が政治・社会的な意味をもつのは市・町・村という地方制度にのっとった枠においてである点では、本研究との間に距離がある。上に引用した字の構造分析で高橋は集落活動の事例を紹介しながら、「こうした、字ごとの試みが既述の全村的な読谷祭りに結集することになる」と述べている。[33] 国および県の「沖縄振興計画」という大きな政治的枠組みの下で、法的権限を賦与された市町村という自治体に問題の焦点が結ばれることは十分理解できることではあるが、こと沖縄のシマ社会の意味の究明という点では外在的な視点であるといわざるを得ない。こうした集落活動の評価が「字ごとの取組」の意義を強調してはいても、それは結局のところ自治体としての村が組織する「読谷祭り」という、上位の枠組みを支える要素として扱われるに留まっているのである。

これに対して、歴史学・地理学・社会学・社会心理学等の学際的アプローチによる安仁屋政昭・玉城隆雄・堂前亮平「共同店と村落共同体（1）（2）」（一九七九・一九八三）は、実態調査を基に共同売店の構造・機能をシマ社会の構造と関わらせながら明らかにしようとする実証的な研究である。[34] この研究では、「村落共同体の主要な構造」として例示された17の項目の中から公民館と共同売店が選ばれ、前者と異なる後者の特質が、「それは極限の立地条件下にあった村落において、いかにして生きていくか、いかにして暮らしの問題を解決していくか、という課題に直面した部落住民の生活の知恵から生まれたものであった」と説明されている。[35]

安仁屋等はシマ社会を外界から閉じられた「生態的な小宇宙」とすることを拒み、社会変動の過程の一部として外の変動に対応しながら「村落構造や生活構造が生みだされた」と主張する。そして次のように結論づける。[36]

「換言すれば、（共同店は）あらゆる過酷な立地条件を主体的に克服し、生活闘争の歴史に貫かれた共働、共益、共存の重厚な伝統文化を今日に伝えているところに、その存在意義がある。更に、現代の都市化と社会変動の趨勢の中にあって、共同店は人間らしく生きるということはどういうことか、村落共同はいかにあるべきか、農村の生活文化をいかにして主体的に守り継承していくか――そういう基本的な課題を提起しているところに、その存在意義があるといえる。」

やや力み過ぎの感はあるものの、ここには沖縄社会の変動をシマ社会のもつ意味の解明を介して、内在的に受け止めようとする視点が示されている。しかも、先の引用に含まれる「部落住民の自我に深く根差した象徴」という指摘には、「農村の生活文化を主体的に守り継承していく」主体が存在することが含意されており、そこには内発的な力の生成や発展を支える人間の存在を問題にする本研究との関心の交差が見出される。一方、宮城能彦「共同売店から見えてくる沖縄村落の現在」（二〇〇四）は、安仁屋等の調査から30年を経た時点での変化として、共同売店が「都市化と共同体維持の欲求との間で揺れ動いて」いる点に注目しながら、今日的意義として共同売店に経済的意義に加えて福祉的な意義があることを強調し、「一人暮らし高齢者の健康管理、コミュニケーション、生き甲斐対策、相談事業の展開など、（……）公民館とは違った意味で、共同売店を核にすることによって新たな展開が可能になるだろう」という見通しを示している。[37]

この指摘は共同売店を、行政が福祉サービスを集落の外から持ち込む場合の受け皿として位置づける可能性を示唆するものだが、シマ社会を背景にしながら「違った意味」をもつ公民館との同質性が意識されている。その同質性とはこの場合、こうした集落の諸機能を保持し展開させている住民の生活的な諸実践の総体から生まれる、ある種の伝統ないしは文化を指すものであるように思われる。そしてその伝統および文化は、安仁屋等が指摘しているように「部落住民の自我」に深く根ざしている。こうしたシマに内在した沖縄社会の研究は、その担い手の形成という教育的な問題を提示している点で本研究と交錯するところが多い。

法学

法学的な関心として取り上げなければならないのは、奥野彦六郎の『南島村内法』（一九五二）である。これに加えれば、村内法を含めた琉球王朝下の法規範全般についての研究に、浜崎秀明「琉球科律と村内法序説」がある。[38]奥野は沖縄の戦前の集落に伝わる村内法を収集し、それを「村の規範」および「民の法」としてその法社会学的な意味を探求した。奥野は国家による近代的な法規範が存在する中で、沖縄の各集落に伝わる「村締（ムラジマイ）」「村固（ムラガタミ）」「村吟味（ムラジンミ）」などと呼ばれた生活上の規範がもつ意味を積極的に評価し、「人間が平安とし安定とする」要件と見た。奥野は村内法を、「ムラ人として自覚的・自主的に、総体的に不安・不平なき度に要求ないし作用するを本旨とする平安・安定の基準」と定義づけ、村内法が村人の従うべき厳しい団体的強制の規範を意味するだけではなく、他方で自治法的な意味をもっていたことに注目したのである[39]。

次章で検討するように、ムラヤーの活動に集約されるシマの共同生活は権力的な統治のもとにおける、集団的な強制と連帯という矛盾した関係として成立している。「琉球処分」後の旧慣温存政策の中で成文化された村内法には、シマでの人々の暮らしを詳細に取り締まる条項が盛り込まれており、これだけではムラヤーは権力的な統治の場に過ぎないように見える。これに対して奥野の見方は、矛盾を前提に村人の自治および連帯の媒体としての規範の在り方に注目している点が重要である。

経済学

経済学の領域でのシマ社会の研究としては、田村浩『琉球共産村落の研究』（一九二七）、平恒次「琉球村落の研究」（一九五七）、玉野井芳郎・金城一雄「共同体の経済組織に関する一考察」（一九七八）などが注目される。なかでも平恒次の「琉球村落の研究」は、地割制度や貢租制度の他、模合や内法などの事例を詳細に検討した田村の先駆的研究を踏まえながら、村落共同体が資本主義体制の下でどのように変化してきたかという関心から、国頭村奥区の共同売店の社会経済的な分析を試みている点で、注目すべきものである。ここで平は「何が共同体的であるかを積極的に規定するよりも、問題にする村落について資本主義的でないものは何かという視角から消極的に接近するほうが筆者の今の場合には適当している」として、先に見た富永健一の「日本社会の近代化→共同体の崩壊」というベクトルとは逆向きの理解の仕方で、シマ社会の意味を問おうとしている。平は一九〇六（明治39）年に組織される奥の共同売店が、外来者の雑貨商や当時の産業組合制度などの資本主義的な要素の侵入からの「共同体の自己防衛」であったとして、その意味を「共同体という前近代的要素が依然として部落生活の外枠を構成しながら、内容においては近代化していくという過程をとると見られ、近代化の一つの条件として共同体が崩壊するのではなく、まさに近代化の必要条件として共同体が存在するという一見矛盾したような結果も生まれうることであろう」とまとめている。[40]

一方、玉野井と金城の「共同体の経済組織に関する一考察」は、この点を共同売店の規約の分析を基にさらに深く突っ込んで検討した研究である。玉野井らは、やはり奥の共同売店の規約を分析しながら全員参加を原則とする共同売店への加入に、「ムラ人としての地位と立場」に差異があることを見出して、「この一見すると『封鎖的・排他的』にみえる共同体の『差異』、『差別』の中に、実は、村落独自で醸成してきた重要な生活慣行がかくされているのではなかろうか」と指摘し、続けて「従来の村落の『封鎖性』『排他性』等のタームに代表的に表現されているような共同体の『負的』な事象に対して、従来のように村落の外側からではなくて、村落の内側から、焦点をあてて接近していくことが、必要とされているのではなかろうか」と述べている。[41]

玉野井等がここで強調しているのは、「差別」や「排他性」などを認めると言うことではなく、「共同店の維持が同時に村機能維持に強くつながっている」ことである。[42]「差別」や「排他性」は、村落共同体の評価をめぐる重要な論点であり、その意義はもとより教育の世界にとっても無視しえない。それゆえにここでのこの指摘は重要な意味をもつが、玉野井等はさらに続けて、「共同体間、あるいは共同体外との関係で支配－被支配の関係が濃厚であっても、それが共同体内支配構造にストレートに反映されるとは必ずしもいいがたいのである」と結論づけている。[43]

金城はこの指摘を自ら受け止めて奥区の「村方三役層」の分析を行い、村方三役が一定の層に集中する傾向はみられるものの、それをすぐに「ボスによるムラの支配」と見ることはできないと結論づけている。[44]玉野井や金城の指摘そのものの正否は事実としてどのように確かめられるのか、さらに議論や事実の収集が必要であるように思われるが、ここでは共同体的なタテの秩序をすぐさま権力的支配と捉えることへの、留保の可能性が指摘されている点に注目したい。

建築学・都市計画

沖縄の集落への関心は、建築学とくに都市工学の領域にも存在する。例えば、坂本磐雄『沖縄の集落景観』(一九八九)は沖縄の民家の位置や構造、材料等を、実態調査を基にまとめている。[45] また、名護市役所の市庁舎や今帰仁村の中央公民館を設計した象設計集団は、今帰仁村や名護市の地域開発計画にも取り組んでおり、シマに内在した施設設計や地域の振興計画を作り上げたことで知られている。象グループが設計した建物はどれも一目で沖縄の集落景観を取り入れたデザインであることが分かるが、その地域論は「逆格差」や「集落農業」「集落空間」「山原型土地利用」など独特の用語に集約されている。中でも広く知られた「逆格差」論は、統計的な数値として表れる所得格差を重視した外発的な大規模開発の考え方に抗して、都市生活からは失われた「環境や協働性、生活文化の豊富さ」を指標にした場合に生まれるであろう、農村に逆に見出される豊かさを重視した内発的な発展可能性を提起する。[46]「集落農業」や「山原型土地利用」は、その具体的なプランである。象グループの集落論の特徴は、都市計画という具体的なプラン作りの中にモデル化した沖縄の「シマの形」を位置づけていることである。例えば次のような「集落(ムラ)協同体」(カッコ内は原文)のイメージは、その典型といえる。[47]

「①御嶽(ウタキ)をもち、②拝泉をもち、③多くは王朝時代に区画された碁盤状のグリッドの集落であり、④宅地はほぼ均等であり、大きい場合でも200坪以下に地割され、⑤農地もかつては均等であり、⑥集落間距離は１㎞以内、１集落１００戸前後、⑦集落の中心部にカミアサギ（礼拝）広場をもつという原型の上に組み立てられ……⑨カミアサギの広場には、集落の自治的な集会所として字公民館と自治的な託児所としての字営幼児園と、戦前の運動から生まれた共同売店がワンセットの建物群として建てられ……。⑩字ではこれらの管理と事業のため、有給の区長、書記、保母を雇っており……、⑪字は字有林、字有地の維持運営、公民館の建設運営、売店の運営、簡易水道や農業用水の管理運営、そのほかに側溝整備や簡易舗装、農村公園の建設などの独自の環境整備を自力建設共同行業で行い……、⑫これらの字の運営や役員の選出はすべて全戸合議制である。」（カッコ内は原文）

これは関係者が沖縄本島北部の集落を歩きながら調査し作り上げた、一つの「シマの形」のモデルである。したがって、すべての沖縄集落が客観的にこの形に従うかどうかは、ここでは問題にならない。重要なのは自治体の地域計画という将来に向けた地域発展を、シマ社会の内発的な力と結び付けて展開しようとしている点である。

文学

小説や詩など文学として沖縄の集落を扱った作品は、数多い。しかしここでは文学作品そのものよりも、文学的な思惟の対象として位置づけられたシマへの自覚ともいうべき、岡本恵徳の「水平軸の発想」という文章に注目してみたい。岡本はこの評論の中で、大学を卒業したのち上京して初めて経験した東京での暮らしは、『本土』と『沖縄』を対置してとらえ、沖縄の後進的なものから抜け出すために、先進的な中央と同質化しよう」という誤った発想に基づいていたとして、自らの内なる「沖縄」を深く掘り下げようとしている。その中心的なテーマは「共同体」であり、主要な内容は沖縄戦での渡嘉敷島の集団自決を「共同体的生理」として告発する、石田郁夫の問題提起に対する受容と反論に向けられている。岡本は石田の、渡嘉敷島の集団自決に代表される沖縄の戦争体験について、「戦争に協力した主体の検討にまで至らず、戦争責任論を、そこまで思想的、人間的に突き止めることがなくすべて日本軍の悪業の被害者として自分を位置付けることにのみ熱心だった沖縄の戦後の問題」という指摘を受けて[48]、その指摘の鋭さを受け止めようとしながら、共同体の本質的な機能が「内部に機能するもの」であり、本来から戦闘の中で国家や軍隊など外部との関係での責任論を持ち込むべきものではないとし、石田の議論の方向が違うとしているのである。岡本は自らこの課題を受け止めるべく、「問題は、〝共生〟へとむかう共同体の内部で働く力を、共同体自体の自己否定の方向に機能させた諸条件と、そういう条件を、あらがい難い宿命のようなものに認識した共同体成員の認識のあり方にひそんでいたといえるだろう」と述べている[49]。

ここには渡嘉敷島で集団自決を強いた国家や軍隊の責任の告発と、その圧力に従わざるを得なかった「共同体成員」の主体としてのある種の弱さ、ないしはその克服が提起されている。このような問題提起は「民衆の戦争責任」の問題として、社会教育的な検討の課題とすべき問題である。

教育学

教育学とりわけ社会教育研究の観点から沖縄の集落への関心を論じた論文は、筆者がともに共同研究に取り組んできた小林や松田、上野、小林、山城、中村、島袋、嘉納らの冒頭に示した論考以外、あまり例を見ない。ここでは本研究と同様の問題意識に立つ竹内利美の地域社会教育論と中内敏夫の社会史研究、そしてベルリン自由大学のC・ウルフの教育人類学について触れておきたい。

民俗学的な調査研究を背景に独特の社会教育論を展開した竹内は、社会教育における教育の類型として、①被教育者の組織（集団）を中心とした教育形態、②教育施設を中心とした教育形態、③学校という教育機関を社会教育のために拡張的に利用する形態の三つをあげるが、その根底にある教育観は村落における集団的な人間の結びつきの中に見られる人間形成機能への着目である。この点を竹内は、「教育組織の成り立つ基礎条件は、成員の同質性、限定性（確定性）であり、それは直接的な人間交渉と、集団規制に従う斉一的行動の可能性とに関連している」（カッコ内は原文）と指摘している。[50]

竹内は、こうした教育機能が成り立つ基盤は「類似した生活環境にある人々の間」であり、現在が都市化や職業的な分業が進んだ社会であることを認めつつ、「ただし、それも程度の問題であって、まだまだ基礎的な地域集団を基本にした教育組織の成立しうる条件は、かなり残されていると見てよい」という。こうした竹内の関心が、50年近い歳月を経た今日でも、沖縄ではなお命脈を保っているとするのが本研究の立場である。

『生活綴方史研究』の他、アリエスの『子供の誕生』や『「教育」の誕生』の翻訳者として知られる中内は、アリエスやイギリスの労働者の社会史研究の進展から得た自らの教育の社会史への関心を、「要するに、家族の行う人づくりの秘儀など人間形成の日常社会過程とその心性をとらえるための新しい時間論、空間論、資料論についての対話ということである」と要約している。[51] これは従来の教育史研究が基本に置いてきた学校という国家制度の枠、ないしはそれと対抗的に同一の議論を展開しようとしてきた、民間の運動史という枠との関係で、自らの研究的な位相を位置づけた規定である。直接的には触れられていないものの、当然ながらその「新しい時間論、空間論、資料論」には本研究における集落が有する意味も含まれているものと考えることができるだろう。

教育の歴史を構成するのは、従来の実証主義史学者が依拠してきた「国家意思や社会組織の戒律、方針」にかかわる資料的に確認可能な事実だけでなく、「その世界の住人たちによって生きられた匿名者の沈黙の現実もまた主題の事実に近づく可能性を豊かに湛えているものである」という中内の関心は、[52] 制度の枠外にある教育に関する歴史的事実の意義を問い直す視点として、制度そのものの意義を逆照射する。冒頭に筆者が示した、アギュロンや喜安明らの社会史の議論とも共通する中内のこうした観点は、社会教育研究にも多くの示唆を与えるものである。

最後にC・ウルフの「教育人類学」について、触れておきたい。ウルフは『教育人類学』（一九九九）の中で、コメニウスからキリスト教敬虔派、ルソー、フンボルト、シュライヤーマッハに至る教育学が、人間の「全知なることへの夢」を憧れないしは悩みの元として形成されてきたという歴史を取り上げ、その人間中心主義的な限界を指摘しながら「歴史文化的人類学（anthropologie historique et culturelle）」的な観点からの教育学の捉え直しを提起している。そして「教育人類学」の目的について、「教育人類学の目的はひとつには、教育学の全能ないしは無能という幻想に対する批判ということであり、もうひとつには、**人間を完全にするという可能性と人間を変えることの不可能性**という、これとは逆の仮説の間の緊張をテーマにすることよって、いわば教育と形成の可能性と限界を示すこと」（太字部分は原文）と述べている。[53]

この規定からも分かるように、ウルフの教育人類学は必ずしも教育学の可能性を否定しようとするものではない。むしろ「全知」という人間主義的理想の見直しの中に、教育学の新しい可能性を見出そうとすることを核心に有する考えである。そうした指摘の中で、とくに興味深いのは「教育の人類学的知（savoir anthropologique de l'éducation）」という指摘があることである。ウルフによれば、人間が環境や自然を真似、再現することを通して表現することを意味するミメーシスの見直しの中から生まれる「教育の人類学的知」は、歴史的、文化的な文脈の中で機能するものであること（知識は一定の歴史・文化的な文脈をもつ）、相対的なものであること（主体の形成は相対的であり固定化した主体はない）、一般的な対象を問題にしないこと（子どもは具体的なものである）などを内容とするという。[54]

ミメーシスは、一旦人間が対象の中に消滅しながら深く自己を捉えなおし、表現として自分を作り上げながらある種の主張として生成してくるものである。ここにあるのは、グローバリゼーションの進行の中で、従来のように「真理」に仮託された客観的で科学的な系統だった理論の有限性を自覚することの必然性と、人類学的な知識への回帰の必要性の自覚とその可能性の提示である。

第3節　沖縄集落への社会教育的アプローチ

以上の整理からも分かるように、シマ社会がもつ意味は多様かつ複雑である。本書は「学びの空間」としてシマが保有する深さを、いくつかの層の積み重ね、成層として捉える。

シマ社会の成層性

本書が社会教育の立場からここで問題にしたいと考えるのは、社会構造上の複雑性や成層性という社会学的な観点ではなく[55]、「学び」に関わる多様さおよび成層性である。シマを人びとの「学び」に関わる意味空間として捉える場合には、日常の生活的実践がもつ歴史、文化的な深さに目を向ける必要があるのである。ここでは図1に示すような、自然と民俗的な伝統文化によって歴史的に規定された、シマ社会の生活的な実践と「学び」の意味の成層を提示しておきたい。ここに示した項目は、学びの空間としてのシマの成層を可視化するための手掛かりとなる、外からの把握が可能な要件を示している。

このようなシマ社会が保有する意味の成層性については、渡邊欣雄が『民俗知識論の課題』の中で「民俗的知

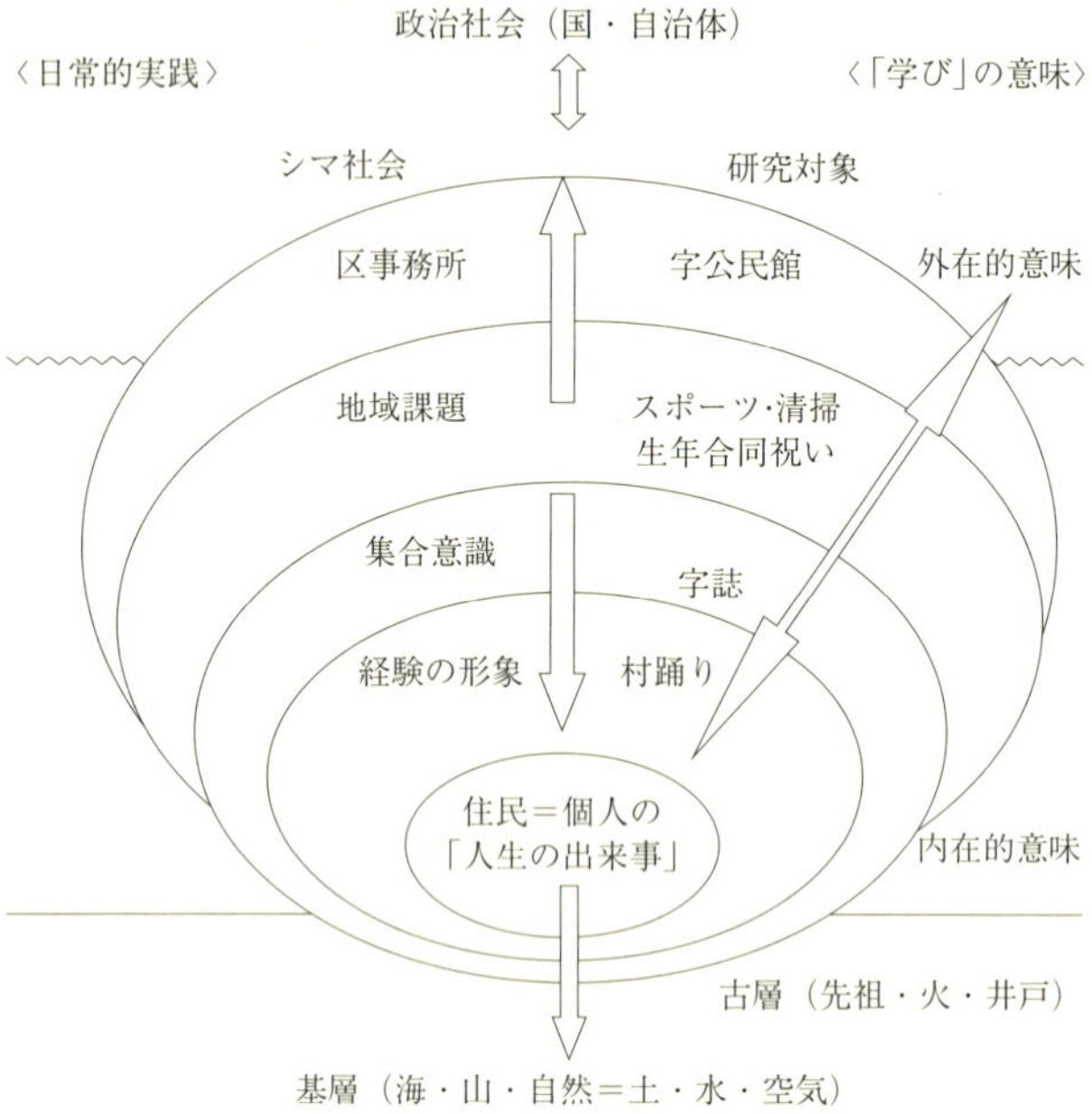

図１　日常の生活的実践と「学び」の意味の成層

識の成層性」に関する議論を展開していることを、すでに先に紹介した。沖縄のシマ社会を単一に捉えず、単一であるかのように見えるシマという文化的塊の中に、何らかの差異を見出しその区別をしようとする渡邊の試みは、シマ社会を内側から理解する観点として重要な意味をもっている。本研究でのシマ社会の成層性への着眼は、「意味」として捉えられるシマ社会内部の差異とその成層性におかれる。ここで「意味」というのは、シマ社会における人間形成の過程に作用しその形成過程を領導する価値のことである。

一方でこの図はわかりやすくいえば、外側からシマ社会の内部に向かう意味の深さを示す、ある種の順序であるということもできる。それはあたかも、実地にわれわれが沖縄の集落を訪ねたときにまず目に入るのが字公民館であり、そこからシマの人々との交流の進展に応じて字誌や村踊りなどの活動に触れるようになり、個人的な付き合い方によっては人々の人生の語りの一端に触れる機会が生まれるという、部外者のシマへのアプローチに似ているといえるかもしれない。

「学び」の意味の成層

1　字公民館

字公民館の層はシマ社会の一番外の表層に位置し、その具体的な生活的実践は区事務所という行政的統合のもとで成り立っている。字公民館はまた公民館制度という社会教育法制度上の意味をもち、国家や自治体と対応した「制度化された教育」としての近代的な教育的意味の媒介項でもある。その場合の価値は教育基本法や社会教育法など、「本土」において発達した法制度論的な意味として、基本的には外から付与される。しかし字公民館は公民館制度の一部でありながらシマの行政的なまとまりの基本でもあるため、この層は集落としての生活的な諸実践の結集軸という内的な価値を包括している。公民館の活動として目にすることができる諸活動は、いわば波線で示した水面上に見える氷山の一部であり、水面下にはより大きな層が存在するのである。

2　地域課題

地域課題の層は、住民が地域の抱える諸課題の解決に取り組む過程そのものが集合的な主体形成としての意味をもつという点で、字公民館という制度の層よりは内側に位置する。つまり、よりシマの実践の当事者に近接している。別な言い方をすれば、地域課題とはシマ社会が外的な社会環境との交渉の中で、外側からの働きかけに影響されつつ、内在的なまとまりを保ち外からの力に積極的に対応しようとする過程である。それは外的環境との関係で明らかになる、シマという括りでの内的な意味の構築過程である。外側からの影響に対するシマの反応はさまざまであり、また実際にはさまざまな人々が介在する過程だが、成層としての理解においては個人の役割は無視される。

3　字誌づくり

字誌づくりもまた、住民によるシマの意味の確認ないしは確立への集合意識を代表するが、意識化の度合いにおいて地域課題よりも内側の層に位置づいている。しかしこの層は、文字を媒介させることによって外界との交流を前提として成り立つ点で、身体性に依拠する村踊りの層に比べれば浅い層に位置している。こうした微妙な位置で、字誌づくりは文字を介して外に向かう力を内側に向かう意味確認の過程として、作用させる。

4　村踊り

村踊りの層は集合意識の一部だが、シマの身体的表現として成り立っている点で、制度や地域課題、字誌よりも深い部分に位置づく。この実践の層は、シマの伝統文化という共同化され総合化された経験知の世界が、芸の型として形象化される過程を代表する。またこの層は形象化された技の伝承を介して、シマの集合的な世代継承の意味世界を代表している。この層に表れる芸を受け止める側の若者の迷いや楽しさ、苦しさ、喜びなどは、世代的な意味の再生産の過程でありまた動因である。それは若者という伝承の当事者を介した、シマの内在的な意味の確認と再構築に他ならない。

5　個人の「人生の出来事」

個人の「人生の出来事」の層は、この成層図の中では最も深い部分に位置している。沖縄のシマ社会の研究に「個」を持ち出すことには違和感が伴うかもしれないが、本書はあえてそこに「個」を措定し住民一人一人の「人生の出来事」が、シマという集合体の経験を形成していると考える。「人生の出来事」は基本的には個人の経験であるが、シマ社会においては丸裸の「個」の経験が単独で意味をもつことは少ない。集団に包摂された「個」の経験として、「人生の出来事」はシマの最深部に位置づくのである。

6　古層および基層

以上の層は、実線で示した基盤となる文化的なシマの古層および自然条件たる基層の上に、成立している。前者は仲松弥秀が「古層の村の復元」の手掛かりとした祖先や火、井戸など、シマと人々の深層に存在する不可視の世界であり[56]、後者はそれを支える土や水や空気を含む海や山、植物などの自然の条件を指す[57]。

第４節　アクションリサーチとライフヒストリー

エスノメソドロジーおよびアクションリサーチ

シマ社会の教育的意味の深さを前提に、公民館制度から「人生の出来事」にいたる成層を想定したアプローチを試みようとする本書の方法論は、エスノメソドロジーないしはアクションリサーチと概括できる。

エスノメソドロジーの基本的な考え方は、「エスノメソドロジー研究では、日常の諸活動をメンバーとしての方法を用いて分析するが、それは同種の活動をいかなる実践的な目的にとっても報告可能な、可視的で合理的なものにすること、つまりありふれた日常の活動の構成（organizations）として『説明可能なもの』にするためである」という、『エスノメソドロジー研究』の冒頭に示された、ガーフィンケルの規定に示されている[58]。

この方法論は現実がもつ複雑さを再確認し、「科学」を標榜する既存の学問を再帰的に捉えかえす必要を提起する。その複雑さがゆえに、外からの観察によってはその正体の把握が困難なときに、対象の中に研究者が自ら入り込み現実との関わりをもつ中で、その意味を理解することが必要であり可能だというのである。ガーフィンケルのこの指摘は、対象の中に入りメンバーシップを得た者にはそこに何があるかを知り、それを外に対しても説明することができるというこの方法論の基本的な理解を要約している。またクロンはエスノメソドロジーが、「一つの理論であるというよりはむしろ、研究の視点であり、新しい知的態度である」と述べている。[59]

アクションリサーチは類似の用語ではあるものの、実践と研究との距離を重視する点で異なる。レビンを嚆矢とするアクションリサーチには研究と現場の距離の取り方においてさまざまな立場があるが、研究者の自己変革を含めて研究の一部と捉える「実存的アクションリサーチ」を提起したバルビエは、「複雑性」→「注意深く聴く」→「集団的な探究」→「評価・判断」→「合意形成」→「変化」→「複雑性」という、研究者自身の自己形成の過程を含む、現実と研究の螺旋的な交流プロセスを提示している。[60] バルビエのこのような提起を支える方法論的な原理は、おおよそ次の通りである。[61]

①理論は現実を理解するプランではない。アクションリサーチでは、理論枠から現実を理解しない。社会変革の方法としての意味を重視する。

②アクションリサーチでは、研究者自身は自らが何者であるかを問い直す。研究者は問題の中に居るために、問題の展開過程で自らリスクを背負う。

③研究対象は、プロセスの中で明らかになる。何が問題かは、あらかじめ分からない。問題は存在するのではなく、現れるのである。

④アクションリサーチでは、イマジネーションが問題になる。課題は研究者が既存の学問の枠組みを外から与えるのではなく、問題の当事者とともに構築するものである。

本書ではこのような新しい研究方法に着目し、シマ社会の内側に入る努力を試みる。具体的には、エスノメソドロジーないしはアクションリサーチの具体的な研究手法として、ライフヒストリー（ライフストーリー）という研究＝実践の方法を取り入れる。

ライフヒストリー研究と社会教育

ライフヒストリー研究は、日本でも社会学や人類学、心理学などを中心に盛んな議論が展開している。[62] 本書が依拠するのは、フランス語圏で展開しているライフヒストリーを成人教育に応用しようとする議論である。具体的にはピノーの自己教育論（autoformation）や、国際ライフヒストリー成人教育学会（ASIHVIF: L'Association Internationale des Histoires de Vie en Formation）の議論に注目する。

ライフヒストリー成人教育論は、語り手が自己の過去を振り返ることを通じて、自分の人生の意味を発見し構築する過程を学習と位置づける。研究の場合、この過程は言葉を介することによって聴き手（研究者）によって共有されるため、成人の学びの過程を知る実践的な方法として社会教育の世界でも注目され始めている。ライフヒストリーを語ろうとすると、語り手は自然に自らの過去の経験を振り返る。しかしこのように過去を遡る方向は必然的に現在に向かって反転し、過去を起点に現在の自分の姿を未来に向けて照射するようになる。語り手にとって過去に目を向け経験を言葉にすることが、未来に向かって自己の意味を確認、再構築することにつながるのである。自己教育論およびライフヒストリー成人教育論では、これを学びの一つと考える。このような観点が今日、メジローの「意識変容の学習」論とともに新しい社会教育理論として注目を集めているのである。[63]

本書ではこのような方法論を、「共同のライフヒストリー」という観点の拡張を基に、シマという集合的な主体に対して応用しようとする。個人のライフヒストリーにおいては、「自分は何者か」という問いかけの中で見出されていく意味の世界が、字誌をはじめとする共同のライフヒストリーでは、「自分らのシマとは何か」という共同の問いかけになり、集団としての意味が見出され、構築される過程となることを問題にするのである。

ところでこの議論では、「ライフヒストリー」という用語が論議を呼んでいる。ここで「ライフヒストリー」と訳しているフランス語の"histoire de vie"の"histoire"には「歴史」と「話」の両方の意味があり、どちらを選択すべきか判断に迷うことが多い。ベルトーはデンジンの区分を基にして、フランスの研究者の多くが用いている"histoire de vie"は人生の経験を語った「物語(histoire)」を指す場合が多いため、正確には英語の"life story"に当たる"récit de vie"を使ったほうがいいと、厳密な区別を提案している。[64]日本ではやまだようこが、マンの「ライフヒストリーが人生の歴史的真実をあらわそうとしているのに対して、ライフストーリーは、生きられた人生の経験的真実を表そうとしている」という説を、「妥当な見解」であると紹介しながら同様の主張をしている。[65]

一方でレネは、ベルトーの指摘が医療の世界や宗教の異端審判のように厳し過ぎるとして、「主体による、その過ぎた人生についての言表行為(énonciation)」という簡単な定義を採用し、「ライフストーリーはライフヒストリーが生成される過程における『ある瞬間』のことである」としながら、「ライフヒストリー=ライフストーリー+関係づけられた事実の分析」という図式を提示している。[66]これによれば、ライフストーリーはライフヒストリーとして意味づけられた人生の断片を意味する。本書はレネの規定に従う。

共同のライフヒストリー

本書はライフヒストリーという方法をシマ社会の研究に応用するにあたって、「共同のライフヒストリー(histoire de vie collective)」という新しい議論の展開に注目する。この議論を提起したルグランは『共同のライフヒストリーと民衆教育』（二〇〇〇）の中で、「ライフヒストリーは今日まで、個人の物語を中心に論議されてきた。……しかし……誰かに自分の人生を物語ることを求めたとしたら、彼（彼女）は自分を通時態でとらえ、家族、社会、職業的な背景や友達や恋人との出会いの中に、自己の来し方を位置づけるだろう」（カッコ内は原文）と述べている。[67] これはライフヒストリー論が個人に焦点を当てた議論であることを認め、その限界を意識した指摘である。それを補うものとして提示されるのが、ライフヒストリーを介して個の構築する意味は、本来、他者（仲間）との交流と相互理解の中で共有化されるものであり、それは集団的、社会的な意味と一体のものであるはずだとする「共同のライフヒストリー」という観点である。

類似の用語である「ナラティヴ」が「語る」ないしは「語り」という意味をもつのと同様に、「ライフヒストリー」も「語る」という動詞的な意味と「語り」という名詞的な意味をもっている。これに応じて「共同のライフヒストリー」は、集団が何らかの形で「語る」という行為にいたる動機やミッションの部分と、「語り」という一般化された成果の部分を含むことになる。前者は意味が生成する過程であり、後者はそれが形象化された段階（成果）を指す。

シマの日常の生活的実践にライフヒストリーという方法によって迫ろうとする本書の立場は、後者を先に説明したほうが分かりやすい。活動の成果という明示的な部分で見た場合、字誌はシマの住民による共同のライフヒストリーと見なすことが可能である。[68] これ以降の章で取り上げるように、字誌は集落の住人が自らの集団としての経験を掘り下げ、共有すべき共通の意味の構築を目指そうとする試みである。またフランスにも類似の取り組みがあることも、「共同のライフヒストリー」というカテゴリーの普遍性を示すものと考えられる。[69]

これに対してもう一方の「語る」という動詞的な側面は、地域課題や字誌、村踊りなどのような、いわば実践の内容にあたる部分を指すということができる。最後の「人生の出来事」は、集団としてのシマの経験の原基にあたる。字誌を構成しているシマの歴史や行政、神行事、祭り、方言などの内容が集約され本の一つの章として仕上げられる過程には、そのテーマを重要視し形にしようとする集合的な意思が作用している。このような「語る」という行為がもつ意味について、スウェーデンのリンキヴィストは「エキスパートが、その分野の一つ一つで本当にエキスパートであるということはあり得ないことであり、あなたの仕事が話題になるときにエキスパートに**なる**のは、**あなた**なのである」と指摘している。[70] リンキヴィストは、労働者自身による工場の歴史という共同のライフヒストリー記述への勧めとしてこう述べているのだが、「エキスパートになるのは、あなたなのだ」という当事者性の強調はこの方法がもつ教育的な意味として、沖縄のシマ社会の理解にも重要な提起である。

このように「共同のライフヒストリー」というアプローチは、エスノメソドロジーやアクションリサーチが求める対象の内側に入っての理解という課題に応えるための、一つの試みという意味をもっている。先にシマの成層として示した各章のテーマは、いわばシマ社会が包蔵する内奥の意味が地表に現れた露頭である。筆者はそれを手掛かりとしてシマの中に入り込み、目指す対象に迫りその意味を把握しようとする。その場合、探求の課題である対象の有する集合的な意味は、シマで暮らす人々の経験として存在しており、それらは人々の語りを介して外に現れるのである。語りには語り手の感慨や解釈が付随し、その部分の理解は語り手によって内的に意義づけられたシマの価値的な意味世界を表出しているものと考えられる。本書が目を向けるのは、そのような内側から捉え返され共有化されたシマの経験と、その意味の世界である。

意味の現出（émergence）

ところで、人生における経験が、ある瞬間に起きる事柄でありながら連続性をもつという事実は、この研究がもつ新しさおよびその特質と深く結びついている。こうした経験（出来事）がもつ時間性に関して注目しておきたいのは、「出来事的カテゴリー（catégorie d'événement）」という社会心理学における議論である。M・ルグランは「わたしは岐路、転換点に立っていた」「そのとき、わたしの運命が動いた」「何かが起きた」または「出来事と遭遇した」などの、転換点ないしは岐路あるいは大きな異変、出来事、競争的な環境、危機、行きづまり、選択、破局などを「伝記的カテゴリー（catégorie biographique）」と捉える可能性に言及している。こうした社会心理学的な概念構成は、社会教育研究にとっても示唆的である。

しかしルグランは、それが経験という学問以前の土壌から作りあげられるために「整復不能（irréductible）」という特徴をもつことを認めている。これらの瞬間は、実際にその時に戻って確かめることができないために、客観性や科学性に欠けるのである。とはいえ彼はその一方で、従来からのカテゴリーである「非伝記的理論（concept non biographique）」の方も、その理論的な新しさが生まれる究極の地点では経験を基にした「表現」や「創造」の作用を有しており、「知識の生成（production d'une connaissance）」という特徴があることを指摘し、双方の特徴を結ぶことによって新たに「伝記という整復不能なカテゴリーであるが、構築され理論化されるカテゴリー」である、「出来事的カテゴリー」を設ける必要を提起しているのである。[71]「出来事的カテゴリー」は、「伝記的カテゴリー」がもつ客観性の欠如という欠陥を補って構成される、新しい概念である。

社会学的な厳密さに配慮した、「整復不能」と「理論化」の統合というルグランの「出来事的カテゴリー」は、「伝記的カテゴリー」に引きつけていえば、選択、破局、岐路や転換点などの「意味」が、大きな異変、出来事、競争的な環境、危機、行きづまりなどの、「そのとき（瞬間）」に現出してくる（émerger）ものであるという事実を踏まえている。議論すべき課題は、実証の対象として常にそこに存在するのではなく、ある瞬間に現れ理論として構築され提示されるべき「意味」として存在するのである。この点で、「出来事的カテゴリー」は瞬間と連続の同時存在という、時間性を本質にしている。

ところでリクールの『時間と物語』（一九八七）は、自らの解釈学的な立場の構築に向けた「言語による意味創造の問題」を探求し哲学研究の課題として物語を論じた書物として、ライフヒストリーやライフストーリーの研究の中でしばしば引用される文献である。この文献においてリクールが提示するのは、「物語を語る活動と人間経験の時間的性格との間には相関関係が存在し、しかもその相関関係は単に偶然的ではなく、諸文化を超えた必然性という形を呈している」というテーゼである。[72] 興味深いのは、このテーゼの前半を導くために検討したアウグスチヌスの『告白』第11巻の時間論の分析において、リクールが次のように述べていることである。これはリクールが、「三つの時間論」を突破口とするアウグスチヌスの時間経験への言及、とりわけ鳴り響く音や賛美歌を例にした「記憶」「直覚」「期待」に置き換えて捉えられる、時間の人間経験的な本質に言及した部分である。[73]

「この節（第28章第37節）の主題は、期待と記憶と直視の弁証法であり、これらはもはやばらばらにでなく、相関的に考察される。……〈actio〉（働き）という語とその動詞形で、意図的に反復された〈agitur〉とは、全体を動かす推進力を表している。期待と記憶とは二つとも「むかう」と表現される。前者は歌い出す前に、詩全体にむかい、後者はすでに歌い終わった部分にむかう。直視についていえば、その一切の集中は、未来であったものが過去となるものの方へ、能動的に「移る」ことに注がれる。期待と記憶と直視とが組み合わさったこの働きが、「実現されていく」のである。[74]」

ここでは「推進力」や「実現されていく」という動的な表現によって、物語の世界で捉えられるべき意味の特質が示唆されていることに、注目すべきである。本節これ以降において資料となる住民のライフヒストリーの中で分析の対象となるのは、まさにこの「推進力」や「実現」の過程ないしはその方向だからである。次のピノーの「和解」論やASIHVIFの「意味」に関わる三つの要素論も、語りの過程に現れるこうした内的な推進力の存在に注目した考えということができる。[75] 国際ライフヒストリー成人教育学会第2回研究大会の「自己教育に関する憲章（案）」では、「意味の構築過程としての自己教育」が「意味方向（direction）」と「意味の内容（signification）」「意味の感知（sensible）」という、三つの次元から成り立っていると整理されている。

和解（transaction）

最後に本書では、これ以降の章におけるシマの集合的な主体の形成過程に関する理解に、ピノーの『人生の創造』（一九八三）から示唆を得た、「和解（transaction）」という解釈の枠組みを措定する。ピノーはマリー・ミッシェルという実在の女性の手記の分析において、個人の内面に起きる変化を外からの影響と主体の能動性の狭間に起きる、複雑でダイナミックな過程として分析した。「妥協」や「取引」とも訳すことのできるこの概念は、一人の人間が人生において経験する何らかの転機（変化）を、自らの人生の方向と環境からの影響の合力として捉え、さらに個人がその結果を能動的に受容する過程と理解する。

類似の考えは、デューイが『経験と教育』（一九三八）の中で子どもの発達ないしは教育の役割として展開しており、「相互作用」という訳語が与えられている。[76] ただしデューイの「相互作用」は、外的な働きかけに対する子ども側の内的な条件、およびそれらの統合された状態を指す概念である。

これに対してピノーの「和解」論は、同様の問題をモールの「行為（action）の現象学」論を基にさらに細かくして再構成する。ピノーは、モールの「行為」「出来事」「和解」「相互作用」という四つの分類を基に、「和解」を人間と環境の間の一方向の作用（人間→環境＝行為、環境→人間＝出来事）と両者間の相互作用（人間⇔環境）と区別される、作用が生んだ結果の主体による能動的な受容過程と位置づけるのである。それはデューイのいう「客観的条件と内的条件」の統合をさらに進めて、人生の転機を主体の能動的な自己変革の過程と捉えようとする考えということができる。[77]

ピノーはマリー・ミッシェルの手記に記されている、出来事との遭遇によって引き起こされる人生の変化が、ビリーヤードの球の衝突のような単純な作用ではなく、矛盾し合う力の統合および当事者による能動的な受容、追認という複雑で矛盾したものとして分析する必要を自らの課題としながら、それに応える試みをしている。本書では個人をシマ社会という集団に置き換えながら、これと同様のアプローチを試みる。地域的な変遷や字誌、村踊りなどの日常の生活的実践を、シマという集団としての主体が外的世界ないしは環境との間で取り結ぶ相互作用の結果、およびその結果の個人および集団による受容と考えるのである。シマ社会は、外からの影響に曝されながら一つの集合体として内に向かって収縮する凝集力を有し、その力は反作用として外に向かう内的な力を生む。外から及ぶ力がそのままシマの形を変えるのではなく、内的な力によって選択的に受け止められ内的一貫性の中に統合されることによって、シマの形は変わるのである。こうした過程を字誌の記述や聞き取り調査の資料を基に分析し、解釈として示すのが本書の課題である。

なおここでは、学校教育における「教育 - 学習過程」のように「教育」の存在を前提にする用語法と区別するため、「学習」だけでなく「学び」という用語を併用する。教育学的な概念を意味する場合には主に「学習」を用い、具体的に学ぶ行為を指す場合には「学び」という用語を用いる。

【注】

1　沖縄は北海道とともに、行政区域がそのまま農村集落の区域と一致している。「2005年農業センサスに見る農業集落の現状と課題について」農林中金総合研究所『調査と情報』二〇〇六　18頁。
2　名護市教育委員会『名護市の小字』一九八六。
3　山本英二・高橋明善・蓮見音彦編『沖縄の都市と農村』東京大学出版会　一九九五。
4　日本民族学会『沖縄の民族学的研究』民族学振興会　一九七三。
5　馬淵東一・小川徹「解説」『沖縄文化論叢　第3巻　民俗編Ⅱ』平凡社　一九七一　28頁。
6　谷川健一「解説」谷川編『村落共同体』木耳社　一九七一　429頁。
7　仲原善忠「集落」『沖縄文化論叢　第3巻』前出　133頁。
8　比嘉春潮「沖縄の村落組織」同右書　141～144頁。
9　渡邊欣雄『沖縄の社会組織と世界観』一九八五　92～93頁。
10　渡辺万寿太郎の「琉球の同族団構成（門中研究）」馬淵東一、小川徹編『沖縄文化論叢　民俗編Ⅱ』平凡社　一九七一　388～389頁。
11　渡口真清「系図と門中」同右書　459頁。
12　同右（同右　468頁）。
13　比嘉政夫『沖縄の門中と村落祭祀』三一書房　一九八三の研究史の整理に従う。
14　渡邊欣雄他編『沖縄民俗辞典』吉川弘文館　二〇〇八　509頁。
15　比嘉政夫『沖縄の門中と村落祭祀』同右書　116～121頁。
16　渡邊欣雄『民俗知識論の課題―沖縄の知識人類学』凱風社　二〇〇四　20頁。

17 同右書　25～26頁。

18 松井健「開発とシマの社会変動」松井編『沖縄列島』東京大学出版会　二〇〇四　6頁。

19 松田素二『抵抗する都市』岩波書店　一九九九　191頁。

20 同右書　186頁。

21 同右書　14頁。

22 田里友哲『論集沖縄の集落研究』離宇宙社　一九八三。

23 小川徹は、仲松の沖縄学の出発が集落地理学であると指摘している。小川「仲松沖縄学の視点」仲松弥秀先生傘寿記念論文集刊行委員会編『神・村・人』第一書房　一九九一　6頁。

24 仲松弥秀『古層の村』沖縄タイムス社　一九七七　160頁。

25 仲松弥秀『神と村』伝統と現代社　一九七五　144頁。

26 安良城盛昭『新・沖縄史論』沖縄タイムス社　一九八〇　14頁。

27 同右書　82頁。

28 高良倉吉『沖縄歴史論序説』三一書房　一九八〇　227頁。

29 安良城盛昭『新・沖縄史論』同右書。

30 山本英治・高橋明善・蓮見音彦編『沖縄の都市と農村』東京大学出版会　一九九五や、高橋明善『沖縄の基地移設と地域振興』日本経済評論社　二〇〇一等。

31 安仁屋政昭・玉城隆雄・堂前亮平「共同店と村落共同体（1）（2）」沖縄国際大学南島文化研究所紀要『南島文化』創刊号・第5号　一九七九・一九八三や、石原昌家『郷友会社会』ひるぎ社　一九八六、宮城能彦「共同売店から見えてくる沖縄村落の現在」日本村落社会研究学会『村落社会研究』第11巻　第1号　二〇〇四等。

32　山本・高橋・蓮見編『沖縄の都市と農村』同右書　321〜322頁。同じ部分が高橋明善『沖縄の基地移設と地域振興』同右書　424頁に再録されている。
33　同右書　319〜320頁。（同右　420頁）。
34　安仁屋政昭・玉城隆雄・堂前亮平「共同店と村落共同体（1）（2）」同右。
35　「同右（1）」146頁。また主要な構造の要素として示されているのは、①血縁（家族・親族組織）②地縁（準親族組織）③祭祀儀礼　④模合　⑤ユイ　⑥共同店　⑦公民館　⑧字幼稚園　⑨学校およびその他の公共施設　⑩部落内諸団体　⑪諸生業組合及び事業所　⑫リーダーシップ　⑬価値規範体系　⑭伝統　⑮慣習　⑯諸制度　⑰生活様式の17の項目である。同145頁。
36　「同右（1）」149頁。
37　宮城能彦「共同売店から見えてくる沖縄村落の現在」同右　24頁。
38　浜崎秀明「琉球科律と村内法序説」谷川健一編『沖縄学の課題』木耳社　一九七二。
39　奥野彦六郎『南島村内法』一九五二　38頁。ただし引用は一九七七年発行の至言社版より。
40　平恒次「琉球村落の研究」一九五七　琉球大学文理学部紀要（人文科学）第2号　31頁。
41　玉野井芳郎・金城一雄「共同体の経済組織に関する一考察」一九七八　沖縄国際大学商学部『商経論集』第7巻1号11頁。
42　同右　12〜13頁。
43　同右　13頁。
44　金城一雄「『村方三役』層をめぐる村落の支配構造について」一九八〇、沖縄国際大学南島文化研究所『世論・国頭調査報告書』161頁。

45　坂本磐雄『沖縄の集落景観』九州大学出版会　一九八九。
46　重村力「山原の地域計画」玉野井芳郎・清成忠男・中村尚司共編『地域主義』学陽書房　一九七八　３０７頁。
47　重村力「神話の回復をもとめて」『建築文化』vol.32　No.３７３　一九七七年十一月　80頁。
48　石田郁夫『沖縄この現実』（岡本恵徳「水平軸の発想」谷川健一編『沖縄の思想』木耳社　一九七〇より重引　１７５頁）。
49　岡本　同右　１７６頁。
50　竹内利美『社会教育要説』明玄書房　一九六三　63頁。
51　中内敏夫「教育の社会史と呼ばれているものの性格」『中内敏夫著作集Ⅱ』藤原書店　一九九八　８頁。
52　同右書　10頁。
53　C. Wulf, Anthropologie de l'éducation, L'Harmattan. 1999, p.7.
54　Ibid, p.6~7.
55　古くは鈴木栄太郎『日本農村社会学要論』時潮社　一九五三など。
56　仲松『古層の村』前出　12～13頁。
57　玉野井芳雄『地域主義の思想』農山漁村文化協会　一九七九　21～22頁。
58　H. Garfinkel, Studies in Ethnomethodology, Prentice-Hall, Inc., 1967, p.vii. アラン・クロン『入門エスノメソドロジー』山田富秋・水川善文訳　せりか書房　一九九六　54頁。訳文は末本。
59　アラン・クロン『入門エスノメソドロジー』同右書　７～８頁。
60　R. Barbier, Recherche Action, La recherche Action, Anthropos, Paris, 1996, p.60.
61　R. Barbier, Recherche Action, ibid.

62　主だった書物を挙げても、ケン・プラマー『生活記録の社会学』（一九九一）、L・L・ラングネス、G・フランク『ライフ・ヒストリー研究入門』（一九九三）、中野卓『口述のライフヒストリー』（一九七七）、中野卓・桜井厚『ライフ・ヒストリーの社会学』（一九九五）、小林多寿子『語られる「人生」』（一九九七）、マクナミー、ガーゲン『ナラティヴ・セラピー』（一九九七）、やまだようこ『人生を物語る』（二〇〇〇）、桜井厚『インタビューの社会学』（二〇〇二）、野口裕二『ナラティヴの臨床社会学』（二〇〇五）、山田富秋『ライフヒストリーの社会学』（二〇〇五）、グッドマン、サイクス『ライフヒストリーの教育学』（二〇〇六）、森岡正芳『ナラティヴと心理療法』（二〇〇八）などがある。

63　日本社会教育学会が二〇一二年度から、社会教育研究方法論の検討をプロジェクト研究のテーマに据えたのは、一例である。

64　D. Bertaux, «L'approche biographique – sa validité méthodologique, ses potentialités», Cahiers internationaux de sociologie, vol. LXIX, no 2, juil-déc. 1980.（Alex Lainé, Faire de sa vie une histoire, Desclée de Brouwer, 1998. pp.140-141. より）

65　やまだようこ『人生を物語る』ミネルヴァ書房　二〇〇〇　14～16頁。

66　Alex Lainé, Faire de sa vie une histoire, Op, cit., pp.141-144.

67　M. J. Coulon et J.-L. Le Grand, Histoires de vie collective et éducation populaire. L'Harmattan, 2000. p.129.

68　ルグランによる共同のライフヒストリーの一覧表には、有志のグループ、自治体、企業、結社、地域博物館と並んで、集落が項目の一つに挙げられている。ibid., 2000, pp.138-139.

69　J. André, M.-J. Coulon, C. Naud, À Grand-Lieu, un village de pêcheurs, Passay se raconte., SILOË, Nantes, 2000., Association des habitants d'Orléans La Source, Histoires et Mémoires du quartier de La Source. など。

70　S. Lindqvist, Creuse là où tu es, dans «Objets pour la Philosophie II». Éd par M. Chablt et A. Vidricaire. St-Martin, 1985, pp.73-83. 引用は、一九八三年の秋にリンキヴィストがケベック大学モントリオール校で行った講演で配布した英語版資料を、M・ホジェがフランス語に翻訳したものから。したがって引用部分がどの頁かは不明。

71 M. Legrand, L'approche biographique. Desclée de Brouwer, 1993 p.3.

72 リクール『時間と物語Ⅰ』久米博訳　新曜社　一九八七　99頁。

73 アウグスチヌスは次のように述べている。「未来も過去も存在せず、また三つの時間すなわち、過去、現在、未来が存在するということもまた正しくない。それよりはむしろ、三つの時間、すなわち過去のものの現在、現在のものの現在、未来のものの現在が存在するという方がおそらく正しいであろう。(……) すなわち過去のものの現在は記憶であり、現在のものの現在は直覚であり、未来のものの現在は期待である」。聖アウグスチヌス『告白(下)』服部英次郎訳　岩波文庫　二〇〇五　123頁。

74 リクール『時間と物語Ⅰ』前出　30〜31頁。

75 «Le projet de manifeste pour l'autoformation», 2es rencontres mondiales sur l'autoformation., Op,cite., p.2.

76 デューイ『経験と教育』市村尚久訳　講談社学術文庫　二〇〇四　60〜66頁。

77 G. Pineau / Marie Michèle, Produire sa vie. Op.cit., p.241.

第3章

字公民館の成立過程と集落の生活的実践

――教育制度論的前提――

本章では沖縄戦の終結後、今日までの字公民館の歴史的な成立、展開過程を整理し、集落での生活的実践がもつ社会教育的な意味を制度論的な観点から検討する。本土復帰まで社会教育制度の一部に位置づけられた字公民館は、復帰後もシマ社会の日常の生活的実践と密接な関わりを有している。しかしその「学び」は、先に示した意味の成層においては最も表層に位置すると同時に、シマ社会を対象とした沖縄の社会教育研究の入り口に位置している。

第1節 課題と方法

沖縄社会教育と字公民館

字公民館は二重の意味で、沖縄の社会教育の特質を代表する。というのは、字公民館は（少なくとも本土復帰に至るまでは）沖縄の社会教育制度の中軸に位置したからであり、またそのことによってシマ社会の日常の生活的実践と結びついた社会教育活動という、本書でテーマとする教育的実態を生み出したからである。

すでに指摘したように沖縄戦後の沖縄では、字公民館は自治体の財政的基盤の弱さから社会教育行政の施策の中心に位置づけられる展開を示すが、それは受け皿となるシマの復興という切迫した事情と同調可能なものであった。沖縄戦後の字公民館の活動は、行政による外からの影響とシマの内発的な条件が入り混じって展開したのである。方向や質の異なる、これらの作用を形式的に区分してみることは可能だろうが、実態はシマでの生活的な実践として展開しているため、その区分は実際にはあまり意味をもたない。

しかしながら社会教育制度の一部として展開した字公民館は、制度であったがゆえに外的な観察の対象としての把握が可能であり、資料もそろえやすい。シマでの住民の日常の生活的実践に、しかもその過去の実態に迫ることは不可能に近いが、文字として記される行政的な文書は字公民館の実践の一部を照らす資料である。それはシマの活動のすべてを照らすことはないが、行政の働きかけという一部分を照らしてはいる。したがって行政、制度論的にみたシマ社会の「学び」の意味の探求は、シマでの日常の生活的実践というより深い層に位置する「学び」の意味を、残余部分として明示するはずである。このような意味で、ここでの教育制度論的な意味の探求はシマの「学びの意味」の成層の中でも表層に位置づくと同時に、より深い意味世界への入り口に位置するのである。

本章では本土復帰以前と以後に分けて、字公民館の制度論的な意味を整理する。またここでの記述は、基本的に沖縄社会教育研究会（代表小林文人）によって収集された資料に依拠している。[1]その成果は『沖縄社会教育史料（全6集）』（一九七七～一九八六）としてまとめられ、[2]その一部が『公民館史料集成』（一九八六）に再録され、[3]さらにその成果が『民衆と社会教育―戦後沖縄社会教育史研究』（一九八八）にまとめられた。[4]

第2節　本土復帰以前の字公民館の成立と展開

ここでは本土復帰に至るまでの字公民館に関する、次のような時期区分を考える。

Ⅰ　一九四五年以前　前史
Ⅱ　一九四五～一九五三　生成期
Ⅲ　一九五三～一九五八　定着期
Ⅳ　一九五八～一九六八　発展期
Ⅴ　一九六九～一九七二　転換期

前史（一九四五年以前）

前史として、ここでは一八七九（明治12）年のいわゆる琉球処分以降、本土復帰までの時期を考える。[5] 字公民館の前身にあたる建物としては、地方行政の末端に位置した番屋であるムラヤー（村屋）の他に、青年団員の集会所や養蚕関係の建物などが存在したことが知られている。しかし広がりや連続性を考えた場合に、字公民館の前史として取り上げるべきなのは主にムラヤーである。

1　シマの位置とムラヤー

周知の通り、琉球処分以降の沖縄に対する明治国家の扱いは士族の反乱に配慮して進められた、「旧慣温存」という一種の軟着陸体制であった。「旧慣」の一部として記されたムラヤーについては、『琉球見聞雑記』（一八八八）に次のような記述がある。[6]

「村屋ハ概ネ間切番所ト人民トノ間ニ立テ伝達ノ機関タルニ過キス、万般ノ行政ハ間切ヲ以テ最下級ノ区画トナセトモ独戸籍ニ関シテハ村ヲ単位トシ村ノ内外ヲ以テ出入寄留ヲ区別スルカ如シ。村ハ自ラ一ノ法人ヲナシ各多少ノ財産ヲ有シ負債ノ如キハ多クハ間切ニ属ス。マタ神事祭典ノ如キハ多クハ村ニ於テコレヲ執行ス。故ニ将来ニ於テモ村ハ間切内ニ於ル独立ノ法人トシテ之ヲ認メ地方行政ノ機関トシテ利用スルヲ要スヘシ。」

村屋は首里、那覇、久米村、泊村、両先島（宮古と八重山）を除く島尻、中頭、国頭、離島に置かれた行政機関で、間切番所の下位に位置した。また番所には現在の市町村長に当たる地頭代の他、惣耕作当、惣山当、夫地頭、首里大屋子、大掟、南風掟、西掟等が配置され、村屋には掟、耕作当、山当などが配置されることになっていた。[7] しかし村レベルの行政の実態は、必ずしも厳密なものではなかった。『一木書記官取調書』（一八九四）は、各村の事務やムラヤー吏員の職務などについての詳細な記述をしているが、その中で「ムラヤーノ吏員ニ至テハ多ハ有名無実ノモノニシテ……」としながら、広い範囲の住民の戸籍管理等には彼らが必要であると述べている。またムラヤーの吏員は農民の総代のようなもので、文字を読めない者が多く、掟の役を果たすことが難しいので村の頭と共にテコ入れが必要だとしている。[8]

また同報告書には「村ノ集会」についての記述があり、中頭では「地人一同村屋ニ集会シ、百姓地分配、神事、祭典等ニ付協議ヲ為スノ慣行ニシテ、集会ニ不参スルモノニ対シ科銭ヲ課スルノ内法ヲ設クルモノアリ」とされている。[9] ムラヤーが地方行政における住民統治の場として機能していたことが分かる。

ところで冒頭にも述べたように、本研究において「シマ」と呼んでいるのはここでの「村」に当たるが、この下位にはさらに「組」ないしは「与」という小単位が存在した。大井浩太郎によれば「組」は、もともと同族によって何らかの目的に従った「日常生活的文化的共同」（イーマール）として成立した形態であったものが、薩摩の侵攻以降は「与」として再編され、地割制と結びついた貢租納入制度へと変化したものである。[10] 正確には、シマはこうした小単位の生活組織の活動を実質的に含みながら、成立しているものと考える必要がある。

話を戻すと、地方行政組織の中でムラヤーが有した機能は「第一条　村中協議ノ為メ、集会又ハ何カ御用ニ付、村屋ヨリ呼出ノトキハ、遅参ノモノハ金六銭、不参ノモノハ拾銭ノ科金申付候事」という、『一木書記官取調書』の中の小禄間切の村内法に垣間見ることができる。ムラヤーは、このように村人に対して「呼び出し」が発せられる場所であった。こうしたムラヤーの権力的な性格については、『新垣部落誌』(糸満市)が明治期にムラヤーは、「ムラヤンカイスンチイチュンド(村屋につれていくぞ)」と言われていたと指摘している事実と一致する。[11]

他方でムラヤーはシマに存在する、共同体的な集団活動の場としても機能していた。上に引用したように中頭では、ムラヤーは「百姓地分配、神事、祭典等ニ付協議ヲ為ス」場でもあったのである。また大井は、上記の「日常生活的文化的共同」の具体例として、葬式、祭祀、田植え、製糖、家づくりなどを挙げている。[12]ムラヤーを、これらの日常的共同に関する協議の場と考えることは妥当なことだろう。琉球処分以前のシマにおけるこのような共同の生活の様は、『琉球国由来記』(一七一三)や『琉球国旧記』(一七三一)に示された沖縄全体に存在する社寺や御嶽、祭祀、泉、火の神、風俗などからも、その一端を知ることはできる。安良城盛昭が言うように、それらは琉球王府による統治の対象として記されていることは事実だが、そこに統治すべき対象が存在したことも事実なのである。

このようなシマの共同の意味については、すでに前章で整理しておいた。とくに重要なのは民族学や民俗学が強調する「集落の連帯」、および地理学の仲松弥秀による「愛と信頼に基づいて発生した村落」という指摘だろう。また神事や祭祀、門中などの同族組織についての研究として展開してきた地縁、血縁的な要素の存在も重要である。村人の集会に利用されていたムラヤーが行政事務の場として位置づいていたことは事実だが、その場で論議された神事や祭典さらには土地の分配などの議題は、神や先祖などへの信仰と同族意識に支えられた人々の協力や連帯、相互扶助によって可能になったのである。

こうした共同体的な生活の様は、『沖縄県旧慣間切内法』に収録された各間切の村内法にも表れている。そこにはムラヤーが管理した山林、田畑、農耕、家屋、納税のほか、年中行事や祝い事、娯楽、婚姻などの多様な村人の生活が、取り締りの対象として示されている。[13]

2　ムラヤーの歴史的意義

戦前の沖縄における社会教育の展開は、「琉球処分」から近代史が始まるという特殊性を背景にはするものの、国家の枠組みとして展開した部分においては「本土」と変わりはない。この点では、以前筆者が上野景三とともに公表した公民館に関する戦前の歴史に関する論考は、沖縄における公民館の前史として参考になるだろう。[14]この中で筆者らが資料を示しながら論じたのは、明治の地方改良運動および自治民育政策を背景とした「農村公会堂」「庶民偕楽所」「公会堂」、大正期の社会事業として展開した「隣保館」「農村社会事業」、昭和期の農山漁村経済更生運動を背景とした「部組織」「全村学校運動」「娯楽センター」「労働者厚生施設」、および青年指導論としての「青年倶楽部」「青年集会所」「総合統制機関」である。

こうした整理を前提に、公民館に類似する施設に注目しながら沖縄の社会教育史を概観すると、次のような特徴を見出すことができる。

①最初は日本統治下において明治30年代以降展開した、「風俗改良運動」に連動したムラヤーの役割についてである。戦前の社会教育の重要な活動であったこの政策は、沖縄住民の冠婚葬祭での饗応や相互扶助、女性の入れ墨などの生活慣習や習俗を「悪習」として位置づけ、その「改良」を図ろうとするものであった。「風俗改良」という動き自体は、東アジアにおける政治的ヘゲモニー争いを背景にしながら、日本主導の「近代」の圧力として日本国内に留まらず、韓国や台湾においても展開している。しかし一般には、この運動の効果は乏しかったとされている。[15]またこれは、一九〇八（明治41）年の「戊申詔書（国民の精神作興ニ関スル詔書）」の渙発以降は、

地方改良運動へと展開する。

ところで中村誠司によれば、この運動は村内法を引き継いでいるとされる。[16] そして村内法に、村人の生活や慣習の取り締りが盛り込まれていることは、すでに見てきた通りである。この点では風俗改良運動は、旧慣温存政策の延長上で沖縄の伝統文化を介して、国家による生活文化の「近代化」を村人の慣習に及ぼそうとしたものと考えることができる。その中でシマやムラヤーには、受け皿となることが期待されたのである。

②次は戦前の社会教育の具体的かつ中心的な施策であった、青年会に関連した動きである。国家による青年団の組織は戦前日本の主要な社会教育政策であるが、沖縄でもこの点は変わりない。平山和彦は、沖縄においても青年団の成立時期は「本土」と同等、ないしは地域によってはむしろ早いところもあると述べている。[17]

ところで社会教育研究の世界では平山がいう青年団の成立時期は、国家主導による青年団の組織化を指すものと理解されている。つまり大正期に出される内務省と文部省の「四つの訓令」によって、国家はそれまで存在した若衆宿のような土着の地域集団を「修養」を旨とする青年団へと作り変え、地方権力者による支配を介した権力統治の下に置いたのである。[18] したがって平山の指摘は、こうした地域青年組織の質的転換を意味するものと考える必要があるのだが、青年団が戦前においてもシマを構成する重要な地域団体であった点、および「一人前」に至る若者の成長を支える教育的な意味をもった点は指摘の通りである。

ところでここで注目すべきなのは、青年倶楽部の存在である。先にみたように、「本土」においても青年倶楽部は公民館につながる戦前の系譜の一つであったが、沖縄でもこの事実は確認される。たとえば、一九一二（大正元）年の名護市青年会総会では、城区青年会から「各字に青年会集会所を設け、各自適宜の夜業をいとなましむるの件」が提案されている。[19] 次に見るように、青年の集会施設は養蚕関係の建物とともに、戦後、公民館に転用されるムラヤー以外の建屋の一つである。

③次は夜学会や学事奨励会等のような、学校教育関連の活動である。沖縄の学校は、上杉県令の『沖縄県巡回日誌』（一八八一〜一八八二）にしばしば出てくる粗末な「村学校」を引き継ぎながら、国家による近代的な教育制度として作り上げられた仕組みである。[20]各シマにおいて取り組まれた夜学会および学事奨励会は、ともに学校教育の不足を補填し地域末端から学校を下支えさせるための施策であった。夜学会は「無学の者」を対象とした補習教育の場であり、学事奨励会は学齢期の子どもを励ますとともに、その親兄弟の学校への関心を高揚させようとするものであった。

これらの活動の内で、夜学会は教育が普及した今日には存在しないが、学事奨励会は現在も字公民館の活動の一部として機能している。したがってそれは、シマ社会の教育的な機能の重要な一部をなすものということができる。しかしその基本的な機能は、地域の経験に基づくいわば土着の知の世界を、天皇制によって枠づけた客観的な知によって置き換えることにあった。この点では学校は、先に見た「風俗改良」と同様の機能および効果を期待されていたということができる。

④最後は昭和期のシマ、およびムラヤーについてである。いうまでもなくこの時期は日本全体が戦争に向かい、やがては戦時下に置かれる時代である。この時代の特徴の一つは、農山漁村経済更生運動から国民精神総動員運動に至る地域末端からの国民生活の統制が図られたことである。

地方改良運動と農山漁村経済更生運動はともに地域の集落レベルでの生活の再編を課題とするが、両者の間には違いが見られる。前者は市町村制の地方への普及を目的とし、「国家を支える地方自治」意識の高揚を住民に説いた。集落ないしはその伝統との関係では、この運動は若衆宿の抑圧と青年団の組織化に見られるように、土着の文化の根を断ち切ろうとしたことが特徴である。これに対して農山漁村経済更生運動の場合は、五人組制度に見られるように、一旦断ち切った地域の伝統文化を利用しながら、改めて末端での住民生活を国家的に再編成しようとする試みとして展開した。昭和期の国家による国民支配は、集落レベルにまで貫徹されたことが特色なのである。福地昿昭の『村と戦争』（一九七五）には、一九三〇年代に農民運動として展開した「大宜味村政革新同盟」の舞台となった同村喜如嘉区が、戦時下には「翼賛部落」へと変貌を遂げた様が詳述されている。[21]

この時期の集落における国家による国民統治の様は、新たに組織された隣組や部落常会の活動に現れている。たとえば名護町城区では、隣保班が40に分けられ、各町内会に「総務部」「文化部」「産業部」「警防部」「青年部」「婦人部」が設けられている。[22]喜如嘉区の場合は、同様の活動が一九四二年に「模範隣組」として表彰されている。また『大名誌』には、昭和に入ってからの戦時体制下のムラヤーについての、「（戦前）村屋が使われるのはジンミ、学事奨励会、ウマチヌウガン、のちに出征兵士の武運を祈る祈願、戦意高揚、皇民としての少年、青年、婦人の教化、幼稚園として使用されだしたのは、昭和十年後半代に入ってからのこと」という記述が見られる。[23]

一九四四年の10・10空襲以降、本格的な戦時体制が沖縄本島内に敷かれると、駐屯する日本軍への宿舎や物資の供出がシマに課せられ、ムラヤーはその割り振り等の業務の拠点として機能した。同誌には、駐屯した部隊に割り当てた宿舎が図で示されている。また沖縄戦の開始直前の一九四五年二月には村から山原への疎開勧告が出されており、ムラヤーがその受け皿になっている。

字公民館の生成期（一九四五～一九五三）――戦後の復興、村おこしと区事務所

字公民館の生成期としたのは、沖縄戦の終了から一九五三年十一月に中央教育委員会の決議として、「公民館の設置奨励について」が出されるまでである。

沖縄戦終結後の沖縄で行政資料に公民館に関する事柄が最初に現れるのは、一九四七年に沖縄民政府文化部か

ら出された「市町村文化事業要項」においてである。公民館は、この中の「文化施設」の項の筆頭に登場する。これ以降も公民館は、宮古教育基本法（一九四八）、八重山教育基本法（一九四九）、沖縄群島教育基本条例（一九五一）、奄美群島社会教育条例（一九五二）に盛り込まれるが、最後の奄美の場合を除き、これを具体的に制度化するための施策は行われなかった。沖縄で現実的な制度化が進んだのは、成人学校制度の方であった[24]。

一方、沖縄社会の現実に目を移すと、この時期には避難先や「捕虜」となって収容されていた「収容所」から、元の居住地への一般住民の帰還が始まる。しかし戻った集落のほとんどは戦火に焼き払われ、住民は集落の敷地の境界を定める作業から戦後の復興、シマの再建を始めなければならなかった。戦後の復興においては人々の協力が不可欠であり、ムラヤーの再建はその最初の仕事になった。この時期には公民館制度とムラヤーの間に直接的な関係はなく、シマの活動は公民館という枠組みとは別に動いていた。

1　制度

まず制度に関わる動向から、先に見ていこう。すでに指摘したように社会教育行政に関する文献資料の中に初めて公民館が姿を現すのは、沖縄民政府文化部による「市町村文化事業要項」（一九四七）においてである。この文章は、社会教育行政が宣撫工作的色彩を強くもった文化政策として展開された時期に作成され、米軍統治下における社会教育政策の特徴を如実に表している。しかしより注目したいのは、関連する他の文章に比べると米軍統治下にもかかわらず、次のような「沖縄人」としての自律的な再生、復興を模索する姿勢を有していた点で、さらに際立った特徴をもっている点である[25]。

「我々は此の際いよいよ文化人としての教養を高めて行かないと沖縄人の将来の運命が実に不安に思われてならない。消極的に考えるとそうであるが、我々としては積極的に不安を一掃すると共に、世界の文化を吸収してよりよき沖縄人になりたいと云う大きな希望を持ちたいのである。……故に民政府をはじめとして、市町村や字や隣保に於いても文化、芸術、宗教、教育、体育、科学等、あらゆる部面に於いて、立派な琉球文化を新しく建設してゆくと云う各人の気力と努力とを必要とし、それを任務と思い理想としたいと考えるのである。」

以上の考えに立って、「要項」は各市町村に文化委員会の設置を呼びかけている。公民館はこのような文化面からの復興の拠点として位置づけられたのである。公民館の具体的な構想としては、講堂を中心にした集会のための設備の他に、簡易図書館、娯楽室、談話室、食堂を有する建物、郵便局、理髪所、薬局、農器具の修理所等を併設した施設が考えられていた。この構想は具体化されることがなく成果の乏しいものであったが、沖縄における字公民館制度の形成過程におけるその意味は、次のように整理できる。

①一つは、ここでの公民館構想の性格についてである。まずこの文章の中には、「それは謂はゞ郷土に於ける公民学校、図書館、博物館、公会堂……」という、公民館の設置に関わるいわゆる文部次官通牒に特徴的な文言が全く見られない。また公民館委員会や部編成等の運営方法に関わる説明が無いことも、戦後初期の公民館構想と相違する点である。

上に示したこの構想の、講堂を中心に娯楽室や理髪所、農機具の修理所、小公園などを併設するとした施設イメージは、むしろ戦前の井上亀五郎や横井時敬が描いた農村公会堂のイメージに近い。ちなみに農村公会堂構想は明治末期、若者の農村、農業離れが始まる中で農村改良を目的として示された近代的な農村づくりの構想である。この文章で、公民館が「村内および字内に出来れば、農山村の若い人々もこれまでのようにむやみに都会にあこがれる事なく、じっくりと村に落ち着いて生活を楽しみながら、それぞれの仕事に打ち込んでいくことが出来」と述べていることは、農村公会堂構想との類似が際立つ部分である。[26]

このような類似がどのような理由から生まれたかは不明だが、次に見るようにこの時期、沖縄にも日本「本土」で公民館という社会教育政策が始まっているという情報は届いている。しかし一九四六年に出された、「公民館の設置に関する次官通牒」（一九四六）に代表されるその具体的イメージは、この時点の沖縄の社会教育政策には反映されていないのである。

②二つ目には、この文章で思い描かれた公民館は沖縄における農村、ないしは集落の「改善」をテーマにしているという点である。今見たように、公民館は「村内および字内に」できることが期待されている。沖縄においても「本土」と同様、公民館は農村的な社会の結びつきを基盤に普及されるべきものであったのである。

この文章は「文化広場（小公園）」をイメージしながら再建されたシマ社会を、「家が沢山並んでいる所の附近に空き屋敷があったり、小さな広場があったりすると、部落の子供たちはここに集ってきて遊んでいる。子どもの遊び場所になると、それにつれて自然、母親とか父親等も時としてここに集まるようになる。子供を遊ばしながら、大人同士も世間話に夢中になって、いつの間にか社交場の役を果たす場合が多い」と描いてみせている。[27]

沖縄戦による壊滅的な破壊と他民族支配という当時の厳しい現実を考えれば、ここに描かれたシマの姿はあまりに現実離れしたものであったが、当時のシマの再建への息吹を感じさせる。このように伝統的な地域社会の結合や連帯の再構築を通した、復興の足場づくりとして公民館を普及しようとするこの「要項」は、内容や表現は違うものの精神において「本土」における初期公民館構想に通じているといえるかも知れない。

③三つ目に、「要項」に盛り込まれた公民館は「日本の一部」としての沖縄を意識しようとするものであった点である。沖縄戦の開始以前から、米軍は沖縄の歴史や文化、自然の独自性を調査し、それを統治の基本にする戦略を有していた。戦後初期の文化政策には、その特徴が色濃く表れている。[28]「本土」との遮断を画策する米軍

の統治策の下で、公民館は民政府によっていわば日本「本土」のモデルとして紹介されているのである。たとえば「要項」は「現在われわれは米軍政下に於いて生活しているが、将来に於いても米軍の統治を受けるであろうと云う事は最近の新聞の報ずる所に於いても容易に察知しえることであって、……」と指摘している。[29]

これを受けた第一章では、「扨て（ママ）公民館と云うのは日本においても戦後各地に建設されつつある公会堂風の建築物である」（カッコ内は引用者）と、公民館を紹介している。また先に見た「文化広場」の項では、「戦後の大東京復興案に文化広場を家百戸に付き、一箇所の割合で企画されているが、文化都市として、文化町村として発展する為にはどうしても部落の中心に皆が自然に集ってくると云う広場がありたいものである」のように、東京の動向を紹介している。[30]このような米軍統治の現実と日本「本土」への関心は、これ以降の本土復帰運動に繋がる萌芽と見ることも可能である。

④最後にこの「要項」には、沖縄の伝統文化を自ら劣ったものとみなす戦後占領初期の文化政策の特徴が色濃く表れていることである。先に、公民館はシマ社会を基盤に沖縄を近代化しようとすることを目指す、社会教育施策として位置づけられていると述べた。しかしさらに補足すれば、それは沖縄の伝統的な文化を遅れたものと見なし、遅れた文化を米軍統治下にある文化的な「沖縄人」にふさわしいそれへと改編しようというものであった。「お獄拝み」や「拝所」などの沖縄の伝統的な宗教的風俗を原始的とし、仏教・キリスト教を進んだものとしている点や、洗骨（風葬）を悪風習とし火葬に替えることを求めるなどはその典型的な事例である。こうした観点は戦前の風俗改良を想起させるが、判然とはしない。

このような伝統文化に対するある種の劣等意識ないしは米軍支配への迎合は、「沖縄文化部書類より」として『琉球史料』に残された、「戦争終了後満一ケ年」に書かれた「いかにして民衆を指導するか」という内部文章の内容とも一致する。[31]こうした視点は、先に指摘した米軍の沖縄政策に沖縄内部から積極的に対応しようとする意識と見ることが可能だろう。

2　公民館制度

この時期には宮古教育基本法（一九四八）、八重山教育基本法（一九四九）と奄美教育基本法（同）、そして沖縄群島教育基本条例（一九五一）が続けて公布される。これらは「本土」の教育基本法を基に作られており、第7条に公民館は公共団体等の設置すべき社会教育施設の一つとして明記されている。[32] しかし奄美大島を除く他の三つの「基本法」は、すでに指摘したように制度的な実態をほとんど有しなかった。社会教育行政の方針は一九四九年から、成人学校制度を中心に据えていたからである。

一方の奄美大島では、群島政府時代の一九五一年に社会教育条例が制定され、公民館制度を中心にした注目すべき施策が展開される。この条例は日本「本土」の社会教育法を下敷きにしながら、第4条以降を公民館だけに限定する形で縮小したものである。特徴的なのは、第7条で公民館職員の身分・待遇を「公立学校職員に準ずるものとし、人件費は政府がこれを負担する」としていた点である。これは社会教育の振興を公民館制度の普及によって図り、その為の施策として職員制度を確立させることを意味する。実際にこの年、政府からの補助金によって七つの町村に公民館が設置され、前年の一九五〇年八月から配置されていた成人教育主事がこの公民館を拠点に活動するようになった。[33]

このような公民館政策は、一九五二年四月の群島政府の廃止によって中断され、翌年には奄美大島の本土復帰を迎える。他の三つの群島では、この時期には公民館政策の実質的な展開はまだ見られない。沖縄諸島で公民館の普及が進むのは、次の時期を待たなければならないのである。しかし短期間ではあったが、このような奄美大島での公民館制度の展開は「本土」から沖縄への橋渡しを用意するものとして、重要な意味をもった。

3　ムラヤー

戦場を逃げまどった末、「収容所」に収容された住民は一九四五年の十月末頃から、元の居住地域への移動を許された。一面が焼土と化した中での移動は難事業であり、移動は「先遣隊」を派遣するなど集落の住人総出の取り組みであった。元の居住地に戻っても、遺骨の整理を手始めに消失した土地台帳や戸籍の復元、食糧の配給、住宅建設など、生活の基本からの再建が必要であった。これらの作業には住民の協力が不可欠であり、人々が共同して取り組む作業の調整機関として区事務所が最初に建設された。『呉我誌』（名護市）の次の記述は、この間の事情をよく物語っている[34]。

「昭和22年（一九四七）のことである。当時の呉我区は今次戦災によって字内は焼野が原となってしまい、家、屋敷の生け垣の木や竹もなくなり石垣の跡かたもなかった。隣りの家との境界が判っきりわからないので隣近所の人が立ち合って境界を決め、住み家の仮小屋を建てるのが毎日の仕事でもあった。その一方、夜になると家を建てるための釘の配給、食糧品の配給、被服や毛布の配給、また学校々舎の建設についての協議などで毎晩のように戸主会が字事務所で開かれていた。事務所も戦前の建物は戦災で焼失し代わりに仮小屋を使っていたが、その事務所も小さく字の戸主全員が入いれなかった。」（カッコ内は原文）

こうして建設された区事務所はシマの復興、村おこしの中で展開されるさまざまな活動の拠点となり、一九五三年以降は新たに開始される公民館政策の受け皿となっていく。区事務所がもつ公民館の普及以前の特徴と意義は、次の通りである。

①第一に区事務所は「前史」で見たような、中央権力による地方支配の末端に位置するという歴史を引きなが

ら、事務所の建屋自体の建設を初めとする沖縄戦後の活動が展開されたという点である。

たとえば八重瀬町世名城区の公民館は、戦前の優良部落であった区の向上会が母体になって、戦後公民館への切換えが行われている[35]。またすでに見たように、糸満市『新垣部落誌』には、明治期、事務所は徴税と統治の場所として人々から恐れられ、子どもへの「ムラヤンカイスンチイチュンド（村屋につれていくぞ）」という懲らしめが行われていたという記述がある。ちなみに同誌には、ムラヤーでは大正期には青年会や婦人会の会合、字の議会の他、薬代集めやムラアシビ（村遊び）、向上会（農事奨励）、学事奨励会、青年文庫が開かれるようになって、今度は「事務所のようだ」「村屋のようだ」と人々の賑いを表す言葉として使われるようになったと記録している[36]。戦前の区事務所・村屋と住民の生活との関わりを知る上で興味深い事実である。

このような区事務所がもつ戦前と戦後の連続と断絶という問題は、今日の字公民館の意義をめぐる重要な論点である。ムラヤーの伝統を引く字公民館は、戦前からの地方行政の末端に位置づく権力支配の場としての意味をもつことは明らかだが、このような戦闘終了後の異常な事態の中での連帯と共同という共通経験は、そこに何らかの変化をもたらしたものと推測される。それは今日の教育的な論議からいえば、一つの「行動による学び」ということもできる。住民がシマの復興を通して学びとった事柄は、小さくはなかったはずである。とりわけ「戦争と平和」に関する理解は、今日に至るシマの共通の戦争体験として字誌等に刻まれている。また復興のための人々の連帯は、同じシマの共同作業ではあっても村内法の時代とは異なる意味をもったはずである。焦土の上での共同生活の再建という集団的経験は、これ以降の公民館振興策の受け皿となる新たなシマ社会の基盤を形成したものと考えられる。

②次は、今述べた字公民館の具体的な機能についてである。敗戦後には、戦時下の抑圧から解放された住民の間に文化への渇望状態が生じ、「本土」では鎌倉アカデミアや庶民大学三島教室のような、戦後版の自由大学運

動が展開される。[37] 沖縄でも八重山や奄美の青年運動の中に、「ある種のルネッサンスとも称すべき文化的雰囲気」が形成されたとされる。[38] それは現実生活の困難とは裏腹に、また止むに止まれぬ条件ではあったものの、そこに住民の生活を内側から支える自治的、共同的な活力が生成していたことを表している。

　このような形で「廃虚の中の復興」において、区事務所を拠点に取り組まれた活動の主なものを列記すれば、以下の通りである。（i）土地の確定、（ii）戸籍の確定、（iii）食糧の配給、（iv）学校の再建、（v）旗頭の再建、（vi）シーサー（シシ）の再建、（vii）学事奨励会の再開、（viii）ガン（龕、棺をのせてかつぐ上輿）の再建、（ix）復興会・振興会・向上会のような字民総出の総蹶起大会の再開、（x）青年会・婦人会の復活。

　これらはおそらく戦前の集落が有した、シマでの生活の基本的な枠組みと理解して良いだろう。したがってその復活は、戦後におけるシマの自治的な復興を意味するといえよう。（i）や（ii）は行政的な必要を背景にはするだろうが、互いの集住関係を確保するには基本的に必要な事柄である。また（iii）や（viii）は暮らしの基本的要件に属する。（vii）（ix）（x）は戦前からの事業の継承に当たるが、この時期には困難に直面した「字民総出の総蹶起」を可能にする内発的な力である。さらに（v）や（vi）のような神事、祭りなどは、沖縄の伝統文化重視という米軍占領下の文化政策の展開の下にあったにはせよ、戦後復興の内発力の革新ともいうべき事柄であったものと考えられる。『大名誌』は、次のように記している。[39]

「昭和23年頃になると、戦後復興の意欲と異民族支配による無力感、屈辱感が矛盾相対立する中、聖戦完遂滅私奉公という緊張の時代から解放され自由が手に入った喜びから、ひんぱんに村芝居、角力大会が各地で催されるようになった。わが大名でも青年会による芝居があり、演目は夜半参り、天川踊り、喜劇として地蔵に扮したひょうきん者が饅頭を旅人からかすめるという筋書きは単純であるが、娯楽に飢えていた時期、字民に大いに受けた。窮乏の時代、饅頭は芋を輪切りにしたもので頬張る真似だけの仕草だった。」

また読谷村渡慶次の『渡慶次の歩み』の次の記述は、この時期の集落での共同の生じ方をよく表している。[40]

「一九四五年（昭和20年）衣食住にも事欠くような、戦後のどさくさの中で学事奨励会の発足準備委員会を組織して六月十七日学事奨励会の発会式を行う。敗戦によって希望を失いかけている児童生徒に心のよりどころを与え、勉強の出来る環境をつくってやり、前途に明るい希望を持たすのが目的であった。当時の物資の乏しい時代の会の催し方を見ると会費一金20円、米1合、大豆2合という現物徴収で献立はトーフ汁と飯というお椀の料理、あの当時の集まりはすべての会合がそうであったが、コップ持参で集まったものであり当時の生活状態がうかがわれる。」

戦後初期占領下のこうしたシマの自治的な再編過程に見られる連帯が、これ以降の公民館の普及、定着を支える内発的な力であることは明らかだろう。

定着期（一九五三〜一九五八）――公民館政策の展開と定着

次は一九五三年十一月の「公民館設置奨励について」（琉球政府中央教育委員会）の公表から、一九五八年一月の民立法による社会教育法成立までの、字公民館の定着期である。

群島政府の時代、奄美大島を除く沖縄の社会教育政策の中心は、成人学校制度の普及にあった。しかし群島政府の廃止後、琉球政府が発足すると社会教育政策の重点は、次第に公民館制度へと移行する。一九五二年の文教局の「社会教育指導の目標及び努力点」では、「努力点」の3番目「施設の拡充」の最初に「公民館の設置促進」が上げられ、成人学校は姿を消す[41]。

このように、社会教育政策の重点が成人学校から公民館へと移行する背景には、「琉球」と「奄美大島」の交流の中で前者の社会教育課関係者が奄美大島の公民館制度を知り、その普及を試みたという隠された歴史が存在する[42]。ようやく、米軍の意向が強く作用した占領政策的色彩の強い成人学校中心の社会教育政策から、「本土」型の社会教育への転換が公民館制度によって開始されるのである。一九五三年十一月の「公民館設置奨励について」は、このような政策の転換を正式に決定づけるものであった。

「公民館設置奨励について」は、「本土」の文部次官通牒を骨子としながらこれを短縮しており、公民館委員会がすでに公民館運営審議会に入れ替えられるなど、部分的に社会教育法の規定を取り込んだ形で作られている。しかし最も大きな違いは、設置主体の相違である。本来公民館は、市町村が設置すべき公的施設である。この「設置奨励」の冒頭には、「各地区に於てはかかる市町村振興の底力を生み出す組織体の設置気運が高まり、その実現を見つつあるものも少くない現状にある。それで各地区の要請に応ずるため別紙要項に基く公民館の設置を奨励する」という指摘がある[43]。

ここで述べられている意味は明らかだろう。つまりこの文章は「市町村振興の底力を生みだす」役割を、「各地区」に求めているのである。ここでいう公民館とは、字を単位とした字公民館に他ならない。

翌一九五四年の文教局「社会教育の目標並びに努力点」は、「公民館の設置奨励並びに施設の強化と活動の合理化」を努力点として上げ、「優良公民館の表彰」と「研究公民館の設定」を具体的な項目としている[44]。この方針に従って実際に表彰され、研究公民館として指定されているのは区事務所を衣替えした、いわゆる字公民館である[45]。この間の事情について、当時、社会教育課長を務めた金城英浩は「市町村に、公民館をつくる能力、財政的能力がほとんどない。学校をつくることさえもほとんどできん状態ですから。そういうふうな状態であるので、実質的に各部落に昔から沖縄の場合は部落集団の団結と、いろいろな行事を遂行する集会所が伝統的にあるからそれを活用して段々と、公民館に対する認識を深め、そして中央公民館をつくる方向にもっていったが、わたしは、それが沖縄の公民館を育てるところのよい方法じゃないかと常に考えていました」と述べている[46]。

このように沖縄の公民館政策は、政策担当者が生み出した苦肉の策であったものの、一方の当事者の区事務所側にとっては、それは名称変更を強制されることであったことに注目しておかなければならない。この点は改めて詳しく触れる。先に、その後の「公民館」設置の推移を数値で示せば、表1のとおりである[47]。

表1　字公民館の設置率の推移

年　度	部落数	公民館数	設置率（%）
1954	803	71	8.8
1955	803	175	21.8
1956	803	220	27.4
1957	815	272	33.4
1958	816	358	43.9
1959	819	370	45.2
1960	819	487	59.5
1961	819	552	67.4
1962	819	565	69.0
1963	819	588	71.8
1964	819	600	73.3
1965	819	600	73.3
1966	819	600	73.3
1967	819	613	74.8
1968	819	−	−
1969	819	635	77.5
1970	819	635	77.5
1971	819	639	78.8

これで見ると、一九五八年の時点での字公民館の普及率は44％であるから。この数値をもって「定着期」と呼べるのか疑問をもたれるかもしれない。しかし沖縄戦直後の生成期を経て、本格的な公民館政策が開始されてから5年で300台半ばの「普及」を見た事実は、定着といってよいだろう。このような成果が生まれた理由は、この政策がいわばゼロから始められたのではなく、すでに存在した区事務所という組織を「公民館」へと改組したという事由に求められる。正確には、「定着期」は既存のムラヤーを「公民館」という新たな考えによって方向づけ、再編する過程であったのである。

ところで、このようにして始まった公民館の定着過程には、その後の沖縄の公民館を特徴づける次のような傾向が見られる。

1　外在的な指導

第一は、シマ社会の自治的な営みに対して公民館が、上からの指導による外在的な価値または方向づけの拠点として、持ち込まれたという点である。公民館が普及する過程は、すなわち文教局による集落の指導の過程に他ならなかった。公民館が広く普及、定着するためには、まず「公民館」なるものを啓蒙・宣伝する必要があったのである。たとえば一九五五年度の宮古地区の「社会教育の実態」（要覧）は、「公民館に於ける問題点と努力点」の一つに「認識不足」を上げ、「市町村長、議会議長、学校長、区長等所謂市町村の指導者格の人々にも案外、公民館に関する知識の乏しいのに一驚する」と述べている。[48] また公民館を普及しようとする過程では、場合によっては強引な指導が行われた。琉球政府下宮古の初代の社会教育主事を務めた山内朝源はこの間の事情について、次のように証言している。[49]

「公民館という言葉はなじめなかったんですね。島尻公民館で集会をもったんです。公民館についての部落の有志20～30人あつまってもらって、幹部も了解してもらって、看板を島尻はいいから青年会場というところを消して、公民館となおしておきなさいと約束して……その当日行ったら、直さないでそのままでしたので部落の幹部に話したのですけれど、だめだというようなことで、夕方まで公民館について話し合いをもって、いくらか了解してくれました。それから、2～3ケ月あとにいきましたら、ちゃんと『公民館』となおしてありました。」

『崎山誌』は、一九五四年当時の社会教育は小学校を中心に力を入れていたところに、区事務所を公民館にするという名称変更の指導を受けたため、社会教育主事を呼んで区民に説明を求めている。同誌は、「区民は公民館とはどんなもんであるかいくらか理解することができたが、直ちに踏み切ることには大きな抵抗があった」と記している[50]。今日でも「公民館長」は外部との関係で正式な呼称として使われ、集落内では「区長」と呼ばれるところが少なくない[51]。この事実は、公民館のシマ社会にとっての意味をよく表している。

2　生活近代化の拠点

第二は、公民館がシマ社会の暮らしや住民の意識、さらには集団の組織過程に関与し、その改善合理化ないしは近代化を図る拠点として位置づいていたという点である。先に述べたように、戦前のムラヤーを引き継ぐ戦後の区事務所は戦後復興の中で、戦前からのシマの暮らしの基本的な枠組みを再建する拠点になっていた。公民館はこうしたシマの自治的な活動という土台の上に、新たな価値や方向を提起するものであった。その価値基準は、シマ社会の生活の合理化、近代化である。この点では、戦前から戦後への断絶という面を含みつつも、公民館政策は戦前の風俗改良や地方改良、農山漁村経済更生等と同様、公的な権力によるシマ社会の生活および文化への介入という意味をもつことは事実である。

このような集落の暮らしの改善、合理化、近代化はすでに戦闘終了直後の民政府文化部時代から構想されていたものである。しかしそれは米軍統治下、民心の安定を目的とした宣撫工作的色彩が強いものであったことに加え、シマ社会に入り込み「合理的」という価値や生活態度を広めるための具体的な方法を有していなかったため、有効な施策にはなり得なかった。これに対して公民館は、区事務所を介してシマの暮らしと結びつくものであったために、その効果や影響は小さなものではなかった。このことは、字公民館のその後の展開が示している。

ところで、このような「合理性」や「近代性」の付与という役割は、まさに公民館がもつ近代的な教育制度としての機能というべきである。本研究はその意義の問い直しや限界をただそうとするものだが、そのための前提作業として、この役割をさらに詳しく検討しておこう。公民館の教育的機能は、①産業の改善（生産技術の向上）、②生活の改善（かまど、埋葬、年中行事等の近代化）、③精神の近代化（民主主義の普及、各種講座の開催）、④集団・組織の再編成（行政・納税機構の整備、集落組織の整備・拡充）の四つに整理できる。

このうち②に関しては、一九五六年から開始される新生活運動が公民館の役割に着目し、公民館の普及を生活改善運動の重点の一つに上げていたことが注目される。[52]

3　活動の内発性

三番目は、こうした行政側の公民館普及の意図とは別に、シマの再建を目指す集落の取り組みはこの時期においても引続き継続され、内発的な活力が失われることなく公民館政策を内側から取り込み、積極的に創造していったという点である。

たとえば、戦後復興の中心的な担い手となり、五〇年代以降、祖国復帰運動の中核団体の一つとなる沖縄青年連合会が、一九五三年度の行事予定の中で「村おこし運動」を総合的な目標に掲げ、「総務」の行事予定に「公民館活動促進運動」を上げていることは注目すべき事柄というべきである。[53] この資料は青年会の中央組織と行政との結びつきを示すものであり、必ずしも各集落での自治的な動きを表すものではないが、方針の実行主体として想定されているのは各集落単位の青年会である。これは本来集落にとって外的な存在であった公民館が、集落の自治的な青年会活動を媒介してシマ社会に内在化されていく過程を物語る事実と考えることができる。

公民館政策が集落に内在化される過程を更に詳しく述べれば、上で指摘した合理化や近代化という外在的な価値が、住民の抱える日常生活での課題およびその具体的な解決に結びつくものであったことが注目される。たとえば一九五五年度の優良公民館の表彰に関連して、「公民館ができてよくなったこと」として評価されている点を、[54] 前項で整理した四つの柱に対応させてみると次のようになる。

①産業の改善
・生活目標がはっきりでき、生産意欲が旺盛になった　・科学的農業経営ができるようになった　・堆肥増産と産糖増収運動が建設的であった　・青年の帰農者が目立って増加した　・生産が向上した
②　生活の改善
・食生活、諸行事、衛生、農業経営、教育等、家庭生活で科学的面への意欲が湧いてきた　・僻地であるため、電話施設がなく、警報を始め、ニュース、各講座、娯楽と多種多様に利用し、区民に喜ばれている　・簡易水道の設置が建設的であった　・児童の家庭学習時間が特設されたのは建設的だった　・かまど、便所改善が進んだ　・台所が改善され労力と時間が合理化された
③精神の近代化
・農協との密接な連携ができ、理解が深くなった　・研究的態度ができつつある　・道義心が向上した
・教育熱が高まった　・自律協同の精神が向上した　・自己の意見を活発に発表するようになった
④集団・組織の再編成
・青年会が自発的に奉仕する美風が培われた　・各種団体の調整がよくなった　・集まりの成績がよくなった　・義務観念が強くなった　・相互依存の奉仕活動が高まった　・納税思想が高まった

以上の整理は、文教局が主催した研究集会への各字公民館からの報告に基づいている。集落の現実的な必要や課題を背景にして、公民館が実際の生活に役立つという評価とともに集落に受け入れられていった経過が、ここには現れているということができるだろう。

公民館は沖縄戦終了後のシマの復興への努力の中で形成されてきた、集落の諸々の自治的な機能を基盤にしな

がら、その強化、再編策として位置づくことによって定着したのである。しかし、シマの暮らしの再編、合理化の中には「標準語の励行」や「旧正月の廃止」および「新正月の実施」等、沖縄の伝統的習俗の改変ないしは否定という要素が含まれており、その評価には更に検討が必要である。

発展期（一九五八〜一九六八）――公民館活動の変化と法制化

この時期は一九五八年の社会教育法の制定から、一九六九年十月の「公民館の設置及び運営に関する基準」の制定までである。この時期に、公民館は社会教育法によって法的な根拠を付与され、文教局の本格的なテコ入れが進むことによって普及率は70％を超す。また公民館の活動が一層の展開を見せる中で、ようやく始まった沖縄社会の都市化への動きを背景にして、戦後復興の時期には見られなかった新しい活動が開始される。しかしこの時期には、戦争による混乱が落ちつくのに伴って集落と公民館の活動が一定の定型化を見、そこからさらに新しい活動が開始される。また、シマ社会を基盤とする公民館の活動が発展し新しい展開を見せる一方で、公民館に関する法、制度の整備が進み、制度と字公民館という実態の間にズレが生じて来る。さらに公民館以外の施設に関する政策が開始され、次第に公民館政策としてのこのズレの調整が求められるようになる。

1　公民館活動の発展

まずシマ社会および公民館活動のその後の展開過程を見ると、公民館を中心に各地域組織を位置づける集落の運営体制が整備されていく。公民館の活動が、それらの団体や組織の活動を通して展開されるという形が確立するのである。図1はこの時期の読谷村波平公民館の組織機構図である。[55] 各公民館によって多少の相違は見られるものの、運営審議会を中心にした部制という公民館組織と、区の役員会、青年会、農業実行組合等の地域組織が結びついた組織体制が、各地で整備されていく。波平公民館の組織は、最も発達した例といえるだろう。以上に

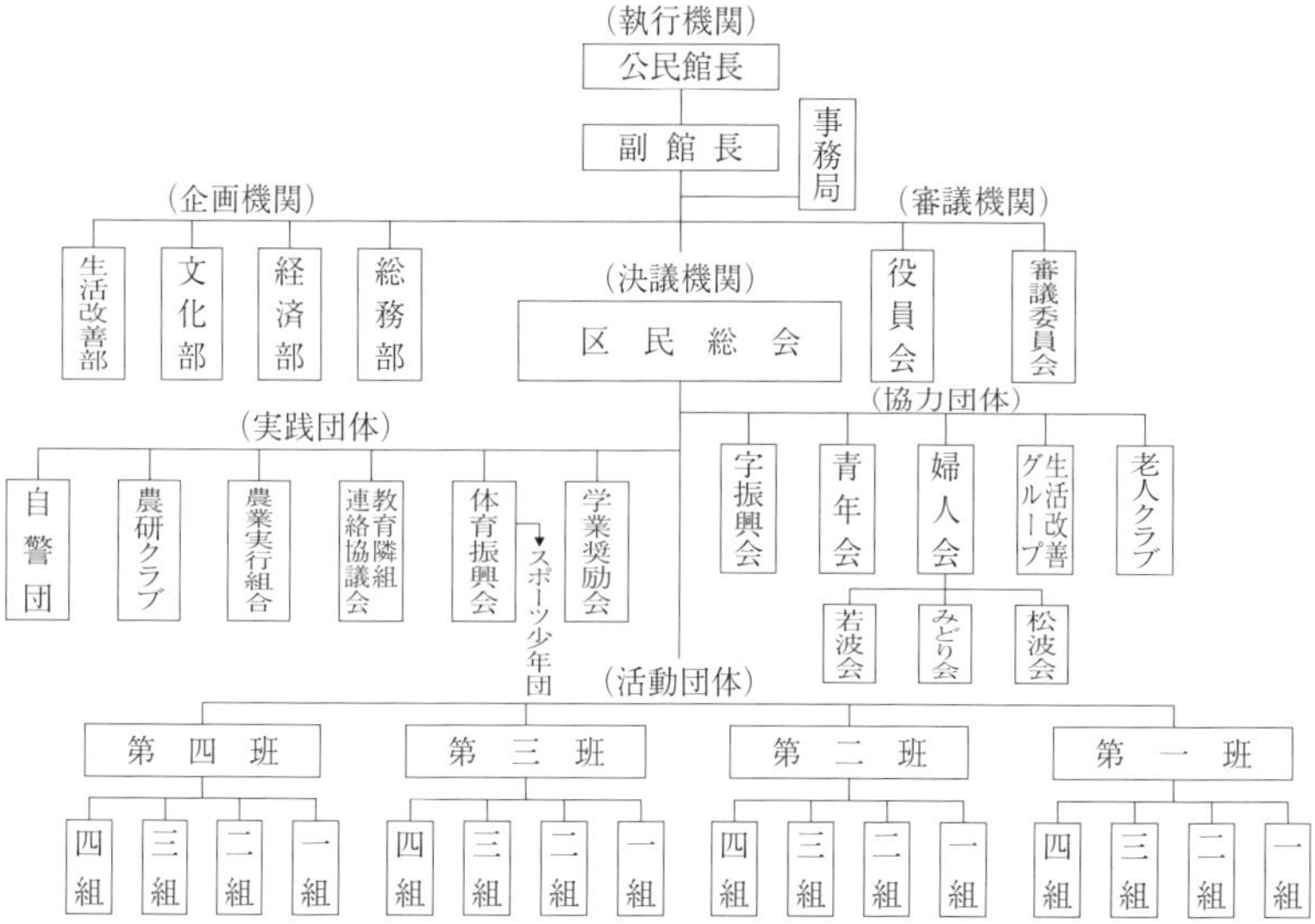

図1　波平公民館の組織機構図

加え、文字化した字公民館の運営規則がつくられ、公民館の職員体制が確立していく。職員体制は今日でも沖縄の字公民館の特徴ともいい得るものであり、各集落の公民館でありながら有給、専任の館長や主事その他の職員を配置する体制がつくられていく。館長は区長の兼任であり（宮古を除く）、その費用も区長としての市町村からの事務委託費が充てられることが多く、公民館の機能と集落の行政機能の双方に責任をもっている。このように確立した公民館体制を通じて、教育機関としての公民館活動がいくつかの面で、従来よりも活発に展開していく。

その一つは講座の開催である。公民館制度の法的整備が進む過程で、一九五七年から公民館への補助金支出の体制が整い、従来の成人学校の系譜を引いた成人学級の施策に代わって、公民館での講座を発展させる政策が前面に出るようになる。表2は公民館に対する補助金支出の推移である。この補助金の支出は社会教育法（沖縄）の第38条によって、公民館の事業費と図書等の教養設備費に限られている。一館当たりの単価には変動があまり見られないものの公民館の普及率は着実に伸びており、

表2　公民館補助金の推移

年度	一館平均 運営補助（A）	一館平均 施設補助	計（B）	運営補助の総額 （A）×公民館数	補助全体での運営補助 の割合（A）／（B）
1956	1,800円	4,400円	6,200円	520,000円	29.0（％）
1957	2,200	5,400	7,600	780,000	29.0
1958	2,600	6,500	9,100	930,000	28.6
1959	18,01＄	32,25＄	50,26＄	6,664＄	35.8
1960	15,40	20,53	35,93	7,500	42.9
1961	14,31	18,11	32,42	7,900	44.1
1962	15,22	19,46	34,68	8,600	43.9
1963	14,62	20,23	34,85	8,600	42.0
1964	15,00	18,00	33,00	9,000	45.4
1965	15,00	18,00	33,00	9,000	45.4
1966	15,00	18,00	33,00	9,000	45.4
1967	—	—	—	—	—
1968	—	—	—	—	—

運営費補助の総額ではわずかながら増加している。また、公民館に対する補助全体に占める運営補助の割合も、一九六〇年以降は40％を超える数値を示している。

もう一つは新生活運動の展開である。この運動は一九五六年以降、文教局が強く指導した施策であった。とくに公民館の活動として浸透させようとしたのは、新正月一本化と生年合同祝いの実施である。生年合同祝いというのは12年に1回、その年に生れ年を迎える人を集落全体で祝う集まりである。個人単位でお祝をする不経済を、集団で行うことによって改善しようとするものであった。一九六三年度の調査では前者の全琉での実施率は32・75％、後者は49％になっている。[56] 新生活運動には他に、冠婚葬祭の改善や時間励行、食生活の改善等が含まれるが、この二つが群を抜いている。

2　新しい活動の展開

次に、この時期には従来の公民館活動の中には見られなかった、新しい活動が展開される。中でも特徴的なのは教育隣組と図書室の普及である。教育隣組とは集落の大人が共同して子育てに取り組もうとする、沖縄独特の地域組織である。沖縄の集落には学校教育を支える地域組織として学事奨励会が戦前から組織されていたことはすでに触れたが、教育隣組はその伝統の上に立って集落の大人が総がかりで、集落の子どもの成長に関与し責任をもとうとする活動である。[57]

読谷村渡慶次区の例をみると、家庭での学習時間中に大人が地域を交替で巡視をし印鑑を捺していたのを止めて、学習の雰囲気づくりに海水浴、ピクニック、懇談会等を行うようになった。また各組ごとに、毎月1回の親子懇談会、1セント貯金、教育模合等を行っている。[58] 宜野座村惣慶区では「本土」復帰後、軍用地収入を活用して子どものための「学習館」という公共施設を建設している。区が共同で管理するお金の使途に子どものための施設の建設を選ぶという判断は、それまでの学事奨励会や教育隣組の活動の蓄積を前提にしていると考えられる。

一方、区の図書室の充実は公民館の法体制が整備される過程で、公民館政策の重点の一つに位置づけられ一定の補助金支出の対象となった事項である。その額はむしろ公民館の運営費補助よりも多い。しかし公民館の図書室機能が充実する背景には、集落の自治的な努力があった。当時、先進的モデルとされた読谷村波平公民館図書室について、字史は「このようにして充実した図書館運営がなされていることは、昭和8年以来、36年にわたる長い経験と知識の積み重ねによるものであることはいうまでもないが、それと同時に、区民全体が積極的にその運営に協力、参加してきたことが、大きな支えとなっていることもまた見のがしてはならない。よって、われわれは、そのことを誇りとしつつ、今後なお一層、わが波平図書館の充実発展に努力をつづけていきたいものである」と記述している。[59]

読谷村波平区の場合、この当時の公民館の敷地には広場を中心に公民館、図書館、共同売店、敬老館が配置されており、これが集落の中心を形成していた。また入口の二つの門柱には、現在も「経済門」と「文化門」という2枚のプレートが嵌め込まれている。後者は集落の機能の一つとして定着した、公民館や図書館の位置づけを表す興味深い事実である。また宜野座村惣慶区と金武町伊芸区の2地区が、先の学習館と同様に軍用地収入を利用して子どものための図書館を建設し、司書資格を持つ専任の職員を置いたことも、この時期の公民館の図書館機能の強化策の生んだ成果の一つとして注目される事柄である。[60]

3　社会変化の影響

三番目は経済の高度成長と都市化に代表される沖縄社会の変化と、その公民館活動への影響についてである。沖縄でも一九六〇年代に入ると経済の高度成長が始まり、人口の都市への集中が見られるようになる。中でも一九六〇年半ばを中心に那覇市をはじめ現在の沖縄市、宜野湾市、浦添市、豊見城市等への人口集中が顕著になる。[61]

都市化による変化は社会構造全体に及ぶものであり、社会教育や公民館もその例外ではなかった。一例をあげれば、一九六七年度の第14回の社会教育総合研修大会では、当時の浦添村婦人会が都市化の影響で、全体で19であった部落婦人会への加入率が43％になり、ある部落では17％にまで落ち込んだので会員６００名にアンケート調査をしたところ、95％の会員から婦人会は必要であるという回答があったという報告をしている。[62] 都市化の影響が大きな都市の周辺部に及んでいたことが分かる。その過程を一九五四年から続けられている、社会教育総合研修大会での討議題目および分科会テーマの分析によって検討してみると、一九六〇年以降の動向には次のような新しい変化が見られる。

①従来のような、公民館を中心に社会教育全体を論議する形態が消滅し、公民館は一つの分科会テーマとして現れてくる。

②新生活運動を中心にしてきた公民館の課題が多様化し、青年、ＰＴＡ（子どもの教育）、婦人、家庭教育等が入ってくる。

③「都市の青少年問題」や「変わりゆく社会の婦人」「家庭教育」等が、討議課題として現れる。

④「発展途上にある沖縄」さらには「国」という、自治体および集落を超えた大きな共同体の一員としての、

「ひとづくり」が社会教育の課題として現れる。

これらは前項で述べた、公民館活動の新たな展開の背景にある変化である。ここではさらに、これらの変化の中に戦後復興から発展してきた、字公民館の質的な変化が存在することに注目したい。たとえば一九六〇年の「第7回社会教育総合研修大会開催要項」は、その趣旨を「社会教育の認識が高まり啓蒙の段階から内容活動の充実に発展しつつある」と記している。しかし、活動内容の多様化は事実ではあっても、さらに問題なのはその質である。ここでは筆者なりの見解として、次の2点を指摘しておきたい。

一つは、戦後初期占領下のシマの復興の中で発展してきた、集落の生活や生産と結びついたいわば「シマの公民館」としての要素およびその内発的活力の相対的後退という事実である。これは集落の秩序が安定したという事柄と無関係ではない。この時期の公民館の現実の動きとしては、すでに述べた発展と展開という変化が見られるのだが、こうした変化を全体として、それまでの公民館活動と比べてみると、いま指摘したように戦後初期の集落の復興過程に見られたエネルギーは明らかに減衰している。

公民館政策はシマ社会にとって本質的に外在的な性格を有したのに対し、それを内在化させる役割を果たしたのが集落の復興への努力の中で培われてきた自治的、内発的な活力であった。沖縄戦後、時間が経過する中で生活と秩序が一定程度安定したことが、このような内発的なエネルギーの低下を生んだと見ることができるだろう。都市化はその重要な要因の一つということができる。

この変化は、新生活運動の形骸化という、一九六〇年代に入ってのもう一つの公民館活動の変化の中に端的に表れている。たとえば一九六五年の「第12回社会教育総合研修大会開催要項」には、豊見城村の新生活運動実践協議会の報告が載っている。その中に事業内容として上げられている「環境美化」「環境衛生」「環境浄化」「貯蓄増強運動」の内容は、教育隣組を除けば花いっぱい運動や蚊・蝿の撲滅、一日皆貯金などであり[63]、かつての公民館活動に見られた集落の生活や生産、政治の全体に関わるダイナミズムは消えている。内側からの自発的なシマの暮らしの改善への指向が希薄化し、代わって外側から指導される生活改善策に追従する活動が増えているのである。これは公民館の活動の形式化といえよう。

もう一つは、先に変化の④として取り上げた点である。繰り返せばそれはシマ社会という範域を超えた、より大きな政治社会との関わりで求められる人間の能力形成の問題であった。この問題はまさにいま、名護市辺野古区への米軍普天間基地の移転をめぐって論議されている事柄である。辺野古という小地域に、自治体、県、国、さらにはアジアという異なる立場からの利害、関心が集中していることは周知の通りである。

4　位置づけの変化

四つ目は、以上のような字公民館の実態的な変化に即応した、公民館行政とりわけ字公民館の位置づけの変化である。

一九五七年に、教育四法民立法運動に対抗して出された布令165号による教育法は、第14章の社会教育の部分に「公民館」(第10節)、「公民館諮詢委員会」(第11節)、「名称利用の制限」(第12節)という三つの公民館に関連した規定を含んでいた。この法律は文言の表現に翻訳色が強く内容も管理色が濃い、占領政策としての特徴が現れた特異な法律であった。またこの法律は、公民館についての明確な定義を行わないまま、地方教育区に「公民館の建設、運営、維持をすることができる」権限を与え、市町村教委の任命による館長と職員の配置を定め、『公民館』の名称または他のそれにまぎらわしい類似の名称」の使用を禁止した。また同じ一九五七年に、この法律に基づいて「公民館補助金交付規則」が定められた。

これに対し、1年後の一九五八年に制定された民立法運動による社会教育法は、沖縄の公民館に関して「本土」

におけるのとほぼ同様の法的基準を設けるものであった。この法律は第38条の公民館に対する政府補助で、職員に対する補助規定が抜けている点や（本土法第36条）公民館類似施設についての規定（同法第42条）が削除されている点等で、沖縄の実情に即するための工夫が見られる。公民館の設置主体は、再び「地方教育区の教育委員会」とされていた。

以上の経過を経て公民館の法的体制が確立され、すでに述べたような援助策が展開されたのである。ここではこのように法体制が整ったことによって、法の規定と現実との間のズレが大きくなったことに注目する必要があるだろう。具体的にいえば、現実の公民館は集落の字公民館として活動が維持、展開されているにもかかわらず、法は地方教育区を設置主体としている点や、関連する「公民館類似施設」についての規定を置かなかった点などが挙げられる。これらは戦後初期のように法的根拠がない時には見られなかった、制度と実態の落差を示す事柄である。つまり行政の体制が整えば整うほど、集落が保有する字公民館を公民館に関する施策の対象として位置づけることに、無理が生じる事態が生まれたのである。公民館は地方教育区が設置するものと定めた社会教育法が制定されることによって、公立の公民館を普及するという課題が現実の問題になったといえるだろう。

公立公民館に類する施設としては、戦後早い時期から米軍によって全琉の主要な都市に六つの琉米文化会館が建設されており、沖縄の都市型公民館ともいうべき実態を備えていた[64]。これに比べて対応が遅れていた琉球政府の施策に、ようやく社会教育法が法的根拠を与えたことになる。しかしその方策が具体化するには、次の時期を待たなければならなかった。

5　高等弁務官資金

最後にこの時期に進んだ高等弁務官資金による、字公民館の建設や建て替えについて触れておかなければならない。高等弁務官資金は、一九五八年に成立した米国政府の「琉球列島の経済的・社会的開発を促進する法律

（公法6－629号　プライス法）」に基づく、米国の経済主義的な沖縄統治策として支出された資金である。この資金は「琉球住民に対してある種の『帰属感（some sense of belonging）』を与える」ことを目的の一部にもち、[65]配分先の決定は年20万ドルを限度に高等弁務官の一存にまかされ市町村に公布された。そのため、この資金は「高等弁務官のポケットマネー」と揶揄された。

資金の交付対象には「水道施設」が最も多く選ばれたほか、「歩道」「排水」「道路」「消防」「集団ラジオ」「天水タンク」「電灯施設」と並んで「公民館」が補助対象とされた。年度ごとのばらつきはあるものの、一九六六年には16地区の字公民館に対して総額6万9624ドルが支出されている。[66]総額20万ドルのうちの35％である。

このような資金の支出について『沖縄市町村三〇年史』は、「ちょっと聞くと、なんだか、占領地における住民に対する宣撫工作のアメリカ版のような気がしてどうも気になる」と、控えめに違和感を記している。しかしその意味の何たるかは一九六八年にこの資金を受け、翌年に公民館を建て替えた名護市幸喜区の例をみれば明らかだろう。幸喜区の公民館の建て替えには総額190万ドルを要したが、そのうちの70万ドルが弁務官資金によって賄われている。残りは区民の負担金が90万ドル、一般寄付金が30万ドルであった。弁務官資金は総額の37％に留まるから、多くは区民の負担と努力によって建て替えは実現しているのだが、幸喜区から「米国琉球列島高等弁務官　T・B・ランパート中将」に宛てて出された「感謝状」の文言は、次の通りである。

「貴殿は此の度幸喜区公民館建設に際し資金に乏しい区民の窮状を御察し下され多額の援助資金を御下付下さいまして区民一同感謝いたしております。お陰によりまして立派な公民館が完成し、地域住民の文化経済教育の発展向上の場として高度に利用することができますことはこれ偏に貴官が住民に寄せられた深いご理解と関心の賜であります。この崇高なる御芳情は我等幸喜区民の胸深く永久に貴官の名とともに刻まれることでしょう。」

この文章は資金交付に関わる儀礼的なものとはいえ、この資金の政治的な意図がどこにあるかを如実に物語ると言わなければならないだろう。[67]

転換期（一九六九〜一九七二）――公民館政策の転換

最後は一九六九年の公民館の設置規準の制定から、本土復帰までである。この時期には、「復帰」を目前に控えて「本土」との一体化を意識した社会教育政策が開始され、従来の字公民館を中心とした公民館政策は公立の公民館を中心に据える方向へと変更されていく。

一九六九年十月の「公民館の設置基準」は、「本土」における一九五九年の設置基準とほぼ同一の内容を有していた。これと同時に、公立公民館政策への転換の条件として「公民館の施設、設備補助の交付に関する規則」が制定され、初めて施設に対する補助金支出の条件が整えられた。これらの規定を基に、一九七一年に至りようやく沖縄最初の公立公民館である読谷村立中央公民館が建設されるのである。

ところでここで問題になるのは、こうした公立公民館への政策転換が従来の字公民館の中で蓄積されてきた、沖縄の公民館の伝統とどのような形で接合するかという点である。ここでは、次の二つの点に注目しておきたい。

その一つは、「学習要求の高度化」や生涯教育論などを指導理念とした、いわば社会教育における本土復帰策としての公民館政策が登場することである。たとえば一九七〇年の第17回社会教育総合研修大会では、読谷村の「地域における社会教育計画について」が公立公民館建設の動きを報告している。また翌年の第18回の研修大会では、指導目標の冒頭に「わが沖縄の本土復帰がしだいに迫りつつある現在、社会教育面における本土との格差を是正し、復帰体制作りに努めることが今日の急務である」ことが強調され、指導方針として「社会教育施設においては、学習の多様化への要求、並びに余暇時間の活用にこたえ得る施設設備を保有し、特に勤労青少年の意欲と実践能力を育成する施設として整備する」ことが挙げられている[68]。

そして復帰の年、一九七二年の第19回大会の開催の趣旨では、「生涯教育の観点から社会教育の重要性が強調される今日、本大会は、当面する社会教育上の諸問題を総合的に研究討議して解決の方向を見いだし、今後の社会教育の振興を図り、新しい豊かな沖縄県づくりに寄与したい」と述べられている[69]。

二つにはいま述べた点との関連で、沖縄の公民館の二重構造が生じたという点である。つまり、引用した部分を見れば理解される通り、この時期の社会教育および公民館政策は本土においても同時期に開始された生涯教育政策の引き写しである。生涯教育政策についてはここで改めて述べないが、先に引用した「学習の多様化」および「高度化」論はこの政策の現状認識として、しばしば繰り返されてきたフレーズである。復帰に合わせて、「本土」の社会教育関連の政策が基軸として採用され、沖縄の実態をそれに合わせる政策が展開したということができる。このような「本土」型公民館政策への性急な転換は、本土復帰という一種の改変の最中であったとはいえ、公民館制度の二重構造を残して復帰後に継続されたということができる。

第3節　本土復帰後の字公民館の再編

本土復帰後、全体にわたり「本土」との一体化策が進行する中で、字公民館中心の沖縄の社会教育も公立公民館の普及を中心とした体制へと移行する。この移行が復帰以前からすでに始まっていた、生涯教育政策の受容とともに開始されていたと見ることができることは、先に触れた通りである。その後今日に至るまでの間の、沖縄の社会教育行政ないしは生涯学習関連行政の展開は、一体化に至る時間的なギャップに起因する「本土」との遅れや格差を克服し、追いつく過程であったといえる。

制度論的な観点から見る場合には、格差の是正は重要な問題であることはいうまでもない。しかし復帰後の沖縄の社会教育ないしは公民館に関する問題は、格差の克服だけに限られるわけではない。逆に制度的条件を唯一の基準として、そこに格差を見出し埋めようとすることは、「本土並み」という基軸に沖縄を近づけようとすることになりかねない。このような統合主義的な発展観に対して、都市計画研究の立場から象グループの重村力がかつて「逆格差」論を提起したことは、前章で見たとおりである。さまざまの困難や不十分さを残しながらも、沖縄なりの社会教育や公民館の展開を基本にして、沖縄の社会教育の新しい発展とは何かを問う観点が必要である。字公民館の問題は、このような沖縄の独自性に依拠した社会教育的検討の重要な柱の一つなのである。

このような観点から、ここでは先述した「公民館の二重構造」という視点を基に、本土復帰後の沖縄の字公民館をめぐる問題を整理しておきたい。

復帰後の社会教育行政

最初に、本土復帰以降の沖縄県の社会教育の行政と施策を整理し、その中における字公民館の位置を確かめておきたい。

まず県の動きから見ていくと、復帰直前の一九七一年に琉球政府社会教育課は社会教育行政の方針の中に生涯教育の理念を取り入れ、その年度の第19回社会教育総合研修大会のシンポジウムで、「生涯教育を推進するために、社会教育はどのような役割を果たせばよいか」をテーマに取り上げている。[70]また復帰後の21回大会（一九七三）では、「生涯教育の観点にたった社会教育の条件整備を拡充する方策」がテーマに掲げられ、一九七七年には「生涯教育情報提供事業」がスタートしている。さらに一九八二年には、第二次沖縄開発推進計画の中に「生涯教育の推進」が位置づけられ、一九八三年に「沖縄県生涯教育推進会議設置要綱」が作られ、翌年「同会議」が設置されている。さらにその翌年には「生涯教育基本政策」が策定され、一九九二年に「沖縄県生涯学習審議会」が設置されている。そして二〇〇三年に、那覇で「第15回全国生涯学習フェスティバル」が開かれている。さらに二〇〇九年には、「第二次沖縄県生涯学習推進計画」が策定されている。

このような県の指導方針は、市町村の社会教育政策にも取り込まれていく。たとえば那覇市では、一九八三年に「活力ある学習社会の実現を目指して」が第6回那覇市社会教育振興大会のテーマとして取り上げられ、翌年には「生涯の各時期における学習課題を求めて」をテーマとした振興大会が開かれている。また同様の展開は、公民館の活動方針にも見られる。たとえば一九八二年度の第12回沖縄県公民館研究大会のテーマは、「生涯教育を推進する公民館活動のあり方」である。公民館研究大会のその後の議論は、県行政の動向にほぼ沿っている。[71]こうした社会教育ないしは生涯学習行政の推移には、「本土並み」の水準に追いつくための沖縄県の努力が如実に表れているといえよう。

1　社会教育の「本土」化

本土復帰後の一九七〇年代後半から一九八〇年代前半にかけては、この時期の「本土」の生涯教育政策の特徴であるハヴィッガーストの「発達段階論」に基づいた学習組織論が、県行政の基本に位置づいているのが注目される。たとえば一九七六年度の第24回社会教育振興大会では「社会教育の今日的課題」がテーマに取り上げられ、「生涯教育の問題」として「乳幼児期」「家庭教育学級」「青年教室」「婦人リーダー」「老後の生活設計」が、学習組織の観点として挙げられている。県の社会教育行政が、発達段階論を基に構成されていることが分かる。また翌年の第25回振興大会では、「生涯各期における社会教育について私はこう考える」がテーマになっている。

2　生涯学習政策への転換

続く一九八〇年代後半から一九九〇年代にかけては、国の政策転換に伴って沖縄でも「生涯教育」から「生涯学習」への転換が行われている。先にみた一九九二年の県生涯学習審議会の設置はその象徴といえるだろう。また那覇市が、「那覇市社会教育振興大会」を「那覇市生涯学習市民大会」（一九九三）に名称変更し、さらに一九九九年から「那覇市生涯学習フェスティバル」を組織しながら今日に至っていることも、同様である。公民館の世界でも、全国公民館研究集会として開かれた一九八六年の第16回研究大会が、「生涯学習を推進する公民館活動のあり方」をテーマに取り上げていることも同様に注目される。

3　「生涯学習ブーム」の沈静化

二〇〇〇年代に入るといっときの「生涯学習ブーム」が沈静化してくる。たとえば二〇〇九年度の、第50回沖縄県社会教育研究大会のテーマは「時代のニーズに応える社会教育を目指して」である。同様に公民館研究大会の場合にも、「新しい時代を拓く公民館活動」や「豊かな地域づくりを担う公民館活動」「変化する時代の公民館活動」などがテーマに選ばれ、「生涯学習」を用いない大会運営が行われている。

このような沖縄県の社会教育行政の動きは、国の枠組みを忠実にたどったものといえるだろう。その是非をここで問うつもりはないが、こうした施策が「復帰」前の社会教育政策とくに公民館に関する施策を、どのように変化させるものであるかについては検討を要する。この点を次に、公民館体制の発展過程と重ねながら整理しておきたい。

公民館体制の発展

「本土」復帰の時点では、読谷村中央公民館の1館を数えるのみであった公民館の数は、10年後の一九八六年には35館に達しており、設置自治体の率は60％に近づいている。この水準に至るまでには、1年に2～3館の公民館建設が進んだことになる。松田武雄の示した資料に基づけば、公民館数が10館を超えるのが一九七五年、20館を超えるのが一九七八年である。[72]急速な普及といってよいだろう。県の指導の程がうかがえる。この背景には国庫補助の率が「本土」の1・5倍に割増されていたことや、多様な国庫補助が利用されたことなどが指摘されている。[73]また県の調査によれば、その後の公民館の設置数の推移は表3の通りである。[74]本土復帰後40年近くを数える今日になっても、沖縄における公立公民館の設置にはいまだに遅れが見られる。

しかしすでに述べてきたように、ここでの問題はこのような数値が沖縄の公民館活動のすべてを表すわけではない。字公民館は本土復帰後もそのまま温存されているわけであり、公立公民館の不足は字公民館の活動によって補われているからである。次に、こうした公民館の普及過程における特徴を整理しておきたい。

1　公民館の拡充

まず最初は、公民館の普及の過程では、字公民館を含めた体制の拡充が必要であったことである。本土復帰後に開始された県の公民館に関する施策には、「社会教育施設設備の充実」が含まれている。たとえば一九七五年の「社会教育振興大会」では、「社会教育施設設備の充実と学習機会の拡充を図るにはどうすればよいか」が分科会テーマに取り上げられ、竹富町からの報告が行われている。それによれば社会教育法から切り離されたことによって、「部落公民館に対して、施設・設備費等の補助金の支出ができないので施設の充実の上で問題」が生じたり、「住民の集会場として、また、学習の場としての部落公民館の内部施設が無に等しく、住民の学習意欲を盛り上げることが難し」くなるという問題が生じたりしているという。[75]そのために竹富町では、字公民館を町立

表3　公民館数の年次推移

区　分	公民館数	公民館を設置する市町村数	設置率（％）	
			沖　縄	全　国
昭和56（1981）	35	31	58.5	92.9
59（1984）	50	34	64.2	90.9
62（1987）	65	41	77.4	91.1
平成2（1990）	68	40	75.5	90.8
5（1993）	67	36	67.9	91.0
8（1996）	71	35	66.0	91.2
11（1999）	85	41	77.3	91.7
13（2001）	88	37	71.2	91.0
14（2002）	88	37	71.2	91.0
17（2005）	84	30	66.7	89.1

にして、施設設備費の補助ができるようにすることを検討している。

「振興大会要項」の「大会テーマ」や「趣旨」では、上で見たような沖縄への生涯教育政策の導入を図ろうとする県の方針が示されてくるのだが、受け皿としての字公民館の位置は実際上、ただちに消滅せず、今日に引き継がれるのである。とりわけ本土復帰直後には、公民館の不足を補うという意味を有したことは興味深い事柄である。次に見るように現在も類似の議論があることは、字公民館を基盤にした沖縄らしい社会教育が展開する可能性を示しているのではなかろうか。

2　県の施策と字公民館

二番目は生涯教育政策から生涯学習政策へと展開する、県の施策がもつ字公民館の活動にとっての意味である。

一九七〇年代から八〇年代前半にかけての県の生涯教育政策は、前述の通りハヴィッガーストの生涯発達論を下敷きにしていた。その特徴は学習課題を「子ども」「青年」「成人」「高齢者」という年齢ごとに時期区分し、それに合わせて行政施策を整理しようとすることであった。「本土」のこの時期の生涯教育計画には、この種の手法を採用したものが広く見られる。この点で沖縄の計画は、見事に「本土」への一体化を果たしていることになる。

ここでの問題は、この手法が「発達課題」という理論を基に人々の現実の学習を枠づけ、整理しようとするものであったことである。またこれに続く生涯学習政策が、「個人の学習要求」を基本に受益者負担の原則を加えながら、学習の内容を需要と供給の関係に枠づけたことも同様に重要な意味をもつ。前述の事実からは、このことから字公民館の活動が直ちに行政の枠通りに変化するとは考えにくい。しかしこうした指導が、どのように字公民館の活動に反映され活動が変容するのかという視点をもつことは、重要な課題というべきだろう。

字公民館の位置づけ

次に、このような県の社会教育関連行政の中で字公民館はどのように位置づけられ、どのようにその活動が展開してきたのかについて整理しておこう。

1　字公民館の位置

最初に確認しておきたいのは、すでに見たように公立公民館の建設と並行して字公民館を公民館の一部として位置づけ、両者を関係づけながらその発展を図る体制が取られてきたという事実である。

先に指摘したように、字公民館は社会教育法上の「公民館類似施設」に分類することが可能である。現行の社会教育法は第42条で、「公民館に類似する施設は、何人もこれを設置することができる」と規定し、運営その他に関しては第39条の規定を準用することを定めている。第39条は「法人が設置する公民館」であり、文部科学大臣および都道府県教育委員会が、「その求めに応じて、必要な指導及び助言を与えることができる」というものである。これらの条項は「文部省」の名称変更以外には、近年の法改正による変更はない。これは社会教育法の一部として、字公民館を位置づける余地を示したものといえる。

しかし実際に字公民館への公的な支援を行うためには、自治体関連の公的な施設としての位置づけを明確にする必要があった。たとえば那覇市では、すでに本土復帰前の一九六五年に、市内に存在した18の自治公民館を

「教育区立公民館」として位置づけることによって、補助金支出を可能にしている。本土復帰後、「教育区立公民館」は「公民館類似施設」へと位置づけが変わり、中央公民館の補助を受けた「公民講座」が行われるようになっている。一九七九年の「第26回社会教育振興大会」での那覇市からの報告では、自治会長と講座長の兼任が負担になっていることが問題として提起され、後者の専任化の必要が論議されている[76]。

また県が主催する「社会教育研究大会」や、県の公民館連絡協議会が主催する「沖縄県公民館研究大会」の運営では、字公民館を公民館の一部として論議する取り組みが見られる。たとえば一九八〇年の第28回社会教育研究大会では、分科会の一つとして「公立・自治公民館分科会」が設置されている。また資料が見つからないためここに至る過程は不明だが、一九九五年の第25回公民館研究大会では、「自治公民館の経営」が「公立公民館の経営」と並んで一つの分科会を構成している。この体制は第32回大会まで続き、第33回大会（二〇〇三）と第34回大会（二〇〇四）では「自治公民館活動（都市型）」と「同（農村・山村・漁村型）」の二つに分かれた運営が行われている。この体制は、第35回大会（二〇〇五）からは「地域づくりの拠点としての自治公民館等」となり、第37回大会（二〇〇七）には「豊かな地域づくりを担う自治公民館のあり方」に変わっている。

2　公立公民館との関係の確立

二つ目にはこのような活動の展開過程で、先に見た那覇市の例に加えて浦添市やうるま市など比較的大きな自治体を中心に、公立公民館と字公民館の関係が整備される動きが見られる点に注目しておきたい。

例えば浦添市では、中央公民館および他の行政関連機関との関わりで、①自治公民館講座、②大型紙芝居、③健康づくり「モデル地区」の指定、④自治公民館事業としてサークル活動の育成と継続化が字公民館の事業として展開されている[77]。またうるま市の場合は市町村の合併に伴って、中学校を単位として校区内に存在する複数の自治公民館を束ねた校区公民館を教育委員会が認定し、校区公民館指導員を派遣する事業を始め「学校週５日制」

に備える体制をつくっている。
都市部でのこうした動きは、自治会への加入率が33・2%という浦添市の場合のように、都市化の進行に伴って地域の共同と連帯の希薄化が問題になるという事態と密接に関連している。宜野湾市普天間3区自治公民館の場合には、自治会への加入率53・72%をさらに引き上げる「自治会加入促進」を第33回研究大会報告での課題に挙げている。[78]
農山村部及び島嶼の場合は都市部に比べ集落の結合が保たれているため、字公民館の活動は次の伊是名村仲田公民館の例のように、シマの伝統を踏まえた活動が維持されている。[79]

〈一九九九年度〉
四月　清掃作業、区老人会ゲートボール大会
五月　区通常総会、村バレーボール大会
六月　区民の日、楽隊支部懇談会（小・中学校、教育委員会、地域の教育懇談会）
七月　区行政委員会、清掃作業、六月豊年祭、夏休みラジオ体操
八月　シヌグ祭、区老人会ゲートボール大会
九月　神御拝み、清掃作業、八月豊年祭準備、八月豊年祭
十月　火の御願
十一月　村民運動会団結式、老人会による清掃美化作業
十二月　山グマイ、吹子祭
一月　初常会、初御願

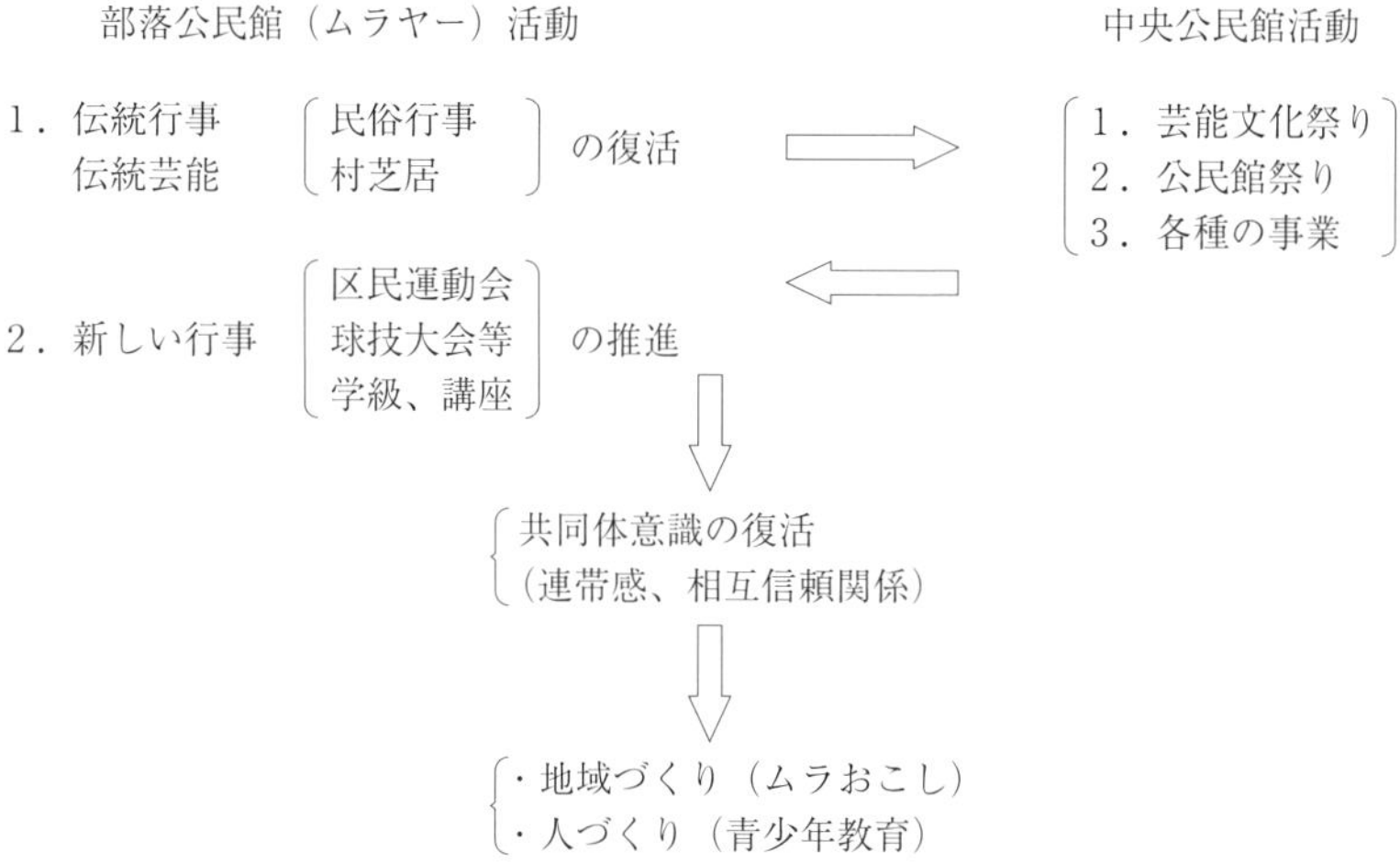

図2　公立公民館と字公民館の関係

三月　土帝君祭

しかしいずれの場合にも、中央公民館の建設が進むにつれて字公民館との役割の違いを明確にし、改めて関係づけることが必要になったという事情は共通している。本土復帰後さほど時間を経ない一九八〇年の段階で提起された、次のような南風原町中央公民館の両者の役割の相違を踏まえた「地域とは部落公民館を中心とした社会」という整理は、この点で注目すべきものである[80]。ここでは集落（字公民館）を単位とした伝統行事の復活、発展と新しい行事の推進に対する中央公民館の支援、および中央公民館側がこれらと連動した事業を展開する関係が描かれている。このような教育委員会側からの支援、指導という影響力の行使がシマの伝統や共同の事業に対してもつ意味については、次の項で検討することにしたい。

3　先進的な事例

三つ目に全体にわたる特徴とはいえないものの、いくつか先進的な字公民館の活動はこのような活動が集落を単位とした、地域計画の策定や地場産業の発展につながっている点に注目しておきたい。

たとえば、読谷村は米軍飛行場の跡地利用等を含む自治体計画を沖縄口（方言）で策定するなど、ユニークな取り組みをしてきた自治体として知られるが、「村民主体の原則」を『読谷村字別構想』（一九九五）としてまとめている。[81]これは村内の23の字ごとに3～4回の懇談会を開き、村民の意見や要望を聞きながら村の計画を字別にまとめたものである。この計画には字ごとに、「概況」「特性と課題」「地区づくりの目標」「地区づくりの施策」「推進事業」という項目に従った分析が行われ、地区の改善計画が示されている。これは行政が村民に協力を求め、コンサルタント会社の手でまとめられたものである。

これに対して恩納村山田区の『恩納村山田区基本構想・基本計画』（二〇〇五）や宜野座村漢那区の『漢那区基本構想・基本計画』（二〇〇九）は、環境デザイナー縣静秋の指導を得ながら区民自身がシマの自然や歴史を見直し、自らの地域の将来の発展計画としてまとめたシマの将来計画である。[82]山田区の計画づくりは「基本データを共有する」ことから始められ、「山田の集落の成り立ちを振り返」り「山田の集落の個性と骨格の理解」を進めながら、「潜在する可能性を引き出す」ことを目的に「山田を象徴するキーワードと彩り」を見つけ、10個の「山田の独自性を活かす重点項目」が整理されている。このような課題の整理は、区民、子ども、郷友会へのアンケートや「山田区の宝探しカード」「山田区地域活性化フォーラム」等の地道な活動を積み上げながら行われたものである。類似の取り組みは、宜野座村宜野座区等にも広がっている。

以上の取り組みは、集落を単位とする自治的な地域発展の可能性を示しているといえよう。この点では、「シークヮーサーの里」を宣言した地域づくりに取り組む名護市勝山区の活動も、同様の意味をもつものとして注目されるところである。[83]また本島北部を中心にした集落の共同売店の意義の見直しの動きについても、同様の観点から注目される。[84]

字公民館の現状

本節の最後に、現在の字公民館の概略を数量的に整理しておきたい。県の統計では字公民館を社会教育関連の制度として扱えないため、その実態は把握できない。そこで、筆者も加わった九州大学の日本学術振興会科学研究費によるグループが行った、松田武雄と山城千秋を中心とする「沖縄の字公民館・集会所等に関する基礎調査」（二〇〇三）のデータを基にして、字公民館の現在の概略を整理する。[85] しかしながらこの場合にも、対象となった977の字公民館のすべてから回答があったわけではないために、地域的な抜けがあることを断わっておく。

1　世帯数

最初は世帯数である。977集落中の650集落（66・5％）についての整理だが、100戸未満の集落が22％を占め、300戸未満が6割弱を占めている。500戸未満では7割に達しているが、1000戸以上の集落も全体の13％を占めている。最小の戸数の集落は、石垣市の桴海区と久米島市東奥武区の4戸である。最大の集落は、石垣市登野城区の3813戸である。

2　人口

集落の人口規模では552集落（56・5％）についての整理だが、500人未満の集落が4割弱、1000人以下が6割を占めている。ただし1000人以上が4割であり、5000人以上1万人未満が14％を占めている。最小人口の集落は久米島町東奥武区と竹富島町新城の7人、最大の集落は石垣市登野城区の9251人である。

3　建築年

字公民館の建築年では、468集落（47・9％）についての整理だが、建築年では一九八〇年代が31％で最も多い。一九七〇年代に入る以前の割合が20％未満なのは、復帰以前の字公民館の建て替えが進んでいることを意味する。半分以上が一九八〇年代以降の建築である。建て替えは逐次進んでいるので、全体の建築年度はこれよ

表4　世帯数

戸数（戸）	集落数	割　合	累　積
～100	142	22%	22%
～300	228	35%	57%
～500	88	14%	70%
～1000	104	16%	86%
～1500	41	6％	93%
～2000	29	4％	97%
2000～	18	3％	100%
合　計	650	100%	

表5　人口

規模（人）	集落数	割　合	累　積
～100	37	7％	7％
～300	101	18%	25%
～500	72	13%	38%
～1000	115	21%	59%
～2000	42	8％	75%
～3000	60	11%	86%
～5000	54	10%	96%
～7000	13	2％	98%
～10000	10	2％	100%
合　計	552	100%	

表6　建築年

年　代	公民館数	割　合
1950	19	4％
1960	71	15%
1970	111	24%
1980	145	31%
1990	100	21%
2001～	22	5％
合　計	468	100%

表7　延べ床面積

広さ（㎡）	公民館数	割　合	累　積
～100	132	24%	24%
～200	127	23%	47%
～500	189	35%	82%
～1000	76	14%	96%
～2000	13	2％	98%
2000～	2	1％	99%
合　計	542	100%	

＊累積の割合は端数処理の関係で100%にならない。

りも更新されているものと考えられる。

4　延べ床面積

字公民館の広さでは、542集落（55・5%）についての整理だが、延べ床面積では200㎡未満が半分近くを占めている。最も狭小なのは鳥堀団地自治会集会所の5・75㎡であるが、これは自治会の集会施設の内の字公民館部分を切り分けて示したものと推測される。最大は名護市辺野古区の2400㎡である。これは普天間基地の移設計画に絡む、北部振興費によって建てられたものである。この点については、次に触れる。

5　補助金

補助金については、349集落（35・7%）についての整理である。字公民館を建設するにあたって得た補助金は表8の通りに、市町村の補助を受けたところが最も多く、農水省、防衛省と続いている。[86]「国庫補助」という一般的な記載しかないものも含めて、さまざまな行政領域からの資金が提供されていることが分かる。また補助金を

表８　補助金の支出

出　所	公民館数（館）	割　合
市町村	65	18.6%
農水省	48	13.8%
防衛省	46	13.2%
高等弁務官資金	41	11.7%
国	33	9.4%
文部科学省	19	5.4%
県	7	2.0%
水源基金	6	1.7%
宝くじ	4	1.1%
厚生省	3	0.9%
SACO	3	0.9%
自治省	2	0.6%
通産省	1	0.3%
北部振興費	1	0.3%
なし	70	20.1%
合　計	349	100%

「なし」と回答した、区独自の建築によるものが20％に達していることは、注目されるところである。高等弁務官資金による公民館は、41館ある。さらにＳＡＣＯ（沖縄に関する特別行動委員会）関連で建設された字公民館の数は、この調査では3館（０・９％）に留まっているが、実際には一九八八年に14か所で地区会館（字公民館）が建設されたことが分かっている。[87]また先に触れたように、同様に基地問題に関連して建設された辺野古区の字公民館（辺野古交流プラザ）は、９億円をかけた２４００㎡の超デラックス施設である。[88]一九九〇年代以降、本島北部の集落が普天間基地の移設及び新基地建設をめぐる問題の焦点となり、国、県、市町村、区の利害が入り乱れた展開を見せる中で、国家による利益誘導策であるＳＡＣＯや北部振興費が字公民館を対象に支出されていることは、注目すべき事柄である。

第４節　字公民館から見るシマ社会の教育的意味

本土復帰をきっかけとして、社会教育制度の一部としての字公民館の役割は終焉した。その後は以上見てきたように、沖縄の社会教育政策および公民館制度は発展を遂げ、以前のような格差は見られなくなってきている。本土復帰の時点で沖縄に存在した公立の公民館は読谷村中央公民館1館であったのが、今日では80％を超える普及率を見るようになった。いまだにやや低い数値ではあるが、一時の格差は解消されたといってよいだろう。そして社会教育制度の確立とともに、字公民館の姿は後景に消えたように見える。

しかしながら、ここで疑問が生じる。沖縄の社会教育ないしはその研究は、以上のように47都道府県の一部としての沖縄の地位の確立とともに、日本の社会教育研究の一部として位置づけられればよいのかという疑問である。これに対する筆者の答えは、否である。というのは、制度的な枠組みに従う研究は、字公民館として展開してきた沖縄社会教育の特質を、必ずしも必要な要件とはしないからである。すでに述べてきたように、近代的な教育制度の一部としての社会教育制度の枠組みでは、地域の伝統や人々の経験に根づいた知識は教育的な関心の対象とは位置づけられない。字公民館やそこでの人々の日常的な生活実践と結びついた学びの世界は、制度としての教育の研究的な対象にはなりにくいのである。果たして、このようにして字公民館の歴史とそこを拠点としたシマ社会の学びの意味世界は、学的関心の外に置くべき事柄なのだろうか。

このような本章の帰結への疑問、それが本書の出発である。教育制度的な枠組みが成立した時点で取り残される、字公民館とシマの生活的な実践と結びついた学びの世界をどう考えるのか。これが沖縄社会教育を研究する出発点なのである。この章が、第Ⅰ部の前提部分に位置づけられている意味は、ここにある。制度論的研究の成果から見える研究方法の限界が、すなわち本書の入口なのである。

【注】

1　在京のメンバーは小林文人、長浜功、小林平造、上野景三、末本等。沖縄側の「おきなわ社会教育研究会」のメンバーは玉城嗣久、平良研一、上原文一、新城捷也、玉那覇正幸、喜納勝代、名城ふじ子、佐久本全、比嘉洋子等であった。

2　第1集『戦後社会教育法制』一九七七、第2集『社会教育行政・財政』一九七八、第3集『戦後初期占領下の社会教育』一九七九、第4集『戦後奄美の社会教育』一九八二、第5集『占領下沖縄の社会教育・文化政策』一九八六、第6集『宮古・八重山の社会教育』一九八六である。

3　横山宏・小林文人編『公民館史資料集成』エイデル研究所　一九八六。

4　小林文人・平良研一編『民衆と社会教育』エイデル研究所　一九八八。

5　高良倉吉によれば、沖縄の歴史は「先史時代（グスク時代（12世紀）開始まで）」「古琉球（島津侵入（一六〇九）まで）」「近世琉球（琉球処分まで）」「近代沖縄」「戦後沖縄」に区分されている。これに従えば、ここで検討するのは「近代沖縄」以降である。高良『琉球王国の構造』前出　2～3頁。

6　『琉球見聞雑記（明治21年）』琉球政府『沖縄県史　第14巻』一九六五　510頁。

7　沖縄県内務部第一課『沖縄旧慣地方制度』（明治26年）琉球政府『沖縄県史　第21巻』一九六八　40頁。

8　『一木書記官取調書』（一八九四）同右『沖縄県史　第14巻』前出　524頁。

9　同右書　526頁。

10　大井浩太郎『沖縄農村社会文化史』前出　75～151頁。

11　『糸満市新垣部落誌』新垣区　一九七二　8～9頁。

12　同右書　80頁。

13 『沖縄県旧慣間切内法』『沖縄県史　第14巻』同右書。
14 末本誠・上野景三「戦前における公民館構想の系譜」横山宏・小林文人編『公民館史資料集成』同右書　一九八六。
15 たとえば「風俗改良運動」『沖縄大百科辞典　下』一九八三　346頁。
16 名護市『名護市史本編6　教育』二〇〇三　302頁。
17 平山和彦『合本青年集団史研究序説』神泉社　一九八八　298頁。
18 たとえば「青年教育の体制化と青年団『自主化』運動」国立教育研究所編『日本近代教育百年史7』（執筆者は小川利夫）一九七四。
19 『名護市史本編6』同右書　311頁。
20 琉球政府『沖縄県史11』一九六五。浅野誠『沖縄県の教育史』思文閣出版　一九九一。
21 福地昿昭『村と戦争』同刊行委員会　一九七五、『喜如嘉誌』喜如嘉誌刊行会　一九九六。大宜味村政革新同盟については、山城善光『山原の火』沖縄タイムス社　一九七五　を参照。
22 『名護市史本編6』同右書　336〜337頁。
23 『大名誌』南風原町大名公民館　二〇〇一　79頁。
24 小林文人・末本誠「戦後初期沖縄の成人学校」『東京学芸大学紀要（第1部門・教育科学）』第30集　一九七九。
25 琉球政府文教局『琉球史料　第3集』一九五八、戦後沖縄社会教育研究会『沖縄社会教育史料　第2集』一九七八、横山・小林編『公民館史資料集成』に再録。引用は『資料集成』679頁より。
26 末本・上野「戦前における公民館構想の系譜」横山・小林編『公民館史資料集成』同右書　680頁。
27 同右。
28 平良研一「戦後初期アメリカ占領下の社会教育・文化政策」小林・平良編『民衆と社会教育』前出。

29 横山・小林編『公民館史資料集成』同右書　679頁。
30 同右　680頁。
31 戦後沖縄社会教育研究会『沖縄社会教育史料（第2集）』同右書　61～64頁。
32 公民館の設置主体は「公共団体」（宮古）、「民政府及び地方公共団体」（八重山）、「臨時北部南西諸島政庁及び市町村」（奄美）、「群島及び公共団体」（沖縄）と異なる。
33 『名瀬市史』一九七三（『公民館史資料集成』同右書　683～684頁）。
34 『呉我誌』呉我区　一九七六　230頁。
35 「第2回社会教育総合研究大会プログラム」一九五五。
36 『糸満市新垣部落誌』同右書　8～9頁。
37 久田邦明『民衆教育思想史論』私家版　一九八〇。
38 小林文人「戦後沖縄の社会教育研究に関して」戦後沖縄社会教育研究会『戦時下及び戦後初期占領下の社会教育に関する実証的研究』一九七九　75頁。
39 『大名誌』同右書　79頁。
40 『渡慶次の歩み』読谷村渡慶次区　一九七一　144～45頁。
41 中央教育委員会会議録（第2回）資料『沖縄社会教育史料（第2集）』同右書　81頁。
42 金城英浩、大宜見朝恒、山元芙美子氏等への聞取り『戦時下及び戦後初期占領下の社会教育に関する実証的研究』同右　10頁。なお、一九五一年に徳之島で「全郡社会教育研究会」が開かれている。
43 『公民館史資料集成』同右書　687頁。
44 「中央教育委員会（第11回）会議録」『沖縄社会教育史料（第2集）』同右書　81頁。

45 「第2回社会教育総合研究大会プログラム」（一九五五） 同右 87〜92頁。
46 金城、大宜見、山元氏等聞取り。『戦時下及び戦後初期占領下の社会教育に関する実証的研究』同右書 58頁。
47 琉球政府文教部『琉球教育要覧』（一九五五〜五八）と『社会教育総合研修大会要項』（第2回〜18回 一九五五〜一九七一）から作成。
48 『沖縄社会教育史料（第6集）』同右書 一九八六 46頁。
49 同右 34頁。
50 『崎山誌』今帰仁村崎山公民館 一九八九 297〜298頁。
51 琉球大学社会人類学研究会『白保―八重山白保村落調査報告』根元書房 一九七七 17頁。
52 「新生活運動要綱」に「文化厚生施設の充実」という項目があり、その一つに「部落図書館や公民館の設置奨励」が挙がっている。『沖縄の戦後教育史 資料編』沖縄県教育委員会 一九七八 973頁。
53 「沖縄青年連合会第九回中央教育委員会議資料」（一九五三）『沖縄社会教育史料（第2集）』同右書 121頁。同「第2回社会教育綜合研究大会プログラム」（一九五五）、この前年から開かれ始めたこの研究大会のプログラムは、末尾に社会教育の年次報告ともいうべき資料を収録している。
54 波平公民館『波平の歩み』読谷村波平区 一九六九 25頁。
55 『波平の歩み』同右書 25頁。
56 「第10回社会教育研修大会開催要項」一九六三。
57 嘉納英明『戦後沖縄教育の軌跡』前出。
58 『渡慶次の歩み』同右書 155〜57頁。
59 『波平の歩み』同右書 76頁。

60　安富祖リエ子「子ども達に緑と本を―米軍演習地に反対する沖縄・金武町伊芸区からの報告」『月刊社会教育』一九八一年七月号。
61　田里友哲『論集沖縄の集落研究』前出、および『浦添市史　第7巻』浦添市　一九八七。
62　「第14回社会教育総合研修大会開催要項」一九六七　14頁。
63　「第12回社会教育総合研修大会開催要項」一九六五　14頁。
64　石川市、名護市、那覇市、奄美（名瀬市）、八重山（石垣市）、宮古（平良市）の６都市である。小林文人・小林平造「琉米文化会館の展開過程」小林・平良編『民衆と社会教育』同右書　１６５〜１９４頁。
65　琉球銀行調査部編『戦後沖縄経済史』一九八四。引用は『沖縄社会教育資料　第５集』一九八五　１０２頁より。
66　USCAR, "High Commissioner's Fund for Special Assistance to Municipalities", Civil Administration of the Ryukyu Islands, 1966, Vol.XIV pp. 85-86.
67　『幸喜部落の歩み』名護市幸喜区　一九七八。引用は『沖縄社会教育資料』同右書　１１０頁より。
68　「第18回社会教育総合研修大会開催要項」一九七一　15頁。
69　「第19回社会教育総合研修大会開催要項」一九七二　１頁。
70　松田武雄「復帰後沖縄の社会教育」小林・平良編『民衆と社会教育』同右書　３８８頁。
71　「第36回沖縄県公民館研究大会」（二〇〇六）パンフレット資料。
72　松田「復帰後沖縄の社会教育」同右書　３９２頁。
73　同右　３９１〜３９２頁。
74　「第35回沖縄県公民館研究大会」（二〇〇五）および「第36回沖縄県公民館研究大会」（二〇〇六）パンフレットから作成。
75　「第22回社会教育振興大会開催要項」一九七五　14〜15頁。

76 「第26回社会教育振興大会」パンフレット　一九七九　15頁。
77 「第33回沖縄県公民館研究大会」パンフレット　二〇〇三　11〜15頁。
78 同右　43頁。
79 「第30回沖縄県公民館研究大会」同右　二〇〇〇　22頁。
80 大城和喜「地域づくりをめざす村公民館の活動」「第27回沖縄県社会教育社会教育振興大会」パンフレット　一九八〇　41頁。
81 沖縄県読谷村『読谷村字（あざ）別構想』一九九五。
82 恩納村山田区基本構想策定委員会編『恩納村山田区基本構想・基本計画』二〇〇五、宜野座村漢那区『漢那区基本構想・基本計画』二〇〇九。
83 『琉球新報』二〇〇六年九月二十日。および日本社会教育学会九州・沖縄地区六月集会での、勝山区長の宮城良勝氏の報告「名護市勝山区のコミュニティ・ビジネス」（二〇〇九年六月二十七日）。
84 二〇〇五年十二月に、国頭村奥区で「奥共同店１００周年記念フォーラム」が開催されている。
85 山城千秋「沖縄の字公民館・集会所等に関する基礎調査」　松田武雄『沖縄の字（集落）公民館研究　第2集』前出二〇〇四。末本が、若干の数値を補った。
86 補助金の出所が複数ある場合は、複数にカウントして整理した。また「補助事業」等のように、はっきりしないものは除外した。
87 名護市職員労働組合「基地と振興策」　http://www.jichiro.gr.jp/jichiken/report/rep_okinawa31/jichiken31/4/4_4_r_02/4_4_r_02.htm（二〇一三年五月三日確認）
88 「辺野古交流プラザ　豪華さ際立つ公民館」『沖縄タイムス』二〇〇九年十二月二十八日朝刊。

第Ⅱ部　シマ社会

第4章

地域課題の変遷とシマ社会
——地域社会教育論的アプローチ——

▼
▼
▼

本章の課題は、本島北部に位置する名護市辺野古区の沖縄戦後の地域変化を例に、シマ社会が総体として課題解決に取り組む過程を教育的観点から整理することである。地域社会教育論的なアプローチを旨とする本章は、第2章に示した「学び」の意味の成層図では字公民館制度の下に位置する地域課題の層に該当する。

なお「地域社会教育」は、「地域」と「社会教育」という二つの言葉を結んで作られた、比較的使用例が少ない用語である。少ない理由は「社会教育」そのものが、「地域社会」を前提にしているため、二重形容になるからである。ここではシマ社会にひとかたまりの集合体としての主体性を見出し、その変転に教育的意味を見出す試みとしてこの用語を用いる。

第1節　シマ社会の変化と集合的な主体形成

シマ社会とソフトレジスタンス

すでに見たように沖縄のシマ社会に関する研究では、多様な学問分野からの多彩なアプローチが展開している。その中に民主主義や人権等の規範を基にした、政治学的なアプローチが位置づくことは当然のことである。米軍基地の存在による住民被害や新基地建設の問題などのような、沖縄の置かれた特殊な政治的地位から生まれる深刻な問題を前に、政治がシマ社会を見る場合に欠かしてはならない観点であることはいうまでもない。また入会地に関する女性の地位や米軍基地に接収された区有地に対する軍用地収入の管理方法等、シマ社会に内在する問題もある。これらの課題は、シマ社会に関する人権や民主主義を一つの基準とする検討を求めている。また今日の普天間基地の移転や新基地建設の問題では、日米安保条約という国際的な政治問題がシマという小地域の在り方を規定している。これらは社会教育の研究においても当然、前提に置くべき条件の一部である。

しかしながら、人権や民主主義ないしは「正義」や「公正」などの外在的な政治的価値を、直ちにシマ社会の意味を判断する枠組みないしは基準とすることには躊躇がともなう。国や米軍（米国）などとの関係で権力の配分に決定的な差があるときに、自治権をもたない集落の判断にこれらの規範との整合性を求めることには、無理があると考えられるからである。

このような疑問は、社会教育研究の課題と理解にもつながる。すでに述べてきたように、学校や公民館などフォーマルな教育領域を基準に構築されてきた従来の社会教育研究においては、客観的な知識の獲得を軸とする規範が想定されており、人権や民主主義などの政治的な価値はその重要な一部を構成してきた。シマ社会の学びの空間としての意味も、こうした観点から評価されることになるのだが、ここでの疑問はそれには限界があるのではないかということである。先にみた学問的アプローチの多様性からすれば、政治学的な社会教育的アプローチが明らかにし得るのは、シマ社会がもつ意味のごく一部である。

こうした疑問および前提に立つときに、第2章で紹介した松井健および松田素二による「ソフトレジスタンス」論は示唆的である。松井は基になった松田の論議を下敷きにしながら、この考えを「抵抗している気持ちが毛頭なくとも、結局人々のそのような行動が、それらの人々を支配し統制していこうとする意図に抵抗として働くという意味」と説明している。引用した「そのような行動」および「それらの人々」にあたる箇所は本文中には見当たらないが、松井が依拠した松田の『抵抗する都市』の中で取り上げられた「アフリカの植民地国における抵抗」を指すものと理解される。

この議論の重要性は政治という問題を力の対抗だけではなく、よりミクロな視点での拮抗に置き換えて捉える可能性を示していることである。政治的な権能において、集落は国家や自治体などには及ぶべくもない。したがって、安保条約や米軍基地の是非という国および国家間で決まる大きな問題を、集落の判断と直接結びつけてその是非を問うことには無理がある。それは一定の価値を外側から押しつけることになり、場合によってはシマ社会の判断を一方的に告発することになりかねない。ソフトレジスタンス論は、政治的力関係を軸にした賛成／反対の二元論を基にシマの抵抗を考えるのではなく、生活や文化がもつ微細な抵抗／無抵抗性に目を向けることを可能にするはずなのである。

ところで辺野古区は今日、米軍普天間基地に替わる新基地建設の候補地として、政治的論議の最中に位置する集落である。これを沖縄のシマ社会研究の事例として取り扱うことは、はたして妥当かという疑問があるかもしれない。しかしこの問題は、沖縄にとって一般的であるということをどう理解するかという事柄と関わっている。もし「沖縄的」なるものが民俗学的関心に基づくシマの古い伝統をもっぱらに指すのであれば、辺野古をその典型に選ぶことは不適切な判断になるだろう。しかしながら、本研究のようにシマ社会が外界との交流の中で自ら変化し、集合的な意味をダイナミックに変化させていく過程を問題にしようとする場合には、逆に辺野古は最も沖縄的な地域であるということになる。このダイナミズムが、新基地建設という沖縄の米軍基地のさらなる強化に伴う自然破壊や、新たな基地被害の拡大への懸念という形で問題になっていることは、辺野古区にとっての不幸というべき事柄である。

集合的な主体形成

ソフトレジスタンス論からの示唆を得た社会教育的研究の観点として、本書はシマを一つの集合的な学びの主体と捉え、その歴史的な変転の過程に主体形成ないしは学びの過程を見出そうとする。集合的な学びというのは、シマ社会が一つの塊として外の社会と接しその影響を受けながら、なおかつ本来の一体性を維持していこうとする過程に生じる内的な変化、およびその意味の発見や再構築を指す。その集合的な変化を支えるのは、住民一人一人が有する願いや喜び、悲しみ、期待という日常的な生活意識である。とりわけここではこうした集合的な意識の変化が、シマ社会が一つの生活単位として地域課題の解決に迫る過程で生じる点に注目する。

一つの生活的実践体として成り立つシマの意思は、区行政の判断とりわけ総会の決定などで端的な形をとって内外に示されるが、さらにその下位にはシマの住民の気分のような明確な形をとるに至らない、不分明な世論の源基とも呼ぶべき生活意識が存在する。この生活意識はシマという共同の生活を単位として成立しており、その単位を存続させることによって自らの生活を維持しようとする、集合的な意識である。自らの集合的なアイデンティティの確立に向かうこの意識は、シマを内側に向けて収縮させようとする力として作用する。これに対して外側からシマに及ぶ影響は、内側に向かう力を削ぎ解体させようと作用する拡張の力である。

このように矛盾した力の作用を受けるシマというまとまりは、集合的な意識のレベルにおいて時代の圧力に晒されながら、変化と持続のダイナミズムの狭間に置かれている。したがってシマの集合的な意識に何らかの変化が見出されるときには、ピノーの「和解」論で触れたように玉突きのような一方向的な力の作用ではない、与えられる力とそれに抗する力が作用し合う、矛盾を含む複雑な過程が生起しているものと考える必要がある。先に述べた内外に示される区の総意とは、このような変化をシマが主体的に受容した帰結なのである。

なお本章においては、辺野古区に今日の新基地建設が問題となる前段ともいうべき、ヘリコプター基地建設問題が生じるまでの時期を主な分析対象の時期とする。新基地建設の問題は、今日改めて混迷の局面を迎えているが、ヘリコプター基地建設に至るまでの同区の変転の中に見出される一貫性は、その後の展開を見る場合の基軸になり得るものと考える。

本章では共同のライフヒストリーにあたる資料として、主に辺野古区の字誌『邊野古誌』を用いる。[1]「編集後記」によると、字誌の編纂委員会がつくられたのが一九八二年。原稿の完成が一九九六年である。また筆者は共同または単独で、字誌の内容を確認することを目的に、辺野古区関係者および住民への聞取り調査を実施している。

第2節 地域課題の変遷とシマ社会――名護市辺野古区の戦後

辺野古区の概要

辺野古区は沖縄本島の北部に位置する、名護市の東側の海岸に面した小さな集落である。面積は10・83平方キロ。大浦湾に面した良港をもち、農業を中心にしながら木材や薪炭材の積み出し基地となり、明治のはじめには山原船も所有していた。現在ではキャンプシュワーブと辺野古弾薬庫の建設にともなって、従来からの「シモ」集落の上に新たに「カミ」集落が形成され、両方で一つの区を形成している。区の行政組織は図1の通りである。[2]

また表1に示した人口の変化を見ると、[3]沖縄戦の直後には600人だった辺野古区の人口は一九五五年には522人に減るが、基地の建設が始まる一九五七年以降は急激に増え、最盛期には2139人に達している。これは、建設前の人口の3倍を超える数値である。[4]しかし、この人口増も一九六五年をピークに止まり、後は減少傾向を見せはじめる。ベトナム戦争終結後の一九七〇年代後半にはその傾向がはっきりと現れ、一九九〇年代の初めには1400人余に減少する。最大時の一九六五年における2139人に比べると、一九九一年の1414人は7

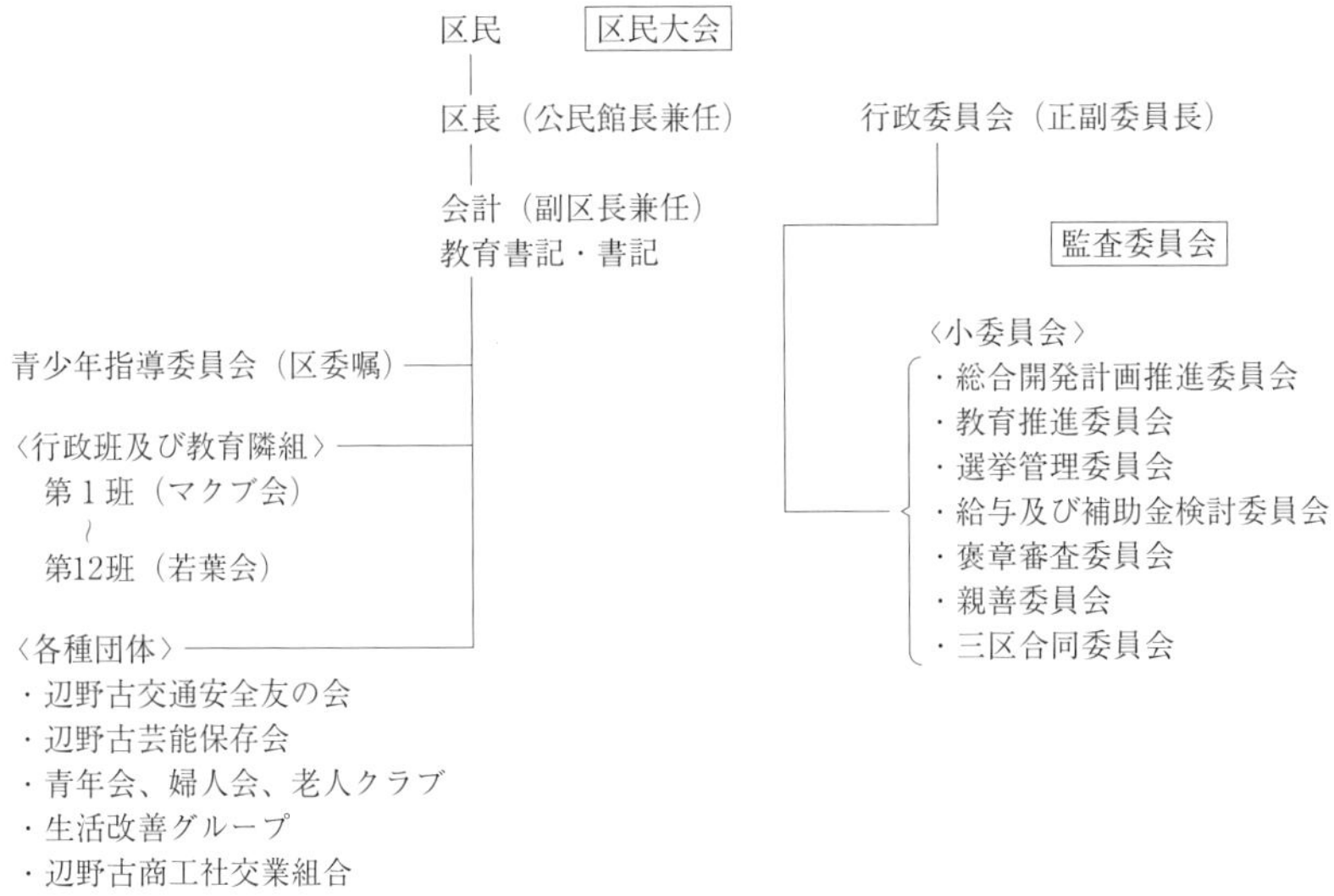

図１　辺野古区の行政機構図

２５人が減少したことになり、３分の２に縮小したことになる。しかし二〇〇五年以降は、ＳＡＣＯ（沖縄に関する特別行動委員会）資金および北部振興政策のせいで人口は再び増加をはじめ、とくに二〇〇五年以降は世帯数の増加が著しい。これは辺野古区周辺に高等専門学校や雇用能力開発センター、国際海洋環境情報センター、マルチメディア館などの建設が進んだせいである。

一九九五年までの資料に限られるが、職業構成（表２）では一九九五年現在で一次産業が11・7％、二次産業が25・6％、三次産業が2・7％である。三次産業の中では「サービス業」（三次産業中の52・9％）と「卸・小売業」（同31・4％）の割合が高くなっている。これらはいずれも「基地の街」としての辺野古区の特徴を示しているといえるだろう。ここでとくに注目されるのは、三次産業の中の「卸・小売業」の減少が著しく、３分の１に減っていることである。「サービス業」も一九八五年には増加に転じているが、一九七〇年から一九八〇年の変化では激減していることが分かる。これは、ベトナム戦争後の「基地の街」の経済の縮小を如実に表すとと

表1　辺野古区の人口および世帯数

年　度	人口総数	世帯数
1880	258	57
1890	345	65
1903	299	74
1921	666	153
1947	612	142
1948	634	140
1955	522	114
1957	642	133
1958	712	
1959	1,386	
1960	1,389	318
1961	1,900	317
1962	2,107	311
1963	2,093	304
1964	2,139	309
1965	2,139	309
1966	2,114	391
1967	2,063	396
1968	2,063	355
1969	1,705	348
1970	1,928	510
1971	1,968	526
1972	1,971	534
1973	1,865	593
1974	1,761	494
1975	1,811	505
1976	1,812	510
1977	1,767	505
1978	1,694	459
1979	1,632	470
1980	1,592	459
1981	1,509	454
1982	1,524	451
1983	1,536	451
1984	1,531	455
1985	1,518	454
1986	1,497	455
1987	1,514	465
1988	1,483	460
1989	1,444	453
1990	1,440	466
1991	1,414	462
1992	1,412	471
1993	1,423	460
1994	1,451	469
1995	1,440	473
1996	1,455	484
1997	1,425	483
1998	1,438	484
1999	1,450	482
2000	1,550	531
2001	1,525	554
2002	1,483	559
2003	1,458	559
2004	1,455	573
2005	1,646	759
2006	1,799	922
2007	1,951	1,072
2008	1,993	1,121
2009	1,999	1,136
2010	1,987	1,137

もに、その影響の大きさを表している。のちに述べるようにこれらの事実は、現在の普天間基地移設問題における世論の展開の要因の一端を示していると考えられる。

戦後辺野古区の変遷——時期区分

辺野古区を例にシマ社会のもつ集合的主体形成の過程を検討するために、戦後の辺野古区の歴史をいくつかの時期に区切ってみたい。試みとして、ここでは次の四つの時期に区分する。

Ⅰ　復興期（沖縄戦後〜一九五四）　沖縄戦終了後の混乱から、米軍基地建設にかかわる土地収用予告の公表まで。

Ⅱ　発展期（一九五五〜一九七二）　基地建設への条件闘争の開始から、本土復帰まで。

Ⅲ　停滞期（一九七二〜一九九六）　本土復帰から、米軍の普天間基地の移転の候補地問題の発生まで。

Ⅳ　変動期（一九九六〜　　　）　米軍の普天間基地の移転候補地として、ヘリコプター基地建設問題が生起して以降、今日まで。

１　復興期（沖縄戦後〜一九五四）

この時期は沖縄戦による混乱の中から「戦後」が始まり、辺野古区に米軍基地の建設計画が開始されるまでの期間である。

沖縄戦の過程では沖縄本島北部を制圧した米軍は辺野古区にも駐留し、大浦収容所が設置されたため一時的に人口が膨張して新たに久志市が設置される。しかし、一九四五年の秋には収容所からの難民の移動が開始され、

表2　辺野古区の就業構成

	年　　度	1970	1975	1980	1985	1995
	就業者数	715（100）	610（100）	600（100）	548（100）	558（100）
一次産業	一次産業計	41（ 5.7）	37（ 6.0）	58（ 9.7）	49（ 8.9）	65（11.7）
	農畜産業	36（87.8）	27（73.0）	45（77.6）	36（73.5）	52（80.0）
	林　　業	－	－	－	－	－
	漁　　業	5（12.2）	10（27.0）	13（22.4）	10（20.4）	13（20.0）
二次産業	二次産業計	53（ 7.4）	84（13.8）	102（17.0）	103（18.8）	143（25.6）
	鉱　　業	－	1（ 1.2）	－	－	1（ 0.7）
	建設業	41（77.4）	68（81.0）	86（84.3）	83（80.6）	123（86.0）
	製造業	12（22.6）	15（17.9）	16（15.7）	20（19.4）	13（ 9.1）
三次産業	三次産業計	621（86.9）	489（80.2）	440（73.3）	396（72.3）	350（62.7）
	卸・小売り	305（49.1）	285（58.3）	244（55.5）	176（44.4）	110（31.4）
	金融保険	5（ 0.8）	7（ 1.4）	19（ 4.3）	22（ 5.6）	13（ 3.7）
	不動産	－	2（ 0.4）	1（ 0.4）	1（ 0.3）	4（ 1.1）
	運輸通信	33（ 5.3）	40（ 8.2）	26（ 5.9）	29（ 7.3）	23（ 6.6）
	電気水道	3（ 0.5）	5（ 1.0）	4（ 0.9）	4（ 1.0）	1（ 0.3）
	サービス	262（42.2）	138（28.2）	136（30.9）	152（38.4）	185（52.9）
	公務など	13（ 2.1）	12（ 2.5）	9（ 2.1）	12（ 3.0）	14（ 4.0）
	失　　業	31（ 4.3）	83（13.6）	53（ 8.8）	62（11.3）	－

＊名護市統計書から作成
＊カッコ内は、全体中の各産業種別の割合、および各産業中の業種別の割合

翌年久志市は廃止されて改めて久志村が設置される。この時期、辺野古区では収容所の解消にともなって土地の整理委員会が設置され、土地台帳の整理という文字通りゼロからの復興を始めなければならなかった。

こうした戦後復興の動きの中でシマの秩序の回復が図られ、戦前からの規範や生活慣習の復活、再生ないしは再創造が行われたとみられる。その典型は、一九五五年の「区政内規」の制定である。一八八五（明治18）年の県による旧慣地方制度の調査では、久志間切に「村内法」全86条の存在が確認されており[5]、『邊野古誌』も古老からの聞取りを基に同区で大正の半ば頃まで、この村内法に基づいた内法の非民主的な罰則や取り締り条項が機能していたと記述している[6]。非民主的な罰則、取り締りとは、「ユラリ札（農民の勤怠を律する）」「カンダ札（他人の畑からいもの蔓を盗む者への科料）」などの「札（原番札）」の他、「女ヌ罰金（婦女子の異性交遊の制限）」「鶏法度（鶏の放し飼いの禁止）」「大集会（違反者への戒めの集会）」などである。これらは、大正年間に廃止されたとされる。

一方、「常会、戸主会、有志会」「部落一般作業に関する事項」「部落有土地利用」「転籍寄留その他」などの規定を含む一九五五年の「部落内規」は、常会への出席や部落作業に関わるさまざまな義務を定めているものの、先述のような取り締り条項はすでに含まれていない。[7] 大正期の内法からこの内規までの間には昭和前期が抜けることになるものの、この内規は戦前から戦後へのシマ社会内の変化ないしは秩序の再編を示しているものと理解される。

なおこの「内規」では、「有志会」は「村議、青年団長、婦人会長外10名」をメンバーとすると規定されている。「有志会」は旧慣を踏まえた明治期の「村会（むらかい）」の歴史を引き、大正初期から存在している行政組織である。[8]『邊野古誌』は大正初期のシマの行政は、「区長を中心に有志シンカ（委員会）で運営されていた」と述べている。[9] 現在は「行政委員会」と名称を変えているこの組織は、戦前から今日までの間、区長を補佐して区の意志決定に関与してきた重要な決議機関である。

話を戻すと、この時期には校区対抗のハーレー船大会や共同売店が復活し、神アサギが再建されている。これらの動きも、戦前からのシマ社会の共同と連帯が復活する過程といえよう。戦前の生活や慣習は、『邊野古誌』が記述する「村の生業」「交通・通信」「拝所と年中行事」「人生儀礼」「衣食住」「教育」「自治」「伝統芸能」「遊びと俚言」など、シマ社会の生活的諸実践の全体で進んだものと考えられる。

この過程はいわば僻地の寒村ともいうべき小集落の辺野古区にとっては、戦前からの林業と狭い耕地での農業に頼った苦しい戦後の再出発を意味した。戦争中には日本軍によって強いられた徴用が、戦後は米軍によるそれにとって代わられ新たな負担を強いられるという事態も加わった。その中にあって辺野古区は村の支援を受けず、区単独の事業で護岸工事や農道開削などの土木事業に取り組んでいる。辺野古区は戦前にも同様の郡道工事の事業を請け負っており、結果的に失敗して負債を負ったが、こうした起業家的体質はこの集落の歴史的伝統といえるだろう。[10]この伝統はこれ以降、まさに辺野古区の「発展」の動因となるべきものである。

2 発展期（一九五五～一九七二）

この時期は、米軍基地建設への条件闘争の開始から「本土復帰」までである。米軍の土地収用予告を受けて区は当初、反対を決議し陳情や阻止行動を起こす。しかしすぐに受け入れに方向を転じ、自ら都市計画を策定して宅地造成事業に乗り出した。これによって、この時期はニュータウン建設による人口の増加、歓楽街の形成という「発展」、シマ社会の急激な膨張を見るのである。しかしこの「発展」は、全島で繰り広げられていた「島ぐるみ闘争」への背反によってもたらされたものであった。これは基地との共存という地域課題の生成、人口膨張への対応、そして集落の内的結合エネルギーの希薄化などとの直面を意味した。

一九五五年に、辺野古区への米軍基地建設と土地接収案がもたらされたとき、区の常会はこれに反対の立場を表明した。この時期米軍は、「銃剣とブルドーザー」による強制的な土地接収による軍用地の拡大を図り、全島でこれに対する抗議運動が起きていた。地代の「一括払い方式」に反対し、立法院に「土地を守る4原則」の決議を求める「島ぐるみ闘争」が展開したのである。こうした動きの中で辺野古区は、宜野湾市の伊佐浜区で進められた強制立ち退きを教訓に、ひとり米軍の土地収用と基地建設受け入れに転じ条件闘争に方向を転換した。

これ以降のシマの変化は先の人口変動からも垣間見られるように、劇的なものであった。米軍基地の建設に応じて全島から労働者が流れ込み、下宿や借家への需要が高まった。これに伴って区は一九五七年、第二期の米軍基地建設に合わせて宅地造成事業を自ら計画し、都市計画委員会を組織した。これは区独自の造成事業であった。集落の後方斜面に造成された新しい町は、この事業を理解し積極的に援助したアップル少佐にちなんで、アップルタウンと名づけられた。人口600人の区が自ら事業の推進者となって、従来のシマの人口・世帯数をはるかに超える大規模な町を出現させたのである。造成された土地の利用についても、区独自の仕事として特飲街や住宅地、市場などの配置計画がつくられたほか、土地使用の契約全体を区長が管理した。一九五九年には料亭8、カフェー3、小料理屋22、キャバレー5、遊技場3が存在した。この前年には「辺野古風俗営業組合」が結成されている。この間の地域変化について、『邊野古誌』は、「この都計事業の完成によって集落形態も大きく変ぼう（ママ）、シマには商人や建築業者、軍雇用員などが続々と流入わずか半年近くで百軒以上のバーや土産品店・質屋・雑貨店・娯楽場が立ち並ぶほどに進展し、人口も急増、久志村一の基地の町と生まれ変わった」（カッコ内は原文）と記している[11]。

この時期のシマ社会の動きとして特徴的なのは、新しい事業の経営主体としてのイニシアチブと、伝統的な生活上のまとまりを防衛しようとするイニシアチブの、双方が入り交じっていることである。繰り返しになるが、上記のアップルタウンの造成や歓楽街の配置を含んだ都市計画は、区がその事業経営の主体となって展開したものである。巨大な開発行為に伴う折衝や資金管理、土地利用の管理や特飲街に生じる売春を含む問題の処理には、優れて経営者的な当事者能力が求められたはずである。

しかしこの時期、宅地造成によって区内の班組織が18班体制になることに示されるように、内部的な矛盾を含みながらシマの範囲は地理的にも人間関係においても拡大していく。こうした動きは、シマ社会の内的な結合を弱める要因といえるだろう。このような動きの中で、共有財産の保全と基地から出る廃棄物処理を目的とした「辺野古開発合資会社」が、旧来の区の居住民家族を構成員として設立されている。これはシマ社会の膨張と伝統社会の間に生まれる、矛盾の解決策として注目される。

一方、辺野古区の住民の生活は著しく豊かさを増す。それはまさに区長と有志会を中心にした、シマの指導部の「英断」の「成果」であったろう。しかし、それと引き替えに基地への依存が強まり、自治と伝統行事に集約される内発的なエネルギーは次第に萎縮していく[12]。基地と久志村との間でつくられた琉米親善委員会の活動を通して積極的な米軍との親善関係が構築される一方で、七月村踊りの停止などのように伝統行事の衰退が進んだ。ただし基地や歓楽街と隣接するという新たな条件下で、自警団の発足のようにシマ社会のもつ防衛的な機能はかえって強化される。沖縄独特の子どものための地域組織である教育隣組への取り組みも、このようなシマ社会の防衛的機能の一部というべきだろう。

なおこの時期、辺野古区では米兵による被害が続発している。当時の新聞記事を調べると、『邊野古誌』の年表には記載されていない事件が多数存在することが分かる。字誌は米軍との軋轢を記述することに一定の配慮を加えているのである。

さらにこの時期には、自治体の合併によって辺野古区は名護市の一部に位置づくことになる。これはシマ社会の政治社会的な世界観が、変更・拡大されたことを意味する。つまり、合併によって辺野古区は名護市という久志村よりも遙かに大きな範域の一部となり、かつ役場等が遠く離れたところにある大きな自治体の一部に組み込まれたのである。これは現在の基地移転問題の背景にある「東西問題」といわれる、名護市内の基地問題への意識の差を生む条件の成立を意味する。

寒村僻地としてのシマの歴史的な事情から見れば、この時期の変化は文字通りに「発展」といえないことはない。しかしその「発展」の意味は、すでに触れたように矛盾に満ちたものであった。

3 停滞期（一九七二～一九九六）

この時期は本土復帰から、普天間基地の移転候補地としてヘリポート基地建設の計画が持ち上がるまでである。この期間には、沖縄の本土復帰とベトナム戦争の終結によってそれまでの「発展」が止まり、ドル安の影響を受けながら人口が減少する。これによって、行政組織の12班編成への整理縮小や特飲街の縮小などの地域の「停滞」が生まれる。先に見たように、２１３９人であった最盛期の一九六五年の人口が一九九一年には１４１４人に減るのである。実に3分の2の縮小率である。

興味深いのは「発展期」のシマ社会の変動が沈静化するにつれて、辺野古芸能保存会の結成や40年ぶりで豊年祭の出し物に「南ヌ島（フェーヌシマ）」が復活するなどのような、シマ社会の共同体的な伝統がかえって蘇ってきていることである。また、区民図書館の建設や親子盆踊り開催などの、教育的活動も新たに展開し始めている。これらは、シマ外との対応に追われた「発展期」が去ることによって、改めて内的な連帯と結合を求める動きが生まれたことを示すものと考えられる。

さらにこの時期には、人口減少や特歓街の縮小にともなって行政内規が改訂され、区行政の再編と整備が進む。また名護市政の政権交代によって、それまで革新市政下で止まっていた基地周辺整備法関連の施策が動き始め、その一環としてコミュニティ・センターが建設される。これは「停滞」の中にあっても、「発展期」の外発的な発展の契機への期待や「産業としての基地」という内発的な意識が、一貫して持続される条件となるはずである。基地は依然として存在し続けており、琉米親善委員会の活動も継続して発展している。「停滞」とはいっても、外からの影響や基地との共存という地域課題が消滅したわけではないのである。

4　変動期（一九九六〜）

この時期は普天間基地移転の候補地として、辺野古区沖へのヘリポート基地建設問題が発生してから今日までであるが、すでに述べたようにここでの検討は主要にはヘリポート基地建設問題が登場するまでに限る。

その後、新たに生起した新基地建設の問題は、再び基地の受け入れ如何という議論の中にシマ社会を投げ込むことになった。基地建設・開発推進vs反基地・自然保護という立場が対立しシマを二分する中で、当初フロート方式のヘリポート基地建設の問題であった計画は、なし崩し的に埋め立て方式でV字型という本格的な新基地建設計画へと内容が変わってしまった。また基地としての使用を15年間に限定するという知事選の公約事項も、いつの間にか消失した。このような事態の進展の中で、辺野古区は基地建設受け入れを決定し国に対する地元意見の代表格的地位を確立してきた。民主党政権の登場によって、既定の事実と思われた基地建設計画は白紙に戻ったが、再度の政権交代によって辺野古区に新基地を建設するという計画は元に戻っている。周知の通り、この問題の決着は未だついていない。

普天間基地の移設先として辺野古区沖が話題に上った当初、区の世論は分裂した。区事務所（公民館）を拠点とする、区長や行政委員会などの執行部が条件付賛成の立場に立ったことによって、基地建設に反対する住民は公民館の外で「命を守る会」を組織して反対運動を展開する。基地建設が決定事項になるにつれてSACO資金や北部振興費が流れ込み、辺野古区周辺は再び国立高等専門学校をはじめとする大規模な施設建設の舞台となる。9億円をかけたといわれる「辺野古交流プラザ（公民館）」も建設される。

この問題での辺野古区の反応や判断には、明らかに「発展期」の再現を期待する意識が見て取れる。それは辺野古区の戦後史が再現されているかのようである。しかし、ヘリポート基地の建設をめぐる意向投票での反対の意思表示や「命を守る会」の運動などのように、シマの中に反対の意見が公然と表れるようになった点は、明らかに以前と違っている。従来から保たれてきた辺野古区の抱える基地問題に関する矛盾が表面化し、シマ社会の一体性が崩れて内部の意見の相違が外から見えるように現れ始めたのである。ここでの問題は、そのような意識が育まれる要因は何かということである。

さらに注目すべきなのは、こうした対立の中でもシマの住民の意見対立を乗り越えようとする意識が内発的に作用しており、統合の糸口を伝統行事に求める動きがあることである。筆者らの調査では、基地問題をめぐる意見の対立の中でも区の活動は維持されており、公民館は日常の伝統行事を維持し反対派の人々も賛成の立場の人々とともに、アブシバレーのハーレー船競争に参加している。

今日の辺野古区に特徴的に見られるのは、従来からの基地との共存の中で形成されてきた外発的な「発展」の再現への強い期待感である。一九九九年の時点で、名護市軍用地等地主会の４７１人の軍用地主の中に辺野古区関連の者が２２０人を占め、元区長が会長を務めている。[13] この事実にも示されるように、「基地は産業」の意識は辺野古区では客観的な社会構造の上に出来上がっている。この問題は国、米国、県、市、政党、運動団体、職場、米軍関係者などさまざまの利害の相違を含む外的諸勢力とシマ社会との対峙という関係で成り立っている。こうした外的世界との交渉が集団としてのシマ社会にどのような影響力として作用するのか、次にこれを集合的なシマ社会の成長ないしは学びの過程と捉えることによって、社会教育的な観点から整理しよう。

第３節　地域変化の学習論的理解

シマ社会の収縮と拡張

すでに述べたここでの視点を再度繰り返せば、辺野古区の戦後の歴史が示しているのはシマという生活の場がもつ意味の拡大と、それに対抗して縮もうとする「小宇宙」としてのシマがつくりだす、ダイナミズムである。辺野古区の場合、キャンプシュワーブやヘリコプター基地建設問題、そして今日の新基地建設問題という国家権力や国際政治が絡む巨大な地域変化を内容とする変化が到来したため、こうしたダイナミズムが他の沖縄の集落よりも強く作用している。言葉を換えれば、このダイナミズムを生む力はシマをめぐる世界観の拡張と、元の集落の形を留めたいという縮小に向かう矛盾した力の、相互作用からもたらされたものである。

戦後復興期の辺野古区は、米軍の駐留や大浦収容所など沖縄戦による混乱にシマ社会が巻き込まれ、上位の自治体である久志市がつくられまた廃止されるという変転を経験している。もとよりシマをめぐる権力的枠組みは、これ以前にも琉球王府時代の統治機構さらには戦前の日本政府として成立しており、シマはその末端に位置づけられてきたという点は、従来と変わりはない。しかし沖縄戦は、シマに駐屯した日本軍や沖縄戦での自らの避難および南部からの避難民の受け入れという現実として、中央政府や「皇軍」たる日本軍の何たるかをシマ社会に伝え、久志市の創出と消滅は戦前的秩序の崩壊という意味を構成している。「イクサユーからアメリカユーへ」と言われるこの変化は、シマを規定する国家という枠組みを住民が知り学ぶ過程であったと考えることができる。

しかし一時の混乱が去った後の復興期の辺野古区は、戦前から戦後にかけて世帯数の変化はあまり見られなかったという事実が示すように、土地台帳から始まった復旧過程の厳しさはあったものの、「区政内規」の制定に見られるような旧来の生活的枠組みの復活など、シマ社会を維持する内に向かう凝縮力の作用によって保たれている。ハーレー船競争や共同売店の再開、神アサギの再建などが、この時期のシマの収縮を特徴づけているのである。この時期の辺野古区を規定しているシマの枠組みは、『邊野古誌』が記述する「林業と狭い耕地での農業」に頼った「北部の寒村」という自己規定に如実に示されているということができるだろう。

ところがこのようなシマの枠組みは発展期には崩れ去り、米軍基地の建設とその工事に付随した土地の造成をともなう集落規模の拡大という変化が訪れる。旧来からの「シモ」の集落の上に、歓楽街を含む「カミ」の集落が登場し、シマは拡張の圧力に晒されるのである。人口も世帯数も、3倍を超える膨張を示す。この時期の辺野古区は「アップルタウン」という命名が示すように、シマという小さな存在ながら米軍ないしは米国政府、琉球政府、久志村、名護市という権力機構の交渉相手となり、その成果を享受している。これには宅地造成や歓楽街の管理者という事業主体および経営主体としての、新たな能力の獲得過程が付随している。

一方でこの時期はシマの拡張がある種の危機感を生み、凝縮しようとする逆向きの作用が生まれている。「辺野古開発合資会社」の設立は、旧来からのシマの住民の利益擁護という最もデリケートな課題への対応として生まれた、シマの収縮作用の一つの典型である。また歓楽街を控えた基地被害から子どもを守るべく、教育隣組が組織されていることも同様の作用といえる。

ベトナム戦争の終結から生じた停滞期には拡張の圧力は緩むが、その反作用から収縮に向かう力が強まり、辺野古芸能保存会の結成や「南ヌ島」の復活などの、伝統への回帰が生じている。さらにヘリポート基地の建設問題が発生した変動期に入ると、辺野古区のシマへの拡張圧力は再び強まり区内の世論の分裂を生む。その結果、「命を守る会」のようなシマを縛る力に抗して自分の意見を公然と表明するような動きが、分裂の一つの作用として新たに生成してくる。しかしながらシマ内部に分裂を引き起こす拡張の圧力の増大にも関わらず、アブシバレーへの反対派住民の参加のようにシマをまとめようとする収縮の作用は依然として存在している。こうした矛盾した動きは、ピノーの和解論に従えば、拡張への力が増大した分収縮への力も増すという、相互作用の中で生まれるシマの「和解」のダイナミズムの強まりを示しているということができる。

ところで、ヘリポート基地問題は、シマ社会に市、県、企業、団体、米軍、国、米国、安保条約、アジアなどのような、利害の異なるさまざまな枠組みを押しつける外圧として作用している。それではこのような圧力、影響力はシマ社会にどのような地域課題として受け止められ、そこにどのような解決への動きが生成したのだろうか。そしてその結果としてシマはどのような「成果」を得たのだろうか。さらにはその「成果」は、どのように「和解」の結果としてシマ社会に受容されたのだろうか。次にこの点を検討しよう。

シマの「発展」という理解

辺野古区の戦後史は、米軍基地の建設に伴う地域の「発展」によって特徴づけられている。基地建設の受け入れに際して一定のいきさつがあったことはすでに示した通りだが、「和解」の過程としてはシマがその成果を受容している点がより重要である。『邊野古誌』は、基地建設に伴うニュータウン建設、運営に関して、「軍用地契約以降は基地経済をバックにした社会資本の整備が急速にすすめられ、中でも都市計画事業は基地の街として新たな発展を見る一大事業として施工され、行政と住民が一丸となって協力し完成したものである」と記述している。[14]

ここで「行政と住民が一丸となって協力し完成した」と述べられているのは、現実的には基地建設の途上に「軍命」によって工事が一時中断するという事態が生じ、すでに商売や貸家建築などで借金を抱えていた住民の間に不安や動揺が広がったために、区の行政も対応に迫られたという事実を指す。『邊野古誌』は二度の工事の停止が、「住民を一喜一憂させた」と指摘している。[15] このような米軍基地の存在に肯定的に向かおうとする集合的意識の存在は、基地建設反対から条件闘争への方向転換ののち、シマが地域に出現した米軍基地への具体的対応を通して、次第に「基地の街」としてのアイデンティティを作り上げていく過程を説明するだろう。その結果得られたものが「新たな発展」なのである。それは基地建設という地域課題の解決への取り組みの中で得た、学習の成果でもあった。

シマの「発展」に関わる住民の学びは、このような同一地域内での基地建設という政治的課題をきっかけにした、都市計画や経済活動による地域課題の解決として展開した。この中には「軍作業」という、雇用の場の確保も含まれている。字誌はこの変化をシマの経済基盤が、「山依存から基地経済へ移行する大きな転換期」になったと分析している。[16]

字誌をさらに詳しく検討してみると、「発展」という理解はシマに通う乗合バスの本数や銀行支店の出店などという、シマのインフラ整備によっても裏打ちされている。区は基地建設に合わせて、バス会社に対して１日４便のバスの運行を10便にするよう求めているのである。また、土地の使用契約が始まり賃貸料や地上物件保障費が支払われるのに合わせて、銀行の出張所が開設されている。こうした都市的施設が、シマの「発展」を明示的に示すことは明らかである。「発展」は後背斜面の自然の変化を含めた、シマの景観の変化として人々に伝わったものと考えられる。

また「発展」という課題意識は「停滞」との関係でも新たな対応を生み、その意識の強化や新たな「和解」を生んでいる。ベトナム戦争の終結と本土復帰に伴って、辺野古区の繁栄は停滞に向かった。その中で「発展」はとりわけ銀行支店の閉鎖や特飲街の衰退などの、景観の負の変化として人々の前に立ち現れる。「発展」を成果として受容してつくられた集合的意識にとって、「停滞」はかつての栄光に懐かしさを感じさせ、さらには復活させたいという新たな意識が醸成される基盤として作用している。今日の新基地建設をめぐる辺野古区の動きには、このような「停滞」を意味する景観を再びかつての繁栄へと転じたいという住民の願望が現れているのである。

しかし「停滞」は、このような負の意味世界を構成しているだけではない。「発展」の理解は一枚岩ではなく、矛盾したものであった。「停滞」はその矛盾の存在を、表面に表すものであったと言える。『邊野古誌』は「社会教育関連施設」に関する部分で公民館建設の理由に言及し、「新開地造成以後の一九六〇年代から急速に進む商業都市化傾向で発展途上にあるものの、経済中心的な住民意識の裏では教育環境や生活環境の変化も著しく進み、字行政にとってもこうした社会環境の変化は深刻な問題であり、対処して取り組まなければならない重大な課題であった」と記している[17]。

このように、「発展」の成果として受容した「商業都市化傾向」は「深刻」な「社会環境の変化」として問題視せざるを得ない側面をもち、それへの「対処」を余儀なくさせる事柄であったのである。この「対処」は、外からのシマを拡張させる圧力に抗する力なのか、さらに拡張を調整しようとする力なのか。この点を考える上で、次のような字誌の記述は注目に値する。[18]

「本土復帰以降は基地政策の見直しや経済変動などのあおりを受け、基地経済も著しく衰退し基地依存からの脱却を図らなければならなかった。爾来字行政としては漁港建設や農業用ダムの建設、土地改良事業等の導入を図り一次産業の育成に努めるなど、新たな産業振興、開発も進め、基地温存型からの経済脱皮を図る転換期を迎えようとしている。」

つまり「対処」は、公民館など教育文化施設の充実と並んで基地依存の見直しという、「新たな産業振興、開発……、基地温存型からの経済脱皮」を意味したのである。

このような「発展」という地域課題の解決に関わる学びは、概括すればシマの近代的、資本主義的な価値の受容ということができるだろう。すでに指摘したように、宅地開発事業やその後の土地の管理においては資金の確保や運用において、すぐれて経営的な管理能力が求められた。また基地に隣接した歓楽街との関係においても、日常的なトラブルの解決において一定の管理能力が求められた。これらは戦前のシマの内法や戦後の内規が予定した、閉じられた共同体内の人間関係を統括することとは異質な、別の力能の獲得を求めるものである。都市計画の当事者はシマの一部の人間ではあっても、工事が停止した時のシマの住民の「一喜一憂」のように、計画の実施は大勢の関係者を巻き込む問題であったことは既に見たとおりである。意識の近代化は一部の計画担当者だけのものではなく、シマ社会を巻き込んだ集合的な意識形成の問題であったのである。具体的な「基地依存からの脱出」の過程として進んだのは、公園の造成や港湾の整備など新たな区独自の地域開発計画の推進である。これはシマを収縮させる力の作用といえるが、のちに述べる伝統を基盤とした収縮ではなく、外への拡張の反作用としての凝縮であったために近代的な様相をもっており、規模の大きな景観の変化を想定している点に注目する必要があるだろう。

しかし凝縮作用との関係でさらに注目したいのは、このようなシマ社会の資本主義化および近代化のプロセスが、欧米や日本「本土」でのように、裸になった「個」の形成やバランスを欠いた近代的社会システムの突出という形では進まなかったという事実である。新しい住民の流入を受けて、旧来からの住民の利害の保持を目的とした「辺野古開発合資会社」が組織されたことは、古い共同体の防衛策として注目されることはすでに触れた通りである。

「発展」という意識形成の過程に関する検討の最後に、意思決定のプロセスに関わる問題に触れておきたい。とくに重要なのは、「有志会」という組織である。辺野古区では現在でも米軍基地建設問題が持ち上がった当初の、条件闘争への転換が「先輩達の英知」として語り継がれている。これも「発展」の成果の受容という「和解」の具体的な現出といえるが、ここでいう「先輩達」とは、現在は「行政委員会」と名称変更された「有志会」メンバーを指している。この組織は、大正期から区長とともにシマの意思決定に強い影響力を保ってきた。その影響力の強さは、戦前、各字一人を割り当てられた村議会員を推薦する役割を負っていたことにも現れている。しかも戦前の「有志会」は、一部の権力者によって支配されていた。『邊野古誌』は当時の行政の運営が、「少数の権力者に主導されていたといわれ、区長や役員選任、重要事項の決議等でも有志会主導のワンマン体制が施されていた」と指摘している[19]。

平恒次は国頭村奥区の事例に則しながら、シマ社会の後進性が広い世界の存在を知り理想主義の立場に立つ青年達との間に緊張を生む中で、年長者は共同体としての統制を保つために「青年の恣意を抑制し、青年達の志向のテンポを自分たちのそれに合わせる様に教育を行わなければならない」と述べ、「かような青年は部落の共同体的組織の存続にとっては無用であり、理想と浪漫、冒険と情熱の青春を経験したいと念願する若人達は部落を去らなければならない」と指摘している。[20]「先輩達の英知」というオマージュは「有志会」を中心とした、このような共同体的な縛りへの内的な同意なのである。したがって内に向かう凝縮力は、こうした縛りとしても作用することに注目しておく必要がある。それは「ソフトレジスタンス」論において松田らが指摘していた、「抵抗性」と並ぶ「抑圧性」という問題の存在を代表する事柄である。

米軍基地との共存

三つ目に米軍基地との共存という「和解」の成立に、目を向ける必要がある。すでに見てきたように、集落に米軍基地が隣接することになったことによって、シマ社会は否応なしにそれへの対応を迫られることになった。キャンプシュワーブの受け入れに方向を転じ条件闘争を選択したことは、辺野古区が基地に頼った「外発的」発展を「内発的」に選択したことを意味する。その結果としてシマは、米軍基地の存在から派生するさまざまの問題を自ら引き受け、解決する努力を続けることになったのである。先に見た「発展」も、土地の提供にあたっての接収地の地料交渉を皮切りに、基地建設予定地から学校を外す交渉、水や電力の確保の他、辺野古開発会社の設立、風俗営業に関わるトラブルの解決など、文字どおりに地域課題となって表れる米軍基地の存在と向き合う中で獲得されたものである。

基地とシマはゲートや有刺鉄線によって文字どおりに区切られているが、同じ地域の土地や水源を利用するという関係でいわば運命共同体の関係にある。加えて軍作業や基地から出る残飯の処理を請け負う開発会社、風俗店の営業などの経済的な利害によって、シマは基地に密接に結びつけられている。『邊野古誌』の記述および区行政の関係者への聞取りから分かるのは、このような米軍との関係の維持にシマが相当の努力を払ってきたという事実である。一九五七年に当時の久志村との間に設立された、「琉米親善委員会」はその窓口であった。一九七〇年代以降は、この委員会は米軍基地と辺野古区だけの友好団体へと移行し、今日まで活動が継続されている。『邊野古誌』は双方の親善のための活動事例を紹介した後で、その存在意義を「相互の利益を守り尊重する親善委員会として今日に至り継承されている」とまとめている。

基地建設から得る「成果」への見返りとしてうけとることになったこのような努力は、必然的にその行為を内側から肯定しようとする意識を生む。基地というシマを拡張させる力がシマを凝縮させる力として作用することによって、基地の存在がシマの意識の内側に取り込まれるのである。『邊野古誌』の巻頭の辞は、この点で注目に値する。自ら辺野古区の出身者である監修者の島袋伸三は監修の言葉の末尾において、辺野古区が「島ぐるみ闘争」からひとり離れて基地受け入れに転じた折、周囲から厳しい非難を受けた経験を記したあとで、「1993年9月移民調査でロスアンゼルス市に滞在中、当時、北米沖縄県人会会長であったジョージ・K・サンキー氏は民政府時代にキャンプ・シュワーブ基地建設の経緯が、他の基地の土地接収とは全く異なったものであったことについて個人的体験を語ってくれた」と記している。

島袋は、語られたサンキー氏の「個人的体験」が何であったのかを示していないから、この文章の意味は必ずしも明確ではない。しかしながら前後の関係から察するとこの文章は基地受け入れというシマの判断が、島ぐるみ闘争の激しかった当時には執筆者を厳しい批判に曝し苦しませたものの、結果的に当地では他の地域で起きたような土地接収時の紛争が回避されたことが高く評価されていることを知り、その好判断を改めて評価し直そうとする意味を含んでいるものと判断できる。監修の立場にあった者の言葉ではあるが、当時の判断を肯定しようとするこのような意識は、シマ社会に共有されているものと考えられる。

その根拠として、すでに触れたように筆者による戦後の辺野古区関連の新聞記事の調査では、米兵や基地関連の事件が多発していることが確認されるにもかかわらず、『邊野古誌』がそのことにあまり注意を払っていないことに注目してみたい。『邊野古誌』は基地の存在を正面から取り上げ、その機能について詳細に記述している点で数多い字誌の中では希少な例に属する。またその中には、基地内に原因をもつ赤土汚染などの記述があるから、基地被害を全く無視しているとはいえないものの、編集方針として基地の存在から受ける負の影響は極力小さく扱おうとしていることは明らかである。後世に残すべきシマの「正史」に、汚点となるような事柄を書き入れないでおこうとする配慮は理解できるが、基地との親善が強調されていることとの関連で考えれば、このような基地被害の扱いは基地建設の受入れに転じたことによって生じた、シマ社会の集団的意識変化の一部を表していると見ることができる。それは琉米親善という行政的枠組みの中で生じた、「和解」ないしは「妥協」の形を表すだろう。

さらに区が自ら計画して進めた集落後方斜面に造成された新しい町に、この事業を支援した米軍側の担当課長アップル少佐にちなんで、アップルタウンと命名していることも米軍基地へ向かう内的な意識の変化、「和解」を示す事柄ということができよう。

琉米親善委員会についての評価でも見たように、辺野古区には「基地とは、うまくやってきた」という意識が強く存在する。それはシマが払った努力の、「成果」の確認ないしはその重要性を意味する。しかしこの「成果」は本来、基地建設の強要という「外発性」に縛られた「内発性」の範囲内に留まるというべきである。

米軍基地の存在は、シマという小地域の手ではどうにも動かしがたい現実である。そのような現実を前に、「うまくやる」ことはすぐれて現実的な選択なのだろう。しかしそこには、基地を地域課題として問題化することを阻害する、何らかの閉塞要因が存在したのではなかろうか。外発的な強制力が働く条件においては、内発的な要求があっても、それは外在的な条件によって抑圧され発展を遮断される。この意味では直接的で暴力的な権力の行使はなかったとしても、「基地とうまくやる」という親米的なシマの意識はやはり歪曲され疎外された形態であるというべきである。

基地によって「繁栄」を図るというメンタリティーは、必ずしも辺野古区のみに限られるものではない。米軍に土地を接収された他の自治体の集落の聞取り調査においても、「基地は産業」という発言を耳にする。接収された山林は放っておけば一文にもならない土地であるが、基地であることによってお金を生む土地に変わるという意味である。こうした意識は今日の沖縄に幅広く存在し、「沖縄イニシアチブ」[21]などのイデオロギーを醸成する基になっていると考えられる。またこうした意識は沖縄に限られるものではなく、日本「本土」にも存在する。とりわけ二〇一一年三月十一日の福島第一原発の破壊と放射能漏れ事故の後でもなお、原子力発電所建設を容認しさらに推し進めようとする世論が存在すること、とりわけ原発を積極的に容認しようとする政治家や自治体の判断が存在することには、同様のメンタリティーが作用しているといわなければならない。

しかしながら、ヘリコプター基地の建設計画以降今日に至るまでの間、先に触れたようにシマ社会の中に明確に反対の意見を表明する住民グループが現れたことは、注目すべき事柄である。「命を守る会」のメンバーの中には、言いたいことを発言できないという状況がシマの暮らしに生まれる中で、あえて「いいたいことを、正々堂々と発言しよう」という意識が形成されているのである。

共同性の再生と創造

最後は地域の伝統文化を基盤にした、共同性の再生と創造に関わる「和解」についてである。すでに見たように辺野古区の「停滞期」には、伝統芸能の保存会が結成され「南ヌ島」という一度途絶えた村踊りの演目が復活するという、シマの伝統を基盤とした内に向かう収縮力の作用が見られる。この作用はこれに先立つ「発展期」における、「七月踊り」の中断という拡張作用を受けた後の変化として生じている。「ハレ」の部分として展開する伝統行事が中断するという事実は、シマ社会全体の「ケ」の部分での伝統的生活慣習が全体的に弱体化したことを表すだろう。こうした変化を惹起したのは外側からシマに及ぶ拡張の力であるが、その作用が改めて伝統を基盤とした内に向かう凝縮の力を呼び起こしている。「発展期」から「停滞期」への展開は、単純なマイナスではなくプラスの要素を含んでいるのである。それは発展期に生じた伝統の衰退という事実を踏まえた、シマ社会の新たな「和解」ということができるだろう。

ところで途絶えた伝統を復活させる作用は、どこから生まれるのだろうか。『邊野古誌』には、「しばしば七月踊りは途切れるようになり、本土復帰前の昭和四十六年数年ぶりに復活した。……こうした時代の流れの中でシマの伝統芸能に憂慮した」M氏らが結成したとのみ記されている。[22] しかしこれを「七月ウドイ演目」の項に示された、「戦後消滅した雑踊り」の一覧と重ねて考えてみると、「憂慮」の対象はシマの伝統が消えていくことであるという理解が成り立つ。ただしその意味を、単なる「懐かしさ」だけに求めてよいかどうかは疑問とすべきである。なぜならばここでの視点においている「和解」は、何らかの創造的な要素の存在を予定しているからである。外からの影響力の作用としての拡張を受けた、内に向かう収縮が生む創造とは何であろうか。

ここで改めて、すでに紹介してきたソフトレジスタンスという視点に立って、上記の変化を米軍基地との隣接という辺野古区の置かれた政治的、社会的イッシューの下に位置づけなおしてみよう。ソフトレジスタンス論は政治的力に圧倒的な差があるという条件下で、抑圧を受ける側が正面切っての抵抗を組織することができない場合でも、意識せずとも人々の生活の中に抵抗の意味が見出され得ることに注目しようとする。このような観点に立てば、ここでの拡張に対する収縮のもつ意味が創造的なものであることが理解できよう。

筆者の推測に留まるが、一般に基地との共存を強いられる地域において、住民の中に基地に対する何らかの疑問や反発が全く存在しないとは考え難い。辺野古区の場合そうした気分は、ヘリコプター基地建設の問題をきっかけにした「命を守る会」の結成などによって、ようやく明示的な形を取るにいたったといえる。しかしそれ以前にも、同様の意識は存在したはずである。ここでの問題意識は、それを抵抗（レジスタンス）というより積極的な意味世界として、理解し直そうとすることである。

たとえば多くの字誌に共通する、次のようなシマの成り立ちについての『邊野古誌』の記述も、米軍基地に隣接するという政治的イッシューと結びつけてみれば、単なるノスタルジー以上の意味を構成していると考えることができる。[23]

「こうした地理的条件に加え、風水害から村を守り魔物の侵入を防ぎ、悪魔を返すといわれる村落のフンシー（風水）も存立し、小湾中央に在るトングヮ（岩島）や沖合の干瀬上に隆起したマナヌ（岩石）と周辺の抱護林などが風水思想による魔除けとして伝承されている。このように立地的にも恵まれ風水思想を取り入れ、地層的にも好条件を満たす村落共同体の中で、社会生活を営む人々によって漸次発展させられてきた。」（カッコ内は原文）

このように、筆者には理解できない一つ一つの地名や自然環境の名前を上げつらう行為は、何を意味するのだろうか。この文章はシマの立地条件としてのそれらの意味に言及しながら、風水思想にもかなった先人の知恵への称賛と感謝を表している。しかしその自然や伝統は、今日の新基地建設問題の中で、まさに破壊、消滅の危機に瀕している。『邊野古誌』の記事は、丹念な伝承者への聞取りを基に綴られたものである。過去の経験の振り返りを基に、語り手と聞き手の共同作業によって再構築された集合的な意味世界がシマの存立の根拠を明らかにすればするほど、その消滅がもつ反‐意味の世界も明確にされる。それは単なるノスタルジーとは異なる意味世界を構成しているというべきではなかろうか。このような見方をすると、次の林業に関する記述にも同様の意味を見出すことができる[24]。

「こうした辺野古の林産業も一九六〇年代前半になると、基地機能が活発化するにつれ、演習場区域への立ち入りも制限され、経済も基地依存を中心にした商業や雇用型へと移り、さらに社会経済の発展によって燃料供給も石油類に変り薪炭材の需要もなくなり、古く長きにわたりシマ（字）の先人たちから関わってきた、あの広大な森林とも、この基地という時代の産物を機に林業の歴史を閉じることになった。」（カッコ内は原文）

ここでは「あの広大な森林」という、共有された知識を前提にした記述に注目したい。ここで確認されているのは、「古く長きにわたりシマ（字）の先人たち」から伝えられてきた「林業の歴史」を閉じる原因が、「薪炭材の需要」の消滅であること、そして「この基地という時代の産物」の出現なのである。確かにここには、明確な抵抗を意味する文言は書かれていない。しかし「広大な森林」との関係を切った要因としての「基地」という集合意識には、喪失の事実確認とともに「演習場区域への立ち入り」が制限されることへの不満や不合理感が含まれている。それらは柔らかい抵抗の気分である。

ところでソフトレジスタンスは、当事者が意識しない民族学的意味として注目されている。しかし集合的な主体形成というここでの関心からは、それはさらに抵抗への契機を含む主体形成の一部と捉え得る。こうした明確な抵抗を表現する集合的行為は、「命を守る会」の結成である。それでは、そのような抵抗の主体を形成した要因は、何なのだろうか。

この点に関して筆者らが行った「命を守る会」での聞取りでは、高齢者を中心に沖縄戦の体験から生まれる戦争や基地に対する拒否や批判の意識、若者だった頃に魚や貝を採った目の前の「青春の海」が無くなることへの寂しさと、それが子や孫の代には失われることへの危機感、さらにはジュゴンへの共感というその奥底にある生命への賛歌や、眠れなくなることへの不安などが語られた[25]。これは、「いいたいことを、正々堂々と発言しよう」という彼らの意識が必ずしも政治学や社会科学などの、客観的で系統だって整理された知識を基に形成されているのではないということを意味する。

すでに指摘してきたように辺野古区には新基地建設に絡んで、シマの外からの多種多様な働きかけが及んでいる。賛成、反対ともに繰り返される講習会や集会、イベントなどは、シマの住民にとって系統立った政治的知識ないしは社会科学的な知識の学習の場を意味する。しかし「命を守る会」の高齢者による反対の意思には、こうした系統立った知識は主要な役割を果たしていない。客観的な知識が、抵抗への意思を生み出しているわけではないのである。

さらに聞取り調査では、すでに触れたように当時の海上基地建設問題をめぐって生じたシマの世論が二分する事態への、悲しみやそれを回避しようとする意志が表明されている。シマが分裂する中でアブシバレーなどの伝統行事には、座り込みをする反対派住民も参加しているのである。このような伝統を基盤としたシマの収縮力の作用は、抵抗が激しい力と力のぶつかり合いに陥ることを緩和しながら、別の抵抗のあり方を探そうとする努力と見ることができる。彼らが依拠するのは、すべての住民が共有する手触りの世界である。それは、先の「あの広大な森林」という感覚と繋がっている。こうしたソフトなレジスタンスは、今日の新基地建設の問題の中でも維持され作用しているものと考えることができる。

ところで松田らは「抵抗性」と並んで「抑圧性」を、ソフトレジスタンスの重要な要素に挙げている。ここで取り上げたような、シマの日常の暮らしや字誌の記述の中に「抵抗」を見出そうとする試みは、内に向かう収縮力による「抑圧」を同時に生じさせるアンビバレントな作用なのである。実際にこのような作用は、民主党への政権交代によって新基地の建設計画が白紙に戻る中で行政委員会が下した、条件闘争への方向転換決議などの動きに顕著に現れているということができるだろう。[26] 内に向かう収縮作用が区の行政委員会決議という擬制を介して、外向けにシマの集合的意思を表明させているのである。

こうした力は新基地問題に限らず、区行政という自治体の末端事務を取り扱うシマの機能として、それまでの辺野古区の歴史的展開過程には常に作用していたものと考えられる。それは言いかえれば、シマの世論をまとめる力である。またその力は一つのシマを他のシマとの関係で捉え、そこに当該のシマを意識しようとする作用でもある。「抑圧性」はシマの外との関係で、内的に獲得されるのである。第2章の整理で触れた岡本恵徳の自覚したシマの課題が、ここには再現されている。この作用は、シマの内側での一体性を壊す諸要素の存立と基本的に矛盾し、シマ社会を多様なものとして理解することを妨げる。本章で取上げた「抵抗性」は、こうした単一化された見方に対する新たな観点の提示を意味するといわなければならない。


【注】

1　辺野古誌編纂委員会『邊野古誌』（一九九八）755頁。全体の章建ては、「総説」（第1章）、「地名と屋号」（第2

章）、「歴史」（第3章）、「戦前の村と生活」（第4章）、「村の生業」（第5章）、「交通・通信」（第6章）、「拝所と年中行事」（第7章）、「人生儀礼」（第8章）、「衣食住」（第9章）、「教育」（第10章）、「美謝川屋取」（第11章）、「移民と出稼ぎ」（第12章）、「戦争と辺野古」（第13章）、「戦後の自治」（第14章）、「基地と辺野古」（第15章）、「伝統芸能」（第16章）、「遊びと俚言」（第17章）、「辺野古の名所・旧跡」（第18章）、「辺野古の人物誌」（第19章）、「辺野古の方言集」（第20章）、「辺野古総合歴史年表」（第21章）の21章である。

2　『邊野古誌』同右書　58頁。ただし一部省略等の手を加えてある。

3　一九六九年以前は『邊野古誌』同右　57頁。一九七〇年以降は、名護市市民課調べの資料による。

4　『邊野古誌』はベトナム戦争当時の昭和30年代後期の最盛期の人口は、未登録を入れると２９００～３０００人であったとしている。『邊野古誌』同右　56頁。

5　奥野彦太郎『南東村内法』（一九五二）前出　１５１～１５７頁。

6　『邊野古誌』同右書　１７７～１８１頁。

7　同右　５７７～５８１頁。

8　辺野古区に直接関わる資料は確認できないが、国頭地方を含む旧内法には「間切会」の下に「村会」が規定されており、「掟、頭並筑登之座敷以上ノ位ヲ有スル者及ヒ地人戸主惣員」を会員とし、「掟、頭ニ於テ事ノ重大ニシテ実行シ難シト認ルトキハ会員ニ協議スルカ又ハ専断ヲ以テ変更又ハ取消サシムルコトアリ」と規定されている。また、その会場には「村屋ヲ以テ之ニ充ツ」とされている（琉球政府編『沖縄県史21―旧慣調査資料』一九六八　１３９頁）。

9　「シンカ（臣下）」とは「仲間」の意味。

10　『邊野古誌』は自らの気質を「他人の力を借りず、自分の力で生きていく」ことを意味する、「ヒヌク・クンジョウ（根性）」と説明している（同右書　55頁）。

11　『邊野古誌』同右　606頁。
12　一九五九年の久志村の追加予算、14万420$のうち、7万8654$（56%）が軍用地料である。
13　石川真生『沖縄海上ヘリ基地―拒否と誘致に揺れる町』高文研　一九九八　167頁。
14　『邊野古誌』同右書　587頁。
15　同右　636頁。
16　同右　636頁。
17　同右　613頁。
18　同右　587頁。
19　同右　182頁。なお筆者らの聞取り調査では、伝統的に有力者層を形成していたのは「旧間切役人（掟・ウッチ）」「財産家」「神人」の三家族であるという証言を得ている。
20　平恒次『琉球村落の研究』前出　36頁。
21　高良倉吉、大城常夫、真栄城守定『沖縄イニシアティブ』ひるぎ社　二〇〇〇。
22　『邊野古誌』同右書　650～651頁。
23　同右　52頁。
24　同右　267頁。
25　「守る会」での聞取り（一九九九年七月六日）では、「若い世代は、贅沢を願っている」「金の世の中になった」「（青年団などの活動を）金をやらないとやらなくなった」「貧乏の方が良かった」「基地はない方が良かった」「親米は度が過ぎ得る」などの発言を得ている。
26　「反対封じ条件闘争―容認決議急いだ区行政委（続飴と鞭の構図1）」『沖縄タイムス』二〇一〇年七月十六日。

第5章

字誌づくりの意味世界

――エスノメソドロジー的解釈の試み――

第１節

問題としての字誌づくり

本章で扱う字誌は前章の地域課題という、個の存在を介さず捉えられる集合的な意識の層に比して、個人の物語を手がかりとする点でより深い層に位置している。ここでは初めにこの層の「学びの意味」を明らかにするための手続きとして、字誌に関する教育論的な観点を整理し、次に調査に基づくその意味世界の解釈を提示する。

字誌の概観

字誌は字ないしは区が独自に編集、刊行する地域誌を指す。字誌には集落の歴史や地質、小地名、方言、習俗など、シマの成り立ちに関する多彩な記述が収録されており、厚いものは１０００頁を超える。[1]沖縄の中北部を中心に展開してきた字誌づくりの動きは、現在沖縄本島全体および先島にも広がりつつある。この運動に深く関わり、いわば黒子としての役割を果たしてきた中村誠司によると、種々の記念誌類を含めた広義の「字誌等」の数は、二〇〇〇年現在で５００点を超えるだろうという。[2]

この活動が社会教育の観点から注目されるのは、企画から資料の収集、刊行に至る過程のすべてが、基本的に素人と呼ぶべき一般住民の手によるからである。[3]類似の活動は「本土」にも存在するが、数は限られる。また戦争体験の位置づけにおいて、沖縄の字誌は際立った特徴をもっている。中村の指摘の通り、字誌づくりは沖縄に特徴的に見られる現象であるということができるだろう。

編集の過程は以下に詳しく見るように、基本的には一般の市町村史あるいは一般の本の編集と同様である。違うのは出版計画を立てて実行するのが「区」という自治的な住民組織であり、その編集と執筆に当たるのが一般の住民であるという点である。とくに注目されるのは、小地名や方言、神事、通過儀礼、移民、出稼ぎ、戦争体験などの身近な項目が、編集委員による古老や経験者への聞取り調査に基づいて、記述されることが多いことである。

字誌づくりの社会教育的意義

字誌づくりがもつ教育的、社会教育的意義については中村誠司がすでに「字の事業として、素人集団の分担と共同で取り組む字誌づくりは、個人にとっては生きがいを持って地域を再発見し学習し伝達する仕事である。個人の生涯学習と生きがいづくりが、字誌においてさりげなく実現されている」と指摘している。[4]

また中村と同様、名護市天仁屋・底仁屋区の字誌づくりを自ら支えてきた島袋正敏も公民館とのかかわりで、「字誌づくりはまさに楽しく世代を超えて取り組める活動である。そこから世代間の交流が生まれ個人が内側から肥えて活性していくのである。これもまたまぎれもなく公民館活動が取り組む新しい活動であり、自らの地域発見と評価、そして地域おこしの動きとしてみていく必要があろう」と述べている。[5]

住民との直接的な関わりを保ちながら字誌づくりを支えてきた二人の指摘は、実践に最も近接した位置からの評価として注目すべきものである。しかしあえて言えば、中村の言う「個人の生涯学習と生きがいづくりが、字誌においてさりげなく実現されている」という場合の「生涯学習と生きがいづくり」とは何であり、またどのような意味をもつものなのかは必ずしも明らかではない。また島袋の言う「そこから世代間の交流が生まれ個人が内側から肥えて活性していく」という場合の、「世代間の交流」と「個人が内側から肥えて活性する」とはどのようなことを指すのかという点も、同様である。

それでは中村、島袋のいわば感覚的な理解を受けて、字誌の教育的意味をどのような方法によって、どのように理解したらいいのであろうか。本章はこの課題に応えるべく、エスノメソドロジー的観点から字誌の意味世界を一つの解釈として示す試みを提示する。

すでに述べてきたように、一般にエスノメソドロジーやライフヒストリーのような質的な研究方法は、事実の量的把握を基にした科学主義的アプローチに限界を見出し、対象のもつ複雑性に改めて着目するとともに、研究者自らが対象の中に入り込み「メンバーシップ」を得ることを通じて、その意味世界を内側から記述し一つの解釈として提示することを目指す方法である[6]。字誌づくりは、活動の基盤となるシマ社会のさまざまな生活的諸実践と密接に結びついており、まさに複雑な現象といわなければならない。

ところでブルーマーは『シンボリック相互作用論』の中で、この観点に立つ研究においてもなお不可欠な「科学的探究の極めて重要な部分」を列挙した項目の第一に、「研究されている経験世界について、あらかじめ像または図式をもち、それを使用すること」を挙げている[7]。構成主義的な方法をとる場合においても、一定の前提的理論枠組みが必要なのである。この指摘を受けて、ここでも次に字誌の意味世界に迫る理論的な枠組み（像または図）を整理しておこう。ただしこれらは実証の対象ではなく、資料の集約と分析の過程で解体ないしは修正の対象となるべき前提的な枠組みである。

第2節　字誌づくりの過程と課題

字誌づくりは集落がそれぞれの事情から取り組みを始めるものであるから、基本的には個性的なものである。

しかし現実には、出来上がった一定のパターンが存在する。そこでここでは名護市史編纂所が作成した『字誌づくり入門』（一九八九）に示された刊行の過程を再構成しながら、注目すべき問題点を整理しておきたい。[8]

刊行委員会の設置と編集活動

1　刊行の決定と編集委員会の設置

字誌の重要な特徴は、その刊行が行政委員会等の議決を基に集落の総意として決定されることである。したがって字誌刊行の合意形成の過程には、字誌の刊行に託す住民の集合的意思が集約されるものと考えられる。この点を質すことは、住民はなぜ現在、シマというまとまりを問題にするのかを明らかにすることにつながる。その意味は単に沖縄の集落だけに留まらず、社会の管理化の進行や市場原理の浸透、行政の広域化などの変化の中で、集落がもつ意味一般を確かめることになる。

区の決定を踏まえて、次に刊行委員会が設置され編集委員が選ばれる。集落によって違いはあるが、彼らの多くはいわゆる素人であり、住民の一員として集落の意を受けてさまざまな文献を調べ、不分明な点については当事者からの聞取りを行う。編集委員は、いわば集合的な経験の代弁者である。当事者は数多く存在するが、シマの集合的な経験は文献調査や聞取りを通じて編集委員の獲得する知識として集約される。筆者が方言を理解できないという条件を含めて、調査対象となった住民の経験の内奥に入り込むことは困難だが、編集委員を調査対象にすることによって個人の経験を介したシマ社会の集合的な意味世界に迫ることは可能である。

2　資料収集および聞取り調査

編集委員が最初に取り組むのは、シマに関わる文献資料の収集および古老に対する聞取り調査である。この過程は文献資料を探して集め、読むという作業をともなっている。これは編集委員が自らシマの意味を確かめ、確立する過程ということができる。古老への聞取り調査でも同様に、「語り」を介在させたシマの意味の確認が行われるが、この場合には文字へのトランスクリプト作業があるためにより深い理解が生まれるとともに、それまで文字化されてこなかったより固有のシマの意味世界が開示されるものと推測される。このような集合的アイデンティティの確立過程は、フランスのエコミュージアムに関する論議に倣えば、シマの「宝」の発見の過程ということができる。彼らは資料収集の過程において埋もれていた事実を掘り起こしながら、シマの意味を発見し再構築するのである。それがどのような意味世界を構成しているのかは、本章で検討すべき重要な課題である。

ところで「宝」の発見というシマの個別性への関心は同時に、沖縄全体のアイデンティティ構築ともつながっているものと思われる。沖縄には、「全島獅子舞フェスティバル」や「沖縄全島エイサー祭り」のような全県的な取り組みや、「本部町エイサー祭り」のような自治体を単位とする地域的な取り組みも存在する。字誌が主張する個性（「宝」）はシマの内側に向けた秘蔵の対象にもなれば、外に向けた誇示の対象にもなる。それはシマの内と外を結ぶ、アンビバレントな結節点である。同一の取り組みの中に異同を見出すことが、かえって個別の中に沖縄文化全体としての共通性を見出させるのである。

このように、シマという最小の単位から積み上がって形成される沖縄のアイデンティティとして重要なのは、沖縄戦の体験だろう。字誌に類する町内会や自治会などの小集落の歴史を綴った出版物は、数は多くないものの「本土」にも存在する。[9] しかしそれらと沖縄の字誌が決定的に異なっているのは、戦争体験に関する記述の内容およびその豊かさである。「本土」の地域誌における戦争体験の記述が、空襲の被害や戦死した家族の悲しみを通して戦争の悲惨さを記録しようとしているのに対して、字誌は戦場となった沖縄で経験した住民の直接の戦争体験を収録している。沖縄戦の体験記録は一般の書物や県史、市町村史などの形で収集公開が進んでいるが、その中で字誌が収録する戦争体験記録の固有の意味を明らかにすることは、重要な課題である。

3　資料の整理、章立て、執筆作業

資料の整理から執筆にいたる過程は、資料収集の過程での編集者の経験や発見を理論化し一般化する過程である。執筆の過程ではシマに関わる事実が論議され、固有性を軸にした整理に基づく内容の選定が行われる。しかしこの内容の確定作業では、執筆者一人一人の事実に対する判断が議論の中で明らかにされ交流されることによって、集団としての理解が確立されていくものと思われる。

自らも二種類の楚辺誌を編集した比嘉豊光は、古老たちにシマの方言で自分の戦争体験を語ってもらい、それを写真とビデオで記録するという職業写真家としての独自の取り組みを総括して、次のように述べている。[10]

「戦後60年、県内各地の公民館や老人会などに呼び掛け、戦争体験をその村の島クトゥバで語ってもらい、それを映像と写真で記録する活動を行った。なるべく多くの方々に参加してもらい、お互い身近な人々の関係で島クトゥバを語り、聞き合う方法で撮影した。それは、証言者同士がその島共同体の戦争の記録として共有化できるという、感動的な出来事であった。」

この証言は、古老たちの語りを収録する聞取り調査がもつ、経験の共有というもう一つの機能の存在を示唆している。聞取り調査による資料収集の過程で、このような共感の場がどのように生まれまた機能しているのかは、重要な検討課題になるだろう。

このような自己のシマの意味の確定はより具体的には、章立てや執筆作業として具体化される。中でも章立ては、編集委員が内外の住民に向けてシマの意味を提示し共有するための枠組みであり、またパースペクティヴである。メジローが言うようにこの意味の枠組みは、シマという集合的な主体に対して過去の経験を基に現在を枠づけるとともに、過去から現在に光を照射することによってその未来を前方に映し出す作用をもつはずである。

集落行政の正式な決定を待って編集される字誌は、いわば公的な取り組みである。したがって書き手は個人ではあっても、集落という集団としての立場に表現は規制される。しかしながら文章表現には個性がともない、事実認識の個別性も存在している。これは字誌の編集過程で、何が選ばれ何が外されるのかを明らかにする必要を示唆するだろう。原稿執筆の過程には、このように外的な枠組みが個人に内在化され、内なる規範として表現を縛るものと推測される。この個人の表現性と集団的な規制を整理しつつ、当事者の中にどのようなシマの意味の発見が成り立っていくのかを明らかにすることが、本章の課題である。

4　刊行と配布

言うまでもなく字誌の刊行は、編集作業の完了を意味する。しかし、字誌づくりの完成とは何だろうか。出版というこの最終の過程には、字誌づくりの意味が集約されるように思われる。字誌の刊行は、編集の過程で発見されたシマの意味世界がシマ内外の読者に公開され、集団によって共有、確認される過程である。完成した字誌がどのように受け止められるかは、このような取り組みの社会的な意味を代表するはずである。

受け手はシマの内と外に存在する。まずシマの住民によって読まれるということは、編集者が発見した意味がシマの内部で共有される過程を表すだろう。ここではとりわけ世代を超えた、経験の継続という観点が重要になる。一方、字誌が刊行されるということは、本という形に仕上がったシマの集合的な経験や形象化された意味世界が、集落を超えたより広い世界の目に晒される条件の成立を意味する。批評とまではいかなくとも、字誌づくりに関心をもつ他の集落からは、その内容や仕上がりに対する注目が集まることが予想される。これは構築されたシマのアイデンティティが他の集落のそれとぶつかりながら、自らその強さを増す過程と考えることができる。外からの関心を受止めて生まれる集合的な力によって、シマの自己確認が客観化されることは字誌づくりの発展の方向として重要な意味をもつはずである。

第３節　字誌づくり調査の方法

調査方法

以上の関心を基に、編集者の記憶が新しいことを期待して刊行年度が比較的新しい17の字誌を選び（編集中を含む）、当該の集落を訪ねて調査を実施した。[11] 期間は主に、二〇〇二年から二〇〇六年の間である。これらはすべて沖縄本島にあり、しかも北部に偏っている。これは、新聞紙上に新たに出版が報じられた字誌を中心に訪ね歩いた結果として生じたものである。結果的にこの偏りは、近年の字誌づくりの動きが北部を中心に活発になっていることを示している。

実地調査においては半構成的な方法を用い、あらかじめ用意した10の簡単な質問項目を提示し、調査者が知りたい事柄の範囲をあらかじめ明らかにした上で、質問項目の順番にこだわらず自由な回答を求めた（巻末資料1）。また聞取りにあたっては、字誌づくりに関わった経験だけではなく、その経験が被調査者の人生全体の中でどのような意味をもつのかという、ライフヒストリーとしての観点を重視した。これは被調査者には戸惑いをもって迎えられたが、字誌を「どう作ったのか」や「何を書いたのか」ではなく、「なぜ作るにいたったのか」や「作る過程で何を考えたのか」を重視していることを伝え、協力を求めた。これは回答者の経験を遡りながら、その人の人生の一部に字誌づくりを位置づけることによって、この取り組みがもつ意味を個人の経験の内側から明らかにするためである。

分析方法

調査でのやり取りは録音され、音源はトランスクリプトされテキストとして集積された。テキスト化された資料の分析の過程では、最初にテキストをいったん解体し各フレーズに含まれる「語り」の内容を整理する作業を行い、次に同じ内容のフレーズを集めそれぞれの主題に名辞を与え（カテゴリー）、相互の関係を考察して順序立て再整理した。最後に、こうした整理を基に編集者の語りに基づいた字誌づくりの意味世界を、一つの解釈として記述した。

このような分析の過程は「グラウンディッド・セオリー」と類似しているが、本書の方法論は必ずしも、いわれるところの「グラウンディッド・セオリー」を応用しようとするものではない。メリアムは『質的調査法入門』の中で、「基本的または一般的質的調査法」「エスノグラフィー」「現象学」「グラウンディッド・セオリー」「ケース・スタディ」の五つの方法論を取り上げ区別している。その上で彼女は、これらが共通して、①理解と意味を引きだすことが目標、②調査者がデータ収集と分析の主たる道具、③フィールドワークの活用、④機能的方向性をもった分析、⑤調査結果は十分に記述的という一般的特徴をもっていると指摘している[12]。

上に示したここでの分析の手続きが「グラウンディッド・セオリー」のそれと似てはいても、それはこうした質的研究がもつ一般的な分析過程の特質であることによっているに過ぎない。筆者のここでの方法論は、すでに述べてきたピノーの『人生の創造』やC・シャルロの知識研究、R・バルビエらフランス語圏の研究者による研究方法論によるところが大きい[13]。筆者の関心からは、グラウンディッド・セオリーがもつ「グランド」な理論に対抗した、「グラウンディッド」な理論の構築および意味の定式化という理論の方向は、むしろ違和感を覚える[14]。

この方法論がマニュアル化され過ぎている点も、疑問を感じるところである。

第2章で述べたように共同のライフヒストリー研究としての立場を重視する本研究が、調査の過程で重視するのは、語りの中に現出する（emerger）意味の生成である。調査者は被調査者とのやり取りの中で、語り手の中に生い立ちからの自分の人生への振り返りが生まれ、自己の人生の意味の一部として字誌が位置づけられる過程を、ともに発見しようとする。この場合手掛かりになるのは意味の「形」ではなく、「向き」や「強さ」およびその「内容」である。「語る」という行為は、過去に経験した二つ以上の事実を結びつけようとする行為として成り立つが、この結びつけの過程が必然的に意味の流れを構成する。物語るという行為の中に存在する「向き」や「強さ」という質的な要素に注目し、その方向や強さを判別することが解釈を生むのである。ここではこのような過程を、「意味の発見」と呼んでいる。ちなみに第2章で紹介したピノーの「和解」論では、語りの流れは人間が環境との関係で取り結ぶ相互作用をさらに受容する、能動的な作用として説明されていた。この場合には語りの「方向」や「強さ」は、人間という生命体がもつ根源的な力、いわば「生きる力」として理解されている。

また「意味の発見」は、語りの当事者の中に生じるものであるが、その過程は語りを聞く側からも言葉を介して把握される。聞く側でも、語られている内容を自分の経験を基に、意味づけるという過程が同時進行するのである。このような事実から、人生を物語るという場面には語り手と聞き手の、二つの物語が生まれる。こうした意味の生成過程は、実践的な意味をもつと同時に研究的な意味を合わせもつことになる。つまり語り手には、自らの人生の振り返りと語りを通じて自己の意味の発見にいたる自己形成の過程が生まれ、また研究する側には伴走しながら言葉を介して観察者の立場でその意味の発見に立ち会うという過程が生まれるのである。

本調査研究で重視したのは、このような語りの場そのものの創出であり、分析においてテキストを基にその場に生まれた意味の発見、構築の過程を再現すること、およびそれを解釈として提示することにある。

なお解釈として示す本文でのトランスクリプトされたテキストの引用は、字誌づくりに関わる一般的な意味を表しているものと考えて、字誌に関わる当事者の「言説（discours）」として扱われる。取り上げられる言説は、いずれかの集落のいずれかの（実名をもつ）人物が語ったものだが、ここではその個別の意味を捨象し字誌づくりという全般的な意味世界の要素として扱われることをことわっておきたい。

ちなみにラルース／スイユ社版の『社会学辞典』では、「言説」は「秩序だった検討と分析の対象として位置づけられた、個人または集団によって記述されるか語られる、あらゆる表現を指す専門用語」と説明されている。[15]同辞典はギリシャ哲学以来の伝統として、「言説」が「修辞学的一貫性」を目的にすると説明しながら、その中に真理に向かう要素（ロゴスの世界）とデマゴギーや説得の道具としての要素（ソフィスト）の二面が存在すると述べている。社会学や精神分析学が、言説に隠された意味の探求に向かう理由は、こうした両義性にある。本研究もこの用語を、個別の「語り」がもつ語るテーマ（イッシュー）における一貫性を表すものとして用い、その隠された意味の探求を課題とする。

以上の手続きを踏まえて、ここでの分析及び解釈に用いた字誌づくりの活動がもつ意味世界の再構成に関わるカテゴリー、およびその内容は次の通りである。

①地域の変化
外との交流・新住民／近所づきあい／娯楽／高齢者の意識の変化／子ども／生活条件／年代／若者／共同売店／伝統行事／故郷の変化

②危機意識
若者／年配者の寂しさ／経験の風化／共同売店／家庭教育／行事の衰退／故郷の過疎化

③後世に伝える、子ども
百科事典／新住民のため／素人の取組／余所をまねる／世代としての取組／目的意識はない／ノスタルジー／ダム問題／後世に伝える、子ども／生存者の記録を残す／ルーツをつくる／郷友会
④世代経験の継承
先輩の努力を継承／努力の蓄積／戦争の影響
⑤担い手たち
フリーになって／人生の仕上げ／故郷の再発見／中年世代
⑥シマという価値
先輩が残した文化／人間の生き様として／シマの固有性／未来への資源／土地への責任／集団としての意味
⑦編集の過程
私事の扱い／戦争体験／農民運動への考え／話し始めると止まらない／事実のみ／みんなで判断する／後から出てくる・反響／書き手のいろいろ／親しみやすさ／軋轢／参加／若者
⑧成果
次の企画／自分の発見／経験していたことの再確認／達成感・安堵観／新しいイニシアチブ／低調である
⑨シマの広がり
海外についても調べる／戦前・戦争の話／未来へ／あの世
⑩女性の位置
自分の娘は嫁がせない地域／シマの矛盾の中の嫁／母の体験を学ぶ

第4節

字誌づくりの意味世界

地域の変化

字誌づくりに取り組む当事者がその編集活動に見出している意味の解釈において、最初に注目される事柄はシマ社会への沖縄の都市化の浸透という前提的な事情である。沖縄においても都市化は、すでに一九七〇年代に開始している。[16] その影響はすでに本島北部に及び、近年は伝統的な文化活動によってようやくシマの結合が保たれていることが、社会学的な観点から指摘されている。[17] しかしここで問題にしたいのはこうした客観的な社会変化が、字誌づくりへの動因としてどのようにその当事者に内面化され、どのような意味の世界を形作っているかという点である。

まず地域変化についての認識に関して、「ここ14～15年、他地区からどんどん（人が）入ってこられて」や、「やっぱり人口の増加ですよね。地域のバランスが壊れていく」などのように、地域に変化が起きていることへの基本的な理解が存在している点が注目される。この変化は「よそから来られる方が、区のことを尋ねるんですが、私たち答えることができない」というような、新しい住人との間の新たな課題の出現として理解されている。

こうした地域変化はまた、シマ内の人間関係の変化の自覚とも結びついている。「近所の付き合いが無くなった」や、「年寄り自体がもうあまり昔のことを守ろうとしない」などの変化が生まれているだけでなく、「ゴルフが出てきたおかげで、村の行事への参加が壊れてきている」や、「テレビの影響もあるでしょう。水戸黄門のある時は（村の会合を）やるなという年寄りもいる」など、シマ内部の人間関係の喪失への自覚が生まれているのである。

この調査での回答者は調査の時点において60～70歳代の男性がほとんどを占めており、退職後に字誌に取り組んだ人が多い。したがってこの場合の「年寄り」は70歳代後半ないしは80歳以上の高齢者を指すが、地域の変化は若い世代と自らの世代の間の乖離として自覚されている。たとえば、「子供が海に行って貝拾ったりするという、自然と一緒になった生活とかは非常に少なくなった、都会の子供と同じ」という言説は、子どもの遊びと関わった時代の変化に注目している。また「若い人は個人主義」「若い人たちは都会の考えですよ、自分さえよければですよ……」、さらには共同売店の存続に関して語られた「若い人は興味がないというよりも、吾関せずという感じ……」などでは、後に続く彼ら／彼女らが自分たちとは異なる別の意識の持ち主であることが、いくらかの不満を伴って語られている。

興味深いことに、これらの言説には変化に対するある種冷静な理解が含まれている。たとえば、「(若い人は)共同店からほとんど買わない、車もってますから」は、若者が共同売店でモノを買わない、若い世代なりの理由への理解を示す。また若者の関心がシマから離れる理由として語られた、「高校や病院の有無などいろいろの絡みがある……」という言説も、若者の意識のシマ離れを憂いつつもやむを得ない部分が存在することを理解しようとする意識の表れと考えられる。同様にシマの行事に対する若者の関心が薄れてきている事実を、「集落的に集まっていた青年たちが職場中心になりまして、字から離れていく。自分たちの楽しみが外にできていく」変化として捉えようとする言説も、都市化という社会変化を時代の変化として冷静に受け止めようとする先行世代の認識を示すものということができよう。字誌づくりの当事者の世代は後続世代との間に生まれた乖離を、社会変化の産物として冷静に受け止めているのである。

しかしここで注目したいのはこうした変化の自覚が、「伝統行事は簡素化されて、昔の良さは無くなっているのでは」や、「だんだん昔の（伝統が）壊れていく感じがする」のように当事者が内面化しているシマの共同体的な価値の喪失という感覚と、結びついていることである。これは変化を冷静に受け止めつつも、その変化に対応しようとする何らかの内発的な動因が字誌編集者の内面に生起していることを意味する。興味深いことにこの自覚は、「踊りの型がだんだん崩れていく」のように、踊りの「型」という可視的な変化として成り立っている。こうした共通項の存在は、同じシマに住む者としての共同の判断や行動を作り上げる重要な要素と考えられる。字誌はこうしたシマの共同の内発的動因の形象化、ないしは明示化の行為と理解することができる。

したがって字誌として形象化されるシマの内的動因が、「子どもの生活から昔の良いものが無くなっている」という言説と結びつくときには、子育てという今日的な課題に向かう地域の内発的な力へと転じる可能性が、そこに現れることになる。「成果」の問題として、後に触れるように字誌の編集活動から、地域に公園を作るという動きも生まれているのである。こうした可能性がどのような形で具体化するかを明らかにすることは、次の段階の研究として重要になるだろう。

最後に、地域の変化はシマを離れ都会で暮らすという選択をした人々にとっても、また別様の仕方で自覚されている。「家が潰れたり、今まで水田だったところが土になってしまったりとか、だんだん現状が無くなっていく」という変化への着目は、次に触れるような「記録に残しておかないと寂しい」という故郷喪失への危機意識と結びついている。地域の変化はシマの内側にいる者よりも、外に出た者の方が把握しやすい。そのためか字誌出版の提案は、都市住民となった郷友会のメンバーからもたらされる場合が少なくないのである。この言説は、こうした外のイニシアチブの存立根拠を示すものとして注目される。

危機意識

二番目は危機意識である。「先輩方がどんどん亡くなって」いくというシマの人口構成上の変化は、「歳をとった方が減ってきて、早めに（字誌を）作らないと居なくなるという危機感がある」というような、「現在」という時間の意味の発見に転じることによって字誌づくりへの動機の一つになっている。「先祖の努力が風化していく」という危機感は、「戦争体験」や「シマの行事」「家庭教育」「シマの発展性」「故郷の喪失」など、いくつかの意味の塊を伴って当事者の世代的な役割意識を形作っているのである。

まず戦争体験に関わる意味の塊では、「せめてこの部分（沖縄戦の体験）は語り継がれないと（いけない）」という自覚が物語られている。これは沖縄戦やその直後の生活を知る60～70歳代の自分、およびその親の世代から若い世代に向けられた先行世代としての固有の責任および役割の意識である。しかもこうした言説は「戦前の生活とか戦中戦後の苦しい時期、そういうものを話せるのは我々しかいない」という当事者意識を伴っている。沖縄戦の体験だけではなく、戦闘終了後、焦土の上で始まったシマを復興する戦後の生活全体が語り伝えの対象として意識されているのである。「行事を守っていかんといかん」という強い決意は、この世代のこうした辛い経験の積み上げから生まれているといえるだろう。字誌を作ることは、沖縄戦というそれほど遠くはない経験と結びつき形作られてきた、シマの伝統を守るための実践的な行為なのである。

次に「家庭教育」に関わる意味として、核家族化が進行する中で「子どもたちの家庭教育や習慣が崩れ……昔はこうだったよと、家庭のなかで伝えられたものがなくなる」というように、シマが家庭を包み込んで保有してきた子育てに関わる機能の喪失への危機感が物語られている。これは先に見た「若い人は個人主義」や「若い人たちは都会の考え……、自分さえよければですよ」という言説へと繋がるものであり、親ないしは祖父の立場から子どもないしは孫に向けられた関心である。つまりこの危機意識は直接子育てに関わっている世代のものではない。したがってこうした危機意識に子育て中の親世代や子どもおよび孫の世代がどのように向き合うのかは、この調査では必ずしも明らかになってこない。ここでは、字誌づくりの当事者の危機感が世代的に偏りをもっているかもしれないと言うに留める。

さらに字誌づくりに現れた先行世代に固有のシマの伝統への関心は、伝統行事によって保たれてきたシマのまとまりが生む「シマの発展性」の消滅への危機感でもある。たとえば「昔の行事が無くなっているところは、いわば部落的にさびれたといいますか、発展性がない」と受け止められているのである。その理由は、「何か行事を持っていかないと気持ちがばらばらになる」からであり、「まとまりが部落の発展（である）」という理解が存在するからである。こうした危機意識は、郷友会関係者のようなシマを離れた人々にとっては故郷喪失の危機であり、荒廃し倒壊の危険にさらされた生家を、自ら人を雇って壊しに行くときに感じる「祖国を壊しに行く」という悲痛の感覚である。このような危機意識の形成を背景に進む字誌づくりは、その当事者にとってはシマに伝わる昔からの慣習に無関心な、後続世代への「ひとつの警鐘」と意識されている。

目的と動機

ここで③〜⑤の目的と動機に関わるカテゴリーを基にして、以上のような潜在的な動因に比べ、より明示的に語られた当事者の字誌づくりの動機や目的について検討しておこう。上野景三は字公民館を「共同体の記憶の伝達装置」と表現しているが[18]、これに倣えば字誌は文字通りにシマの記憶装置であり伝達装置である。ではこの装置は、どのような目的の基に作動するのだろうか。

最初に取り上げておきたいのは「あんまり目的意識はないですよ」という、自らの行為に特別の意義を見出すことをあえて避ける言説があることである。また「部落に対するノスタルジー、それから愛郷心かな」という言説も同様に、字誌づくりという自らの行為に対する、特別の意味付与を回避するニュアンスが含まれている。これらは本章での字誌づくりに教育的な特別の意味を見出そうとする試みにとっては、その意図が的外れであることを示唆する言説と理解することも可能である。

しかしここからただちに字誌づくりが目的意識不在の行為、ないしは単なるノスタルジーによるものと受けとめてしまうわけにはいかない。というのも他方では、これまでも縷々取り上げてきたように、「（シマに関する事実を）拾い上げることで、とにかく後世に伝えよう」という、意気込んだ決意の類の言説が多数存在するからである。加えて字誌づくりに関わる労力の大きさは、自ずとこれらの言辞を超えているようにも思われる。

ここで考えてみたい一つの可能性は、「目的意識はない」というような意味回避の言説が「次世代がどうであっても残せるものは残しておこう」という、もう一方の言説と矛盾、撞着をしながらも、両者は当事者意識として同時に存在しある種の同質性を作っているのではないかということである。大して意味がないと言えば意味がなく、積極的な意味があると言えば積極的な意味を見出すことも可能だという両義性は、「専門家がやればもっと突っ込んだものができるかもしれないけれど、字出身の人たちだというところに意味がある、何でもありで……」という字誌の特質についての説明を基に考えれば、比較的理解しやすい。ここには字誌が素人によって作られる、手づくりの世界であることへの確認がある。とくに「何でもありで……」という部分には、専門家の仕事からは一線を画する字誌の特性への自覚が表れている。つまり専門家のようにはっきりとした目的意識があるわけではなく、場合によれば単なるノスタルジーとして推移する可能性をもつのが字誌であり、それは容認されるべきだということなのである。「村の姿を文章にして残しておく」ことを目的とする字誌は、こうした融通無碍な位置づけの下で、「部落の百科事典的な存在」としての役割を果たしているものと考えられる。

「何でもあり」の字誌づくりの世界では、「字に伝わることはどんなに小さいことでも」大切にしようとする意識が働く。一方シマ社会には「ダム問題で訴訟が起きた」や、「水道事業で資料が公民館に眠っていた」などのように、記録されるべき大きな事件が生じる場合もある。しかしこうした出来事の規模の大小が、そのまま書き残されるべき意味の大小を意味するわけではないことは、個人が自分の人生の出来事をライフヒストリーとして語ろうとする場合と同様である。出来事の規模の大小にかかわらず、意味は「どんなに小さいことでも」残そうとする側の位置づけの仕方や、記述される内容の深さに従うからである。

「何でもあり」の気楽さは、字誌の使途として「新しい（住民）の方にも配布して、昔はこうだったと」知ってもらうことを容認する。字誌は社会変化の中でシマに流入してくる新しい住民との、交流のツールにもなるのである。しかしその場合にも、書き遺されるべき意味は「今、われわれがやらないと、われわれのルーツが無くなる」や、「（自分たちが生まれた）シマには素晴らしい歴史がある」というように、限定された特定の小地域のアイデンティティの再構築にあることは変わらない。字誌づくりの動因となっている内発性は、このようにシマの内と外という区別を不可避の要素としているのである。こうした内に向かう内発性が、「（他所の）字誌を参考にした」や「（自分のシマでは）作られていない（から）」のように、横並び意識となり字誌づくりの動機の一つになっている点は、興味深い事柄である。

さらに字誌づくりを支えている当事者には、先行する世代と次世代とを繋ぐ60～70歳代固有の役割や責任の自覚が存在する。「（先輩の）遺志を継がなくっちゃならない、組織の中の一員が引きずって後輩につなぐ、字誌にはそういうものがたくさんある」のである。「先輩方の何十分の一でも頑張らなけりゃならん」という責任の意識は、シマの行事を守ってきた先輩の努力に対する感謝が基本になっている。そこには沖縄戦と戦後の時代を生きてきた先人への敬意と、その重さに応えようとする次世代の当事者意識が混じり合っている。字誌に盛り込まれる歴史、民族、文化など多彩な項目の背景には、「戦後年月が経つうちに、（沖縄戦の経験を）忘れかけている。先代がいる間に残すものは残していかんと」という、沖縄の特異な歴史経験を語り書き遺すことへの強い意識があることを忘れるわけにはいかない。この点は次章で、改めて検討する。

ところでこの責任感は、この世代の人生の展開過程を踏まえて自覚される固有の意識である。「編集者はフリーの人が多い」は、60~70歳代という語り手の年代を反映した言説であるが、字誌づくりへの取り組みは「現役で仕事をしているときは考えなかったんですけどね」のように、想定外の活動を意味することもある。しかしそれは「自分の故郷というのは、歳をとるに従って思い入れは強い」ために魅力をもつ活動であり、また自らも「行く行くはここに帰るのは絶えず考えていた」ことであるために、受け入れ可能な事柄なのである。それは「わたしの人生の仕上げのつもりでやりました」のように、字誌に取り組むことによって個人の人生の意味が、シマ社会という共同の意味と同一化される活動である。

シマという価値

字誌づくりの当事者に共通するのは、シマを一つの価値として捉える見方である。たとえば「今ある自分たちの姿は、先輩たちが汗水たらして築いてきた文化である。その文化の上にわれわれの今の生活がある」という言説は、上で述べた自己の意味とシマの意味を重ね合わせながら受け止めようとする意識を表している。またここでの文化とは、「ああいう地形に生まれたんだ、踊りもあったし歌もあった、拝むところもあったし、畑や家もあった」というシマ社会の具体的な形を指す。字誌はシマの形を残そうとするのである。しかし当事者を動かしているのは、単なる形式としての形ではない。「昔の人の暮らしと信仰というのは宗教ではなくて、その村に伝わる拝むことの繋がり、これを編集しないと……」のように、「目に見えない畏敬の念」によって結ばれた「共同体意識」という生活の実感が、ここでは問題になっている。地形や歌、踊り、拝所、畑、家という形式が、この実感を宿すのである。こうしたシマの生活の総体を一つの価値として、字誌を目にした者が「僕はいいところに生まれたなあ」というように感じることへの願いが、そこには込められている。

この意識は一般的には自分が生まれたシマへの愛着といえるだろうが、「住んでいるのはわれわれ」という言説が示すように、それは愛着という以上に自らのシマに住むという選択への積極的な自覚を意味している。そのシマに生まれたことは「ある意味では永遠に消せない」事実なのであり、「それを抜かしていくと他人になっちゃう」のである。字誌はシマに住む自分という、自己確立の意識の上に立っている。「林業は生活の根拠」であるという認識の場合も、それが単に事実として代々のシマでの生活の基盤が林業であったという事実を指す以上に、自分を含むシマの生活の成り立ちそれ自体を問い糺そうとする意識がたどり着いた、自己確認としての林業を表しているものと考えられる。それはその土地に生まれ生きてきた者の、「人間の生き様というもの」の姿なのである。人々はそうした先人の人生の総体を自ら受けとめるために、字誌を作る。そこには「将来この資源は正しい資源」として、後続の世代の役に立つはずだという確信ないしは願いが存在する。それは「他所のものを持ってきても（ここには）根付かない」というある種の諦観であり、また「ここで生き延びてきて、ここをどうするのか、ここに住んでいる人しか知恵を出せない」という覚悟でもある。

しかしここで大切なのは字誌の編集という、基本的に過去に向かうまなざしが未来に向いていることである。たとえば、「わたしの過去を、彼ら（若者）が未来にどう生かしていくのか。一つの資源として」や「（若者が）アイデンティティを取り返して、自分たちの生きていく道を見据える」などの言説は、字誌づくりが潜在的にもつ未来に向かう意味をよく表している。字誌づくりは、「ノスタルジーであると同時に、子どもたちがそこから、根っ子として成長していく」ためのものなのである。こうした希望は一つの確信として、「これから生きる道は祖先が（その）時々に苦労したこと（であり）、過去にもあった（こと）」（カッコ内は引用者による）のような、後続世代が必ずや難事を乗り越えるだろうとする期待と信頼に結びついている。

編集の過程

次に編集のプロセスに関わる言説について検討しよう。ただしここで重視するのは単に字誌編集の技術的な過程を明らかにすることではなく、字誌づくりに込められた内的なルールを編集当事者の言説を通して明らかにすることである。

字誌の編集過程の特徴を表すと思われるのは、「個人のことは書かないでおこう」という合意や「私見、推測は絶対入れるな」という「編集委員長の指示」である。これらは字誌の編集過程に、個人と集団の立場を明確に区別しようとする意識が存在することを示している。すでに述べてきたように、字誌は区の総意として総会の決定に基づき公金によって賄われる、いわば公的な性格をもっているのである。「小さな集落ですから、昔の、（夫婦喧嘩のような）聞かなかった方が良かったという話が（出てきた場合）、原稿にはしてあるけど没に」なったり、「（家族が）賞をもらったとか、子どもたちがどうしたとかは書いてない」のが字誌なのである。

こうした公的な事業であるという自覚は、編集作業における公正さというルールを生む。「（字誌は）わたしたちが、どういう風に（かして）解説しようというわけではなくて、事実を事実として」書くのであり、「あやふやなことは書かない」、あるいは書けない世界なのである。小さな集落の中では、不確かなことを書くことによって人を傷つける場合が生じやすい。「人を中傷するのはよくない」という、当然の判断がルールを生んでいるのである。こうした字誌編集の立場ないしは方針は、「全体にバランスのとれたものを作らなければいけない、個人個人の強いバイアスというかな、偏ってはいけない」という言説に、よく表されているということができるだろう。

このような配慮が求められる理由は、「（個人的なことを書くと）あの人のことを載せて、あの人たちのことを載せないということに」なるからである。「可能な限り客観的にという方向」は字誌の世界に個人のエゴが入り込み、シマの内部に混乱が生じることへの危惧から生じている。そのため実際の編集過程では、「漏れていないか、名前の記述には一番気を使う」のように、集落に特有な全員参加への配慮が凝らされる。また「なかには妾もいる、再婚もいる、離婚した子ども入れるか、兄弟か、それは確認（を要する事柄である）」のように、シマの共同の生活とはいっても実際には存在するプライベートな世界に対する、謹厳な配慮が施されている。「わらべ歌」に関する記述の中では、「60代、70代、80代とで歌詞が全然違っている」というように、シマの内部に存在するこうした多様性が共通するはずの事項の中の差異として現れている。

こうしたシマ社会の多様性は、民族学や社会学などとは異なる教育学的なアプローチにとって、つとに重要な意味をもつものと言わねばならない。というのは、このことはシマという共同ないしは集団的な場の意味を議論する場合にも、個や個別的な差異という要素を無視するわけにいかないことを示すからである。それはまた、共同の中にも個の意志や判断が存在することを教えている。沖縄のシマ社会の社会教育的研究は、この両者の関わりを基に取り組まれるべきものと考えられる。この点では字誌づくりの過程において、「侃侃諤諤します、聞き取りしたことの中身で分からないこととか、疑問なところを議論するんです」のように、議論を基にした内容の合意形成が行われていることは興味深い事柄である。また「非常に物知りが多い場合、意見が違う場合、これは意見対立で、どっちをどう取るかどっちも取らないか、ジャッジする人が必要になる」という言説も同様に、共同の立場と矛盾する個の出現や個別の意見の間の差異の整理の仕方に触れている点で注目される。

このような個の立場とシマ共同のまとまりとの兼ね合いを重視する字誌の特徴が端的に現れるのは、沖縄戦の体験を扱う場合である。「（自分以外は一家全滅をした人に）苦しいだろうけど戦争は二度と起こしてはいけない、戦争の悲惨さを後世のためにみんなに分かってほしいから、つらいけど書いてくれと言ったら、喜んで書いてくれた」という言説のように、沖縄戦の経験はほとんどの字誌があえて取り上げる項目である。全国的にみて、戦争体験の記述が充実していることは沖縄の字誌づくりの特徴の一つである。しかもその記述は反戦の意識を伴う点で、他の地域のそれと決定的に異なっている。

しかしながらその記述の仕方は、「アメリカがひどいとか悪いとかは出ない、穴に隠れていて出て行った年寄りが殺された、かわいそうとかひどいとか言うのみ」のように、互いが沖縄戦の被害者である事実が共有されるだけであり、その事実への判断は回避される。その前提には「戦争体験への判断はできない、批判するようになる（のは良くない）」という明確な判断が存在している。ここには先に見た字誌づくりの、解説ではなく「事実を事実として」という編集ルールが作用しているのである。このルールはプライベートな世界を調整して偏らないようにするという、先に見た配慮と同根である。同じ論理は戦前にシマの中で起きた農民の争議についての、「（それは）地主と小作のものですから、村全体のものじゃない、（ただし）字誌では、文章は文章（資料）として（は）扱う」という言説とも通う特質である。

成果

字誌の編集者たちは、字誌を編集、出版した成果をどのように捉えているのだろうか。最初に確認できることは、「先輩たちがいる間に聞き取りができたっていうのが成功の証（です）」や、「満足感というか、安堵感がありました……。これでいつ死んでもいいなあという感じがしました」のように、編集の当事者の間には強い満足感が存在することである。

ところがこうした感覚が存在するのと同時に、彼等の中には「作るには作ったけれど将来役に立つのか。昔を知ることについては資料としていいと思いますが……。反響もそんなにない」や、「（シマの外では）評判はいいんでしょう……。（内では）うんともすんともないですから、反応がね。よくできているとは言うんだけれども。残っている方は反応が鈍いですね」のように、成果についての懐疑や否定的な評価が存在する。

消極的な評価を示す後者の場合、反応が鈍いといっているのはシマに「残った方」であり、反対にシマを離れた人々の評判はいいと受け止められている。また前者の場合は「資料」としての意味は認めているが、「反響が無い」ことを「将来役に立つかどうか」の疑問の根拠としている。いずれの場合も、これらの言説が生まれる調査の場面には聞き手側の「成果」についての期待が、言外に現れていることは否めない。したがってここでの消極的な評価は、語り手側が聞き手の過剰な期待に対して、逆に感じ取る警戒や反発という反応の部分があることを、差し引いて考える必要があるかも知れない。しかしその場合にもなお、これら消極的な言説が最初の満足感や成功感とは異なる、別の感慨を表すことは否定できないだろう。

ここで注目すべきなのは、積極的な感慨と消極的な感慨の間で、成果を量る基軸にズレが存在していることである。前者は内に向かい、後者は外に向かっている。要するに二様の評価には、字誌づくりに携わった当事者とそれ以外の住民の間の意識の差が表れているのである。当事者としての期待が住民一般の反応を鈍く感じさせることは、自然ということもできる。

一般の反応が鈍い理由としてここで注目してみたいのは、字誌で取り上げた事柄を編集担当者は以前から、部分的にではあれ知っていたという事実である。たとえば、伝統芸能の組踊の衣装や所作について、「実際にどんな衣装を着けていたのか、なぜこの組踊をしたのか、なぜこの上に（飾りを）乗せるのかとか、小さい時からやっているが、疑問に思ったことはなかった」のように、字誌の記述は、すでに知っていたことの確認である場合が多い。他にも、「行事方面はいろいろ聞いていて分かっている」のように、字誌が「知っていることを確認する」ものであることを指摘した言説に接する。ただし記述の対象となるシマの日常生活は、「自分の生活の場が分かっていたのかなと思うことが、多々ある」世界であり、「自分たちもその頃のことを分かっていても、見ていない」と感じる世界でもある。隣人の家族の戦争の犠牲者についても、「何も知らなかった（という）のが実感だった」というのがシマ社会なのである。

シマの内側の人々の反応が鈍く感じられるのは、このように字誌が一般の住民には既知の事実が改めて記述されるという、共同のライフヒストリーとしての特質が影響しているからかもしれない。しかし注目しておきたいのは、当事者の不満として指摘されているシマの人々からの低い評価が、必ずしも反発や否定にはなっていないということである。たとえば、親族の集まりで話題になり「(写真集に) あれも入れたいこれも入れたいと……。中には次の字誌のときに……」や、「みなさんに配本して、本でもらったら感激してですね……、良かったと。まだまだ (写真が) 沢山ある。これも載せたかったという人があるんですよ」のように、字誌はむしろ積極的に受け止められ受け入れられている。中には、「字誌を作った後でも、第二の字誌を作ろうということで、終戦後の議事録を整理している。あと何年間で共同店の歴史もまとめて出します」というような区も存在するのである。

このような不統一な評価は、字誌がもつ教育的な意味のある一面を表している。すなわち、字誌づくりの中に教育的な効果を期待すべき要素は含まれてはいても、それは当面は編集に関わる者たちの範囲に限られているのである。字誌がきっかけとなって、シマ全体に一度に論議が広がるということはまず考えられない。これは字誌づくりの教育的な意義が、限定的であることを示す。しかしそれは、すべてが否定されるということではない。たとえば、「(シマの外の人に) どういうものであるかを語る時に、語り手として自分の人生が分かるというか……、自分からこうだとは気がつかない」というように、編集に関わる個人の中にはさまざまな発見が生まれ、それが自己のアイデンティティを形成するきっかけになっているからである。これは出来上がった字誌を読んだり、それを基にした話や説明をする住民の場合にも、同様に生じ得る感慨と考えることができるだろう。

ところでこうした字誌編集の当事者個人のアイデンティティ形成は、その編集がシマの伝統や歴史から切り離されたものではないために、シマのあり方への積極的な関与を生む要因になっている。たとえば、「何かをやらんといけないんじゃないかと、自治会長さんにお願いして、この編集委員会の人を中心に字を活性化させる会を作って、公園づくり」に取り組んだり、「字誌を作りながら、芸能の話のなかで、年寄りからそういう（消滅した組踊の）話が出てきたものですから、じゃあ復活できるんじゃないかといろいろ調べて」、実際に復活させたところもある。また、「将来は（区の）方言集を出そうという話もある」という場合もあり、「多くの先輩たちがやってきた木炭という産業を引き継ごうということで、すぐ近くで木炭窯を作っている」という例も見られる。字誌の編集に協力した郷友会の中でも、「次のステップはこれを踏み台にして、那覇に生まれた若い世代を集めて作っていくということ、相互扶助なんかもできるんじゃないか」という機運や期待が生まれているのである。

このように字誌づくりの成果として、字誌の編集過程における発見や新たなシマの集団的アイデンティティの構築が住民全体にいきなり波及し、何らかの形で意識の変化が生まれるという直接的な効果は考えにくいが、編集の当事者のアイデンティティが再構築される中で新たなイニシアチブが生まれているのは注目されるべき点である。

シマの広がり

次に字誌づくりの過程で、シマの広がりは関係者の間でどのように意識されているのだろうか。字誌という呼び名が示すように、シマの広がりは基本的には地理的な範域を意味する。しかしこれに加えて確認し得るのは、字誌では「先輩たちは、戦争のことしか話さなかったです……。戦争の話になると、何時間でも話すんですよ」のように、字誌づくりが現在から過去への遡及に基づく、時間的な広がりをもっていることである。これはライフヒストリーについての説明ですでに触れたように、過去へのまなざしは必ずしも過去に限定されるわけではなく未来に向かうものであることに由来する。「一人一人が生きてきた過去というのは、１００パーセントは言わないまでも、起こったことが今後もあるだろう……」のように、過去は現在から未来という時間へと繋がっている。また興味深いことには、こうした過去への時間的な広がりは空間的な広がりももっているのである。たとえば「僕らの前の時代の生活が見えてくる、外国に出稼ぎに行ったというのもね。外国は儲かるから行ったのかと思ったら、いろいろの苦労があって、こんな生活もあったんだなって……」という言説は、過去の時間が字という閉じられた空間を超えて、出稼ぎに出かけた「本土」や外国という異質な空間的広がりにたどり着いている。字誌では「こちらはブラジル（への出稼ぎ者）も多いですし、本土にも他府県にもおられますし、班ごとに調べて」進めることが重視される由縁はここにある。さらに驚くことには、過去への遡及による時間の広がりが「兄弟全部（の事柄を）入れる。兄弟二人あの世に行っているから、その人たちも漏らしてはいかん」という言説に見られるように、死後の世界へと広がっているのである。字誌の特徴の一つである、沖縄戦の記述はこのシステムに乗ることによって、シマの伝統的な文化の一部に組み込まれ、継承される対象として位置づいていると考えられる。

女性の位置

最後に触れておきたいのは、字誌づくりと女性の関わりについてである。結論から言えば、編集委員会の構成からも明らかな通り、編集に携わる女性の数は極めて限られている[19]。字誌づくりは男性の世界であるといっても、過言ではないのである。女性の編集者の場合、「母親とかの話をいっぱい吸収して、どうやって生活してきたか、その知恵を学びたいということがある。子どもたちに、そういう知恵を上の世代の経験を学んでほしい」のように、母親という独特の視点から字誌づくりへの参加が物語られる場合があることを考えると、この偏りが何を意味するのかはもっと注目され論議されるべき事柄であるように思われる。字誌づくりが男の世界であるという事実は、こうした字誌づくりの可能性を萎縮させる要因であるといわなければならないだろう。

字誌づくりに関わる聞取りの中に、シマにおける女性の位置に関する物語が現れることは稀である。しかし数少ない事例ではあるが、「嫁に行く時はそれなりに夢もあるが、現実とのギャップが大きい……。嫁に行ってから と、（行く）前に親から教えられたのは全然違っていたとか、それはある」のように、この分野は字誌において本来語られるべくして語られていない部分であることを示す言説が存在する。「女の子をここで嫁がせたら一生難儀させる。（あの家の）嫁さんが……という（形で）」という言説も、シマ社会の地域的な結合の負の側面の存在を確認するものである。こうした観点が字誌に反映されない理由は、これまで検討してきた「個人に偏らない」や「個人を傷つけない」「善し悪しの判断は控える」などの、字誌づくりの原則に従ったものであると理解することができる。

ちなみにラニ＝ベルは沖縄での筆者との共同調査を踏まえて、編集者のほとんどが男性であり女性の参加が限られていることを、フランスのライフヒストリーとの相違点として、注目している[20]。ライフヒストリー自体の議論としては、筆者には同様の傾向は「本土」でも見られるように思われるため、この指摘の是非はここでは問わないが、字誌づくりに関してはこの指摘は正鵠を射ている。そしてこのような特徴は、字誌がもついわば公的なシマ社会の取り組みとしての性格とも関係をもっているように思える。つまり字誌は公の世界に属しており、男性によってほぼコントロールされているのである。

第5節 共同のライフヒストリーとしての字誌

フランスの字誌

ところで字誌づくりのような活動は、沖縄や日本「本土」だけの取り組みに限定されない。類似の活動はフランスにも存在し、「共同のライフヒストリー」として注目され論議されている。表1はルグランによる「共同のライフヒストリー」の一覧表である。この表では、2段目の「集落」の列の「成果」として示されている「パンフレット」が、本書でいう字誌にあたる。[21] 沖縄でのような広がりはないが、同様の取り組みがフランスにも存在するのである。筆者はそのいくつかを所有しており、一部については関係者に対する現地調査を実施してきた。

沖縄の字誌とフランスのそれとの間には、前者が集落の総意という行政的な決定を踏まえるのに対して、後者は集落の有志が取り組むものであるという、編集の形態に関わる決定的な相違がある。この相違は内容や記述の仕方に反映し、後者により運動的な性格を付与すると同時に表現性や創造性という特徴を与えている。

たとえばナンシー市郊外にある、「グランリュー」という大きな湖に面したパッセー村の字誌である『グランリュー、ある漁師の村』には、地域史研究グループによる「パッセーの漁師の解放（一九〇六―一九一二）」という論文が収録されている。[22] これは、この時期にパッセーで展開した漁業組合と消費組合の協同によるストライキ闘争を、この地域のアイデンティティの源として取り上げた論文である。またオルレアン市の郊外に位置するスルス地区の『スルス区の歴史と思い出』では、ストライキを支えた住民の経験を演劇や合唱に仕上げた表現活動が、字誌づくりに付随して展開している。[23] 補足すれば、『グランリュー』の場合には漁業の衰退や過疎の進行という地域課題が背景に存在し、『スルス区誌』の場合には移民問題が背景に存在している。このような対比においては、沖縄の字誌には社会的な観点の脆弱さという特徴があるといえるかもしれない。

表1　共同のライフストーリーの一覧表

共同性	成　果	「活動家」	時間性	作業のタイプ	聴衆の広がり
地域集団	孔版印刷による冊子	篤志の個人の執筆	共同性の源は中世まで遡る	自伝的文体	厳格に秘密
集　落	パンフレット	共同執筆		一つか複数の証言の寄せ集め	やや秘密
都市の地区（街）	団体の機関誌、新聞	団体（地方史集団）	2世紀（系譜・資料の収集）	調　査	加入者の集団
自　治　体	事業化された機関誌	素人の歴史家		文献資料の調査	団体の何人かの会員
仕事の仲間	自費の本	職業的な新たな学際的集団		ジャーナリスティックな調査	
企　業			20世紀 最も古い記録		共同性に幅
工　場	編集された書物	組合・結社		科学的な調査	組織された全員
活動家集団	ラジオ放送	劇団	戦後、「直近の歴史」	科学的な批判的考察	
政治的な集団	ビデオ・フィルム				開かれた聴衆
結　社	テレビ番組（ルポルタージュ）	篤志のアニマトゥール、職業的な文化的アニマトゥール		フィクションの余地	地方・郡レベルの公衆（地域の日刊紙、地域テレビ、ローカルテレビ）
仲　間	演劇台本、演劇的イベント		20年から30年前の歴史（例えば新都市、結社等）	美的な仕事（文章・絵・博物館誌……）	地域の聴衆
学　会	臨時の展覧会	職業的な研究者（CNRS、大学）		記録拠点の設置	全国的な聴衆（編集、出版、テレビ……）
制　度	地方博物館（エコミュージアム……）、活動拠点、結社的な記録の拠点（工場など） 地方の祭典総合芸術による文化事業	自由な研究者・作家（制度の要請に応える……） 文化的な使命を負う	毎日の体験、歴史的な解釈による日常	シナリオ化（演劇的、映像的、フェスティバル） 伝達される共同のイメージ（神話・聖者伝……）	国際的な聴衆（出版、映画、ルポルタージュ……）

語りの創造性

すでに見てきたように、沖縄の字誌ではフランスの場合とはまさしく逆に、創造性や表現性を制限しようとする明確な意識が作用していた。したがってフランスの例との単純な比較は控えるべきだろうが、この違いが社会教育的な関心からは重要な意味をもつことも事実である。そこでさらにフランスでの議論に目を向けると、クーロンが「民衆文化の目標が、可能性の開示」に留まり「変革」的な要素が少ないことを問題点として指摘し、その克服をライフヒストリーの可能性としているのが注目される。[24] つまり伝承や民衆文化そのものは創造性を欠いていても、語りの実践からは創造的な展開が生まれるはずだというのである。この指摘は、フランスのように演劇や合唱などへの直接的な展開として創造性を求めないまでも、字誌の編集過程に必然的に含まれている語りに付随する創造性や表現性に、さらに潜在的な可能性として目を向ける必要を示唆するものと思われる。

同様の疑問は、沖縄で筆者と字誌に関する共同の聞取り調査を実施したラニ＝ベルによっても指摘されている。次章で見るように、その疑問は簡単にいえば字誌づくりの社会的ダイナミズムという点にある。この点は、これまで触れてきたソフトレジスタンス論の「抵抗性」に対する「抑圧性」という議論とも共通する。そこで次に、字誌の中でもとくに語り手の証言への意味付与が強く現れている戦争体験記録を検討することによって、字誌の社会的ダイナミズムの所在を訊ねることにしたい。

【注】

1　字誌に収録されている内容は、「概況」「公民館と字行政」「教育・文化」「生業」「門中」「年中行事」「芸能」「風俗・

習慣」「人生儀礼」「移民・出稼ぎ」などである。

2 中村誠司「沖縄における地域史および字誌づくりの現在と可能性」『東アジア社会教育研究』前出 №6 二〇〇一。

3 中には専門の研究者に依頼する例がある他、文章を書くことが得意な人が編集に関わる場合もある。

4 中村誠司「沖縄の字誌作り」新妻二男・内田司『都市・農村関係の地域社会論』創風社 二〇〇〇 97頁。

5 島袋正敏「沖縄の集落自治と集落（字）公民館」小林文人編『これからの公民館』国土社 一九九九 94頁。

6 S・B・メリアム『質的研究入門』堀薫夫・久保真人・成島美弥訳 ミネルヴァ書房 二〇〇四、A・クロン『入門エスノメソドロジー』前出、K・ライター『エスノメソドロジーとは何か』前出。

7 ブルーマー『シンボリック相互作用論』後藤将之訳 勁草書房 一九九一 31頁。

8 この出版物では、字誌づくりの過程は次のように区分されている。「字誌をつくろう／総会できめる／編集委員会を発足させる／予備調査をする／構成をつくり、分担をきめる／本格的に資料を調査・収集する／資料のあれこれ／資料を整理する／折々検討会をもつ／原稿を書く／原稿を集め、みんなで読んでみる／編集する／印刷所にまわす／みんなで発刊を祝う」。名護市教育委員会『字誌づくり入門』一九八九。

9 滋賀県旧愛知川町や兵庫県旧香寺町の集落誌の他にも、福井県福井市の集落誌が筆者の手元にある。

10 比嘉豊光写真集「扉の言葉」『わった～島クトゥバで語る戦世』ゆめあ～る 二〇〇七。

11 調査対象字誌および発行年（本島北部から南部へ）
〈国頭村〉奥誌（一九八六）、〈大宜味村〉饒波誌（二〇〇五）塩屋誌（二〇〇三）喜如嘉誌（一九八二）、〈東村〉川田誌（二〇〇四）、〈名護市〉邊野古誌（一九九八）屋部誌（編集中）底仁屋誌（同上）、〈今帰仁村〉仲尾次誌（一九九三）仲宗根誌（一九九六）、〈読谷村〉大湾誌（二〇〇四）楚辺誌（一九九二・一九九九）、〈那覇市〉識名誌（二〇〇〇）、〈南風原町〉大名誌（二〇〇一）、〈豊見城市〉上田誌（二〇〇一）、〈糸満市〉米須誌（一九九二）

12　S・B・メリアム『質的研究入門』同右書　16頁。

13　B. Charlot, Le Rapport au Savoir en milieu populaire, Anthropos, Paris, 1999.

14　B・G・グレイザー、A・L・ストラウス『データ対話型理論の発見』後藤隆・大出春江・長野節夫訳　新曜社　一九九六。木下康仁『グラウンディッド・セオリー・アプローチの実践』弘文堂　二〇〇三。

15　G. Raynaud, J.-L. Schlegel(éd.), Dictionnaire de Sociologie, Le Robert/ Seuil, 1999. p.150.

16　浦添市史編集委員会『浦添市史第7巻　資料編6』浦添市　一九八七　64～91頁。

17　高橋明善「北部農村の過疎化と社会・生活変動」山本英治・高橋明善・蓮見音彦『沖縄の都市と農村』前出　321～322頁。

18　上野景三「共同体の記憶の伝達装置としての字公民館」『沖縄の字（集落）公民館研究（その2）』前出　二〇〇四。

19　調査対象者の年齢構成に基づく件数（調査時点での年齢　カッコ内は男女数）30～39／3（2：1）、40～49／1（1：0）、50～59／5（5：0）、60～69／7（7：0）、70～79／12（11：1）、80～89／3（3：0）、90～99／1（1：0）

20　M. Lani-Bayle, Taire et transmettre, Chronique sociale, 2006, p.85.

21　M.-J. Coulon et J.-L. Le Grand, Histoires de vie collective et éducation populaire. L'Harmattan, 2000, pp.138-139.

22　J. André, M.-J. Coulon, C. Naud, A Grand-Lieu, un village de pêcheurs, Passay se raconte., SILOË, Nantes, 2000.

23　Association des habitants d'Orléans La Source, Histoires et Mémoires du quartier de La Source.（発行年は不詳）

24　M.-J. Coulon, Démarche d'éducation populaire en histoire de vie collective, op,cite., p.177.

第6章

字誌と住民の沖縄戦体験記録

——その社会的ダイナミズム——

本章では、これまでの章で検討課題として取り残してきた共同のライフヒストリーとしての字誌がもつ、集合体としての意味の探求と再構築の過程が有する創造性について、その重要な特徴である戦争体験記録に焦点を絞って検討する。ここで検討するのは、字誌づくりがもつ社会的ダイナミズムの解明である。

第1節　字誌づくりのダイナミズム

フランスからの問題提起

二〇〇三年十一月に筆者等は那覇市内において、フランスからのライフヒストリー研究者三人の参加を得た「集落活動と字誌に関する国際シンポジウム」を開いた。フランスから参加したのは、ナント大学のラニ＝ベル教授とマレ助教、大学院生のブルトンの三人であった。一行は筆者の案内でいくつかの沖縄本島の集落を訪ね、字誌の編集者をはじめとする関係者への聞取り調査を行った。[1] 同シンポジウムは、こうした活動を踏まえて開かれたものである。

開かれたシンポジウムは、字誌づくりに関する西洋と東洋の比較研究の場になった。シンポジウムの議論はすでに報告書にまとめられており、ここで詳細を示す余裕はないが、西洋の研究者にとって字誌およびその背景にある沖縄における「語り」の展開は、強い驚きと多くの疑問を生んだ。[2]

彼女らがこのシンポジウムで提言したことを要点として示せば、一行の中心人物であるラニ＝ベルは双方の相違点と共通点を整理しながら、後者に関わる点として字誌（共同のライフヒストリー）がいわゆる「素人」による「知」の創造であることと、「語る」ことの背景にある「経験したことを次の世代に伝えたい欲求」が、「強制される忘却に対する**抵抗の行為**」（太字による強調は原文）であることを強調した。[3] またマレは、「字誌が……米軍の駐留に対する、沖縄住民の抵抗の道具にはならないのだろうか」という疑問を呈した。[4] さらにブルトンは、ライフヒストリーと字誌の相違を「分析的な方法」と「叙述的な方法」という、方法論の違いに求めた。[5]

帰国後にラニ＝ベルは『沈黙と伝達』（二〇〇六）を著し、その中で沖縄での見聞をさらにふくらませて次のように書いている。[6] これは字誌の意味を沖縄だけに狭く限定して捉えるのではなく、幅広い国際的な議論にのせる上で貴重な提言であるように思われる。

「つまり彼らは何かを探求しようとしていたのだ。しかし自分達が発見したことや彼らにとってそれが何であるかということには、まったく無頓着なのだ。彼らの目的は何よりも、みんなのために一冊の本を作り上げることであり、そこには個人と関わりがあるかも知れない事柄や、個人として驚きを感じるような事柄についての探求はいっさい存在しない。すべては集団に帰されてしまっており、いかに彼らが地域の歴史で無視されてきたことを明らかにし、それを伝えるのだと言ったとしても、彼らはすでに分かっていたことしか受け入れようとはせず、それ以外に新たな事を発見しようとすることもなければ期待もしていないように思えるのだ。……個は完全に共同の関わり合いの中に置かれており、個人として自分の考え方を持ち、自分の感情を持つことは不可能なのだ。」

ラニ＝ベルは、字誌への共感やライフヒストリーとしての共通性を指摘した上で、慎重な扱いをしながらこのような厳しい指摘をしているのだが、この一文には字誌の問題点が端的に示されている。この字誌づくりへの批判は、さきにフランスの字誌との対比で示した問題点を、さらに明確な疑問として提示するものといえよう。しかも前章で検討した事柄から見れば、この指摘は正鵠を射ているように思える。

しかしラニ＝ベルの指摘が、全く正しいとも思えない。そこには、沖縄および字誌づくり独自の考えやアプローチがあるからである。そこで本章では、戦争体験の記録という字誌の重要な構成要素の一つを取り上げながら、字誌づくりがもつ沖縄固有の社会的ダイナミズムに迫ってみたい。

「語り」としての字誌

本章ではこれまでに引き続き字誌を共同のライフヒストリーと位置づけ、字誌に収録された戦争体験記録を集合的な語りと捉えた分析をする。ライフヒストリーに関する用語法に関する説明の部分で述べたように、この方法論には客観的な事実把握という社会学的な観点と、語りのプロセスに起きる語り手の内面の変化という心理学的な観点の双方が存在する。しかし社会教育研究においては、その両方が必要であることはすでに指摘した通りである。

この議論をここでの問題にひきつければ、前者に関しては、住民が自らの経験した沖縄戦の中での経験を綴るという行為が、沖縄戦が歴史的にどのような意味をもつのかという、いわゆる「民衆史」の一部を構築していくことにつながる点が重要である。これは広島と長崎の市民による被爆体験の記録が、原爆史という歴史全体の一部を構成するということと同一の事柄である。業火に包まれた一人一人がどのような体験をし、何を考えたのかという事実が集積されることによって、初めて専門の歴史家による原爆の歴史的意味の解明が可能になる。これは沖縄戦についても同様に、あてはまることである。沖縄戦とは何だったのかという歴史的意味の解明には、戦場を逃げまどった住民一人一人のさまざまな経験についての証言が重要な意味をもつ。これを措いて沖縄戦史を書くことは、専門の歴史研究者にも不可能である。住民が自らの戦争体験を語り記録として書き残すという行為は、沖縄戦の歴史的意味の構築への参加なのである。字誌が収録する住民の沖縄戦の記録は、このように住民一人一人が沖縄戦の当事者としてその経験を歴史に残す行為である。ただしこの場合には、経験した事実が何であるかという点に力点が置かれることになる。

一方、後者では沖縄戦での経験を「物語る」という、動詞の世界として捉えられる語り手の内面の動きが問題になる。教育的な観点からは、語ることを通じて個人が自らの意味を構築ないしは再構築する過程が重要になることは、すでに指摘した通りである。これは前者の観点との関係では、証言として残すべき経験した事実に対して語り手が意味を付与する過程ということができる。坂部恵は「はなし」と「かたり」を区別し、両者の相違を説明して「〈はなし〉のほうが、より素朴、直接的であり、それに対して、〈かたり〉のほうは、より統合、反省、屈折の度合いが高く、また、日常生活の行為の場面からの隔絶、遮断の度合いが高い」と述べている。[7]

このように語るという行為は、一定の内省を必要とする。自らの経験を振り返り語ろうとする省察の過程には、必然的に意味の発見が伴う。経験した出来事はいわば星の数ほど存在するにもかかわらず、なにゆえ特定の事実を語ろうとするのか。そこには語り手の選択や判断が存在するのである。ライフヒストリーでは、このような語り手の内面に起きる意味の構築を一つの自己形成の過程として重視する。それは共同のライフヒストリーにおいても、同様である。

しかしながらこれら二つの要素は相互に重なっており、切り離して考えることはできない。前者の客観的な事実の記録は、「語り」という後者の情動の動きによって媒介されるのである。この意味でここでの「記録する」という行為は、本来単純に事実のみが問題となるのではなく、何故その事実を語り記録として残そうとするのかという、意味付与の過程を伴っていると考える必要がある。本節で注目するのは、字誌の戦争記録に表出される、沖縄戦の事実を語り記録しようとする動機の部分、つまり語りが生まれる過程である。

第2節 沖縄戦とその記録

沖縄戦の特質と記録

広島と長崎の市民の被爆体験記録に触れたが、筆者の印象では沖縄戦の記録の方がはるかに幅広い広がりを見せているように思われる。言うまでもなく、ここでは「広い／狭い」の優劣を問題にするのではないということを断った上での話だが、このような特徴が生まれる要因には、被爆体験が文字通りに一瞬の出来事として大勢の市民を同一の悲惨の中に巻き込んだ出来事であったのに対して、沖縄戦の場合には戦闘の開始から終結までに3か月以上の時間が経過し、さらに沖縄本島を中心に住民が直接に戦闘に巻き込まれるという出来事であったという違いがあるだろう。

また住民が地上戦に巻き込まれるという沖縄戦の特質が生んだ帰結として、一般住民の被害が大きかったという点にも注目をする必要があるだろう。嶋津与志は沖縄戦での戦死者はいまだに正確な数はつかめないものの、援護法の対象として認められた一般住民の戦死者、その対象とならない住民の戦死者、沖縄出身軍人軍属の戦死者に終戦後にマラリヤや餓死した者を含めて、その数を15万人と推定している。[8] 一九四三年における沖縄全体の人口60万人の、実に4分の1に当たる数字である。一般住民の戦死者の多くは、武器をもたない老人や女性、子どもであった。

沖縄戦で日本軍がとった作戦の要は、日本「本土」での決戦を準備するために「時間かせぎ」をするための持久戦であった。日本軍は上陸してくる敵を波打ち際で阻止せず、いわば自陣内に引き込んだ上で攻撃を加えながら、多くの犠牲を強いつつ時間稼ぎをしたために、沖縄本土全体が戦場になり住民が巻き込まれることになった。また、米軍が読谷海岸に上陸し本島を南北に分断した後、北部を逸早く支配下におきながら南下する作戦をとったため、首里の司令部の陥落後、戦線が南下するに伴い、住民は守備軍とともに糸満の喜屋武岬方面に追い込まれる形になった。さらに、指揮官が戦闘継続を指示したまま自決したため、守備軍の組織的な抵抗が止まった後も戦闘が続き、南部一帯は軍人と民間人が行き場を失って逃げまどう修羅場と化したことも、住民の被害を大きくする要因の一つとなった。北部でも家を焼かれ山に逃げ込んだ住民から、飢えやマラリヤなどによる犠牲者が出た。このような住民の戦死者の中には、日本軍によって「集団自決」に追い込まれ自ら親兄弟を撲殺した者や、迫りくる米軍から身を隠すためとして兵士に強いられてわが子を縊死させた母親など、文字通りに悲惨な事例が含まれることは周知の通りである。[9]

住民がこうした沖縄戦の特異な体験を忘れず、さまざまな方法で記録しようとするのは、当然のことというべきだろう。『沖縄戦を考える』（一九八三）の中に「沖縄戦はどう書かれたか」という章を設けた嶋津与志は、大城将保の本名による初出論文を公表した一九七三年の時点で125冊の戦史・戦記類を数え上げており、その数はこの本が出版された一九八三年の段階で220～230冊に増えたと述べている。[10]また最近の沖縄戦に関する大きな研究業績である林博史『沖縄戦と民衆』（二〇〇一）の末尾に示された参考文献を見ると、日本国内で刊行された沖縄戦関連の単行本と自治体史（報告書類を省く）に限っても、厳密ではないもののその数は350点を超える。[11]この数は少ないとは言えないだろう。

しかしながら、このように沖縄戦を記録するという活動の展開過程は、必ずしも単調なものではなかった。問題を複雑にする要因は、一言でいえば、そもそも沖縄戦を記録するとはどのような意味をもつのかという、評価や判断の問題に行きつく。戦争体験を記録するということは、何をどう書き語るのかという問題と関わっているのである。この点はまずは出版される書物の種類や、書き手の多様さに現れる。前者に関して嶋は、「戦闘経過中心の戦史、戦記」「沖縄現地の総合的体験記録集」「個人および団体の手記、記録」「日米両軍の公刊戦記」「日米両軍及び沖縄住民の総合的戦史」という、五つの類型を挙げている。[12]

また後者に関しては、一九七三年の段階での刊本125冊の戦史、戦記類（市町村史等は省く）を、①旧軍人による戦闘記録（25冊）、②ジャーナリスト、作家による実録（49冊）、③沖縄住民の手記・証言記録（18冊）、④公式記録（28冊）、⑤その他（5冊）のように区分している。[13]

このような区分法の工夫は、沖縄戦の記録がもつ意味をどのように理解するかに関わる、粘り強い思索の後を示すものというべきだろう。興味深いのは、嶋が10年間を挟んでこのように区分を変化させるべく、新たに現れた要因が一九七〇年代の沖縄返還協定に関わる県民運動と沖縄戦に関する近代史研究の成果、とりわけ「住民資料の集積」であるとしている点である。[14]言うまでもなく、それは字誌の戦争記録をその一部として展開する流れである。そこで次に、沖縄戦の記録づくりにおける字誌の位置づけを、簡単な時期区分を基に示してみたい。

字誌の戦争記録の位置

まず沖縄戦に関する主要な出版物の年表を基に、ここでは次のような戦争体験を記録する活動に関する時期区分を考えてみよう。

①生成期　一九四五〜一九七一

②発展期　一九七一〜一九九二

③展開期　一九九二〜現在

1　生成期

生成期とした一九四五年から一九七一年に至る時期は、敗戦から『沖縄県史』の戦争記録集9巻と10巻が発刊されるまでである。この時期には沖縄戦の終結と日本の敗戦を経て、沖縄で沖縄タイムス社編『沖縄戦記・鉄の暴風（以下『鉄の暴風』と表記する）』（一九五〇）が出版され、続いて仲宗根政善『沖縄の悲劇』（一九五一）や大田昌秀・外間守善『沖縄健児隊』（一九五三）など、戦争に巻き込まれた学生の犠牲を取り上げた書物が刊行される。他方では、防衛庁防衛研修所（現防衛研究所）による『沖縄方面陸軍作戦』（一九六八）などのような、国家の立場からの沖縄戦史が現れる。この時期の戦争記録の多くが、いわゆる「ひめゆり部隊」の伝説に見られるような学生の「悲劇」に関心が集中する中で、『鉄の暴風』は一般住民の戦争体験を記録しようとしていた。

2　発展期

次の発展期は、一九七一年の『沖縄県史9・10』の発刊から一九九二年の『楚辺誌・戦争編』の刊行までである。住民の戦争体験記録を編集した同県史は、『鉄の暴風』の観点をさらに深め広げようとした書物であった。同年にはその趣旨を広げる目的から、同じ資料を基にした中公新書『沖縄の証言』が発刊されている。このような動きは沖縄県の平和祈念資料館が展示替えにともなって「証言の部屋」を設け、見学者が住民の戦争体験記録に接する場を設けたことや、「沖縄戦フィルム1フィート運動の会」が設立されることも同じ意味をもっている。一方でこの時期はまた、曽野綾子の『ある神話の背景』（一九七三）をきっかけに、改めて「沖縄戦の真実」が戦争記録の重要な課題として意識される時期であった。[15]石原昌家『虐殺の島』（一九七八）や大田昌秀『これが沖縄戦だ』（一九七九）、『総史沖縄戦』（一九八二）などの著作は、この点を意識した専門家による成果である。

表1　沖縄戦記録関連年表

発行年	書　　名	社会的背景
1945		沖縄戦・敗戦
1947	古川成美『沖縄の最後』	
1950	沖縄タイムス社編『沖縄戦記・鉄の暴風』	
1951	中宗根政善『沖縄の悲劇』	
1953	大田昌秀・外間守善『沖縄健児隊』	
1960	陸上自衛隊幹部学校『沖縄作戦』	
1968	防衛庁戦史室『沖縄方面陸軍作戦』	
1970	大江健三郎『沖縄ノート』	
1971	沖縄県『沖縄県史９・10』	
〃	名嘉正八郎・谷川健一編『沖縄の証言』	
1972	八原博道『沖縄決戦—高級参謀の手記』	沖縄返還協定
1973	曽野綾子『ある神話の背景』	
1974	読谷村宇座区『残波の里』	
〃	『那覇市史・戦時体験』	
1978	石原昌家『虐殺の島』	
〃	那覇市『忘れられぬ体験』	
1979	大田昌秀『これが沖縄戦だ』	
1981	『名護市史・戦争体験』	
1982	大田昌秀『総史沖縄戦』	
1983	平和祈念資料館『平和への証言』	
〃		沖縄戦フィルム１フィート運動の会設立
1984	『浦添市史・戦争体験記録』	第三次家永教科書裁判
1985	名護市『語り継ぐ戦争』	
1988	読谷村『平和の炎１』	沖縄出張法廷
1992	読谷村楚辺区『楚辺誌・戦争編』	
〃	糸満市米須区『米須誌』	
〃	『読谷村史・戦時記録』	
1995	金城重明『「集団自決」を心に刻んで』	
1997	琉球弧を記録する会『島クトゥバで語る戦世』	
2003	北谷町上勢頭区『上勢頭誌』	
2007	読谷村高志保区『高志保誌』	岩波「集団自決訴訟」

しかしこの時期でさらに注目されるのは、『那覇市史・戦時体験』（一九七四）や『名護市史・戦争体験』（一九八一）、『浦添市史・戦争体験記録』（一九八四）などのように、市町村史の一部に戦争体験を収録する動きが広がっていくことである。これは『沖縄県史』の戦争体験記録集づくりの意図が、関係者の活動を通じて県から市町村段階に下りさらに広がった事実を示している。またこの動きは那覇市民による『忘れられぬ体験』（一九七八）のように、市民自らがその担い手になって経験を記録しようとする動きとなって広がったことも、注目されるところである。ここでさらに注目しておきたいのは、読谷村宇座区の『残波の里』（一九七四）のように、住民の戦争体験を重視した字誌が現れていることである。

3　展開期

最後の展開期は、一九九二年の『楚辺誌・戦争編』の発刊から今日に至るまでである。この時期の特徴は、『楚辺誌・戦争編』と同じ年に糸満市の『米須誌』が発刊されたのに引き続いて、北谷町上勢頭区『上勢頭誌』（二〇〇三）や読谷村高志保区『高志保誌』（二〇〇七）などのような、極めて充実した戦争体験の記述や体験記録集をもつ字誌が生まれてきていることである。これは発展期に県段階から市町村段階に降りた、『鉄の暴風』以来の住民の目から見た「沖縄戦の真実」を記録しようとする動きが、字のレベルまで下ってきたことを示す。これらの字誌の戦争体験に関する記述部分には、『米須誌』に沖縄国際大学の石原昌家ゼミナールが関わりをもったり、比嘉豊光による『島クトゥバで語る戦世』（一九九七）のように民衆の目から見た「沖縄戦の真実」の探求に、方言を用いた語りを映像として残そうとする新しい取り組みが生まれてきたりしていることも、「発展」の一部として注目されるところである。

以上のように沖縄戦の体験記録づくりの中では、字誌が占める位置が拡大するという動きが見られる。前節でみた特質をもつ字誌づくりの世界が、すべて『楚辺誌』のような方向に動くとは考えられないのは事実だが、こうした動きは今後も拡大することが予測される。なお説明は省くが、こうした戦争体験の記録づくりの取り組みは、年表に示した社会的な動き、とりわけ沖縄返還協定や教科書裁判、大江健三郎『沖縄ノート』の「集団自決」に関する記述をめぐる大江・岩波訴訟などの、「沖縄戦の真実」に関わる問題と密接にかかわって展開している。字誌の戦争体験に関する記述は沖縄戦記録をめぐる社会的なダイナミズムと、深く結びついているのである。

字誌の戦争体験記録のダイナミズム

いま指摘したように、字誌は戦争体験の記録を通して沖縄社会の変化と、密接につながっている。それでは字誌の社会的ダイナミズムとは何だろうか。ここでは沖縄戦の戦争体験記録づくりに見られる、次の二つの視点に改めて注目してみたい。

一つは沖縄戦を記録することの意味を、「沖縄戦の真実は何か」という問題として問い質そうとする視点である。これは冒頭に指摘したように、民間人を巻き込んで展開した沖縄戦の不条理に目を向けながら、庶民ないしは民衆の立場に立ってその意味を問おうとするものである。嶋はこれを「民衆の論理」と呼んで、「軍の論理」から区別している[16]。「論理」とは言っても筆者には、このような視点はむしろ論理以前の疑問や不合理感から生じた、きわめて自然な初発の感情や感覚であるように思われる。『沖縄戦と平和教育』の「沖縄戦の視点」に示された、「〝八文半軍靴〟のフィクション」や「戦争観光への疑問」などを見れば分かるように、この観点は住民の戦争体験を軍隊の立場から総括し、その犠牲を美化する言辞に接したときの率直な疑問の上に成り立っている[17]。嶋らのグループには、南部の戦跡を巡る観光バスの女性ガイドが「熱を込めて語る沖縄戦の悲劇は……全くのフィクションではないにしても、誇張と美化によって戦争の実相をおおいかくしてしまうような話があまりに多い」と感じられたのである。武器をもたない老人や子ども、女性の犠牲を、天皇に殉じた名誉ある戦死と捉えることへの違和感と疑問が、この視点の基本にはある。
「民衆の論理」とは、住民の犠牲を国家や天皇への忠誠として搦め捕ろうとする国家の意志と、自らの理解の異同を意識しようとする自覚的な作業を指すと言っていいだろう。したがって「論理」は、何らかの既存の考えや理念を指すのではない。強いて言えば、それは経験の意味を探求しようとする「論理化」の過程を指すだろう。字誌の戦争体験記録がもつ社会的ダイナミズムは、このような論理化の過程として成立するはずなのである。というのは、この観点に立つ戦争記録への関心は、基本的に沖縄戦の中では「何が起きたのか」を「戦争の真実」として、民衆の立場から明らかにすることを重視する。語られてこなかった事実や隠されていた事実を明らかにし、広く社会に伝えることがこの活動の重要な意味なのである。このような問題意識は今日に至るまで、基地の存在をめぐって展開する沖縄の社会運動を支える社会的ダイナミズムの一部を構成している。字誌は戦争体験の記録を通して、このダイナミズムにつながっているのである。

もう一つは沖縄戦の体験が語られるようになるまでに、35年という時間がかかったという事実がもつ、先述とは逆の向きをもつ視点である。この点で興味深いのは、屋嘉比收が「一般的に沖縄戦の体験が公に語られるようになるのは沖縄戦から33回忌が過ぎた、一九七八年以降のことだ」と指摘していることである。[18] 33回忌という死者の弔いの区切りが、人々が経験を語る糸口になるというこの指摘は、経験を「語る」こと自体がもつ困難さに目を向けようとしている。

この困難さについて写真家の比嘉豊光は、以前にも取り上げた屋嘉比のこの文章が収録された『島クトゥバで語る戦世』という写真集の中のインタビュー記事で、「戦争体験はふだんは語られないことで、日常的に子供たちに聴かせるようなものではない。しかし、改めて島クトゥバで記憶を呼び起こして話し始めると、そのときの感情や風景まで表情に出てくるのが一番感動的である」と述べている。[19] 読者の理解のためにいくつかの事実を補足しておくと、比嘉は村山友江とともに、『楚辺誌・戦争編』の編集にかかわった経験をもつ。二人はこの経験を基に、すでに高齢者となった沖縄戦の経験者が方言（島クトゥバ）によって、その体験を語る姿を映像として記録した。比嘉の発言は『楚辺誌・戦争編』の編集過程で、方言で調査した「語り」を共通語に置き換えたときに感じた、「ギャップ」を説明したものである。

比嘉のこの発言は、先の屋嘉比の指摘と直接に関わりをもって語られた言辞ではないが、「33回忌」を一区切りとする理解を共有していると考えられる。つまり別の表現をすれば、戦争体験を語るという行為は語りえないという困難を超えて、ある瞬間に現出する（émerger）ものなのである。「33回忌」という区切りは、そうした瞬間が出現するきっかけとして納得のいくものである。また比嘉等が感じた「ギャップ」も、本来は語り得ないものが語られる瞬間に出会った驚きを意味するものと理解される。言い換えれば、「語る」という行為は「沈黙」と背中合わせなのである。戦争体験を記録するという行為は、沈黙が語りに転じる一つの変化のプロセスを意味する。比嘉が経験した「その時の感情や風景まで表情に出てくる」という発見は、まさに映像がその瞬間をとらえた事実を指している。

岡真理は、スピルバーグ監督の「プライベート・ライアン」（一九九八）というリアルな戦闘場面の描写で評判を呼んだ映画作品を取り上げて、手足が吹き飛び内臓が飛び出す場面をどれだけ本物らしく描いたところで、現実にあった出来事の真実に近づくことはできないとして、実際にあった経験を語ることの困難について、「言葉では語りえないはずのその〈出来事〉について語ろうとする私たちが、『語りうる者』として振舞おうとしたら、その瞬間に私たちは〈出来事〉を裏切ることになるだろう」と指摘している。[20]

この指摘はまさに、沖縄戦についてもあてはまる。スピルバーグが製作総指揮をして作られたテレビドラマ「The Pacific」の沖縄戦編は、戦争の悲惨さを被弾して飛び散る肉体や腐敗してウジが湧いた死体として再現しようとするが、それがリアルであろうとすればするほど、映し出される場面は「出来事を裏切る」ものであることが理解される。

しかしこの困難は、戦争を体験した当事者についてもあてはまる。時間を隔てて、過去に経験した出来事を言葉として現在の時間に再現することは、本来は不可能なことである。忘却を含めて過去の経験を現在に再現することは、フィクションを含まざるを得ない。坂部が言うように、「語り」は「騙り」につながっているのである。[21]経験をした当事者の場合には、「出来事」の記憶と「語り」として表現される言説の間の乖離が、語ろうとする行為への抑止として作用するであろうことは、想像に難くない。経験した出来事が過酷なものであればあるほど、抑止する力は増す。

このように考えると、「語る」という行為はこの抑止の力に抗して出現してくるものであることが分かる。このような「沈黙」から「語り」への転換ないしは「語り」の現出は、戦争体験を記録する行為一般がもつ内面の変化、つまり教育的な意味世界として理解される事柄である。字誌の戦争体験記録がもつ教育的意味とは、こうした内面の再構築の過程を指すのである。

ちなみに二番目のこの視点を欠いた場合、一番目の隠された「沖縄戦の真実」を明らかにするという視点は、戦争体験を語るという行為そのものを疎外し抑圧するものになりかねない。というのは「真実」としての意味の有無が、すなわち経験の意味を判断する基準となり、意味の大小を測る過程を生み出す可能性があるからである。その場合は、沖縄戦での住民の犠牲の苛酷さを代表する体験だけが重視されることになりかねない。次に見るように、県史や市町村史のような公式の出版物の戦争記録の場合には、沖縄戦の経験を正確に記録し記述するという必要から、このような配慮が加わりやすい。そのような必要を否定するわけではないが、戦争体験として重視されるものがあれば、必然的に重視されない体験が生まれる（取り残される）というパラドックスの存在を、ここではあえて指摘しておきたい。この点ではこれから検討する字誌の戦争体験記録は、県史や市町村史とは区別される独自の、そして体験の記録としては最も重要な要素を含んでいるものと考えられる。

第3節 戦争体験記録の意味世界

字誌と戦争体験記録

字誌の住民の沖縄戦での体験記録は、実際にはどのような教育的意味をもつのか。ここで検討の対象とするのは、筆者が収集した55点の字誌に沖縄県立図書館および名護市立図書館で調査した字誌31点を加えた、86点である[22]。これらは北部への地域的な偏りを含むが、これは字誌の全般的な傾向に従っている。また年代も一九九〇年代以降に偏っているが、これも同様の傾向である。

これらの中には個人の生活誌や写真集、新聞集成などが含まれるために、86点すべてが戦争経験の記録を含んでいるわけではない。しかし通常の字誌として印刷出版されたものの場合は、数点を除いてほとんどがこの記録を含んでいる。ただしその扱いは二通りあり、字の歴史一般として戦争の経過が記述されるものと、「手記」として個人の戦争体験記録が収録されるものとがある。本章が検討の対象とするのは、主に後者である。特徴的なのは前章で字誌がシマのいわば公式の事業であるがゆえに、個人の事柄は記述しない原則があると先に書いたにもかかわらず、「手記」である場合には個人名を出して私的な内容の手記が収録されるということである。この点から戦争体験の記録一般と同様、字誌に収録される個人の体験記録はライフヒストリーないしは共同のライフヒストリーとみなし得るものである。

なお字誌の戦争体験記録の内容の検討に入る前に、沖縄戦の開始以前からシマの住民は戦争ないしは日本軍との接点を数多く有していたことを補足しておく。たとえば『邊野古誌』は住民と戦争との接点を、「徴用と供出（桟橋構築・ざん壕構築・伐採挺身隊・青少年団・供出・警防団と国防婦人会）」「避難生活（防空壕構築と避難小屋・疎開民受け入れ・字の避難（食料・避難生活・避難住民の下山と捕虜状況））」「駐留基地と捕虜収容所（大浦崎収容所・大浦崎駐屯基地と住民・大浦崎収容所哀歌）」「戦争と住民（10・10空襲と住民・戦中の主な出来事）」「徴兵と出征軍人（兵隊見送り（壮行儀礼）・戦没者と戦争犠牲者・村民葬）」にまとめている[23]。北部の一つの集落の事例ではあるが、シマの生活が沖縄戦の開始以前からさまざまの面で、日本軍との関係を有していたことが分かる。

体験記述の多様さ

最初に触れておきたいのは、字誌の戦争体験記述の多様さについてである。ここでの多様さとは収録された経験の種類の多様さをいうのではなく、経験の意味づけ方の多様さを指す。前章で「字誌は何でもありの世界だ」という言説を紹介したが、戦争体験の記述においてもこの指摘は当てはまる。

端的な例は、住民の悲惨な戦死の記述の後に続けて防衛庁の『沖縄方面陸軍戦史』の一節を引用する、『我部祖河誌』のような事例だろう。先に、嶋津与志の「軍の論理」vs「民の論理」という区別を紹介したように、同じ体験であってもそこに見出す意味は本来、立場によって異なる。『我部祖河誌』のような例は、記述の中に流れるイッシューを混乱させているのである。あえて強い言葉を用いるとすれば、「素人らしさ」を表す典型的事例ともいえるこの混乱は、自治体史のような公式の体験記録集には見られない字誌に特有の特徴である。

このような「何でもありの世界」という特質は場合によると視野の狭さにつながり、地域エゴを強める方向に作用する可能性がある。例えば『我部祖河誌』や『古我知誌』が、昭和初期の「嵐山事件」というハンセン病関連施設の建設問題に関連した「闘い」を、先人の「偉大な苦労の功績」として高く評価し記録しているのは、ハンセン病問題への理解を欠いた視野の狭さを露呈させた事例というべきだろう。

しかしながらこのような混乱や狭さを含んだ多様さは、同時に「語り」の豊饒さを意味する。すでに触れたように、字誌の場合には経験を記録することに関する制約は、県史や市町村史に比べて少ない。自治体史では、事実を正確に記録することや幅広く公平な観点を保つことが求められるのに対して、字誌には基本的にその責任はないのである。この特質は、上で述べた「沖縄戦の真実」を記録するという語りの観点が陥りかねない、体験を評価し語りに軽重をつけるという陥穽から、字誌が自由であることを意味する。具体的にいえば、市町村史では編集の過程で経験談や手記の選別という形での編集者の介入が不可避であるのに対して、字誌の場合にはその過程が全く無いかあっても限られる。これには収集する体験記録の数に、限りがあるという事情も加味して考えなければならないだろう。

要するに字誌の戦争体験記録の豊饒さとは、より正確には夾雑物が多いということなのである。夾雑物というのは戦争に直接関係のある事柄やその悲惨さを伝える経験だけが選ばれるのでなく、村から派遣されて受けた講習会で褒められたというような、個人のささやかな喜びを綴った手記も戦争体験の記録として残されることを指す。また夾雑物の中には稚拙さや回りくどさといった表現の的確性の欠如、つまり言葉が記録すべき事実にたどり着くまでに迂回する距離の長さという要素も含んでいる。この部分は住民の「語り」ないしはライフヒストリーとして、筆者が字誌の戦争体験記録に注目する際の焦点である。

この点でひめゆり平和祈念資料館の仲田晃子が、資料館での語りについて次のように指摘していることはきわめて示唆的である。仲田は資料館のスタッフとして「資料館で沖縄戦のことが語られるときはどうしても、事実関係がどうか、記憶違いではないか、確実に言えることはどこまでかなど、〝まちがい〟がないよう注意がはらわれる」のに対して、「『元ひめゆり』学徒としての語りには含めることのできない、私的な語り」「資料館で伝えることには〝使えない〟語りを聴くことがある」として、こう述べている。

「それは、年表のどこかにおさめることができるようなものではなく、広くみんなに知ってほしいという性質のものでもなかったりする。聞いたことでこれが分かったとは言えないような語り。しかし、痛みや悲しみ、あたたかさ、さびしさ、喜び、感謝の気持ちや申し訳ないという気持ちが語っているその人から伝わってきてその感情にいつの間にか自分も巻き込まれたりする語り。」[24]

これは直接に字誌の戦争体験記録について言及したものではないが、ここで問題にしている夾雑物を含む多様性がもつ豊饒さの内実を言い表すものと理解することができるだろう。字誌は仲田の言う、「私的な語り」の場として機能しているのである。

集合的な体験の記録

二番目は字誌の戦争体験が、シマを単位とした集合的な経験を記録しようとしている点である。シマの集合的経験を記した典型例は、空襲によって家々が焼かれていく様子を目撃した体験記録だろう。状況把握のために夜になってから立ち寄った集落に、その時、誰と誰の家が焼け残っていたのかを記した『轟―すくたし』の記録や、避難先から爆撃によって燃え始めた集落を見下ろしながら、「今はどこの家が……今はどこ……今は何屋だ」と言葉を交わしつつ眺めるしかなかった経験を記録する『富盛誌』のような事例は、シマの被災の様を個人の経験を基に確認し共有する意図を表している。

集合体としてのシマの経験を記録しようとする意図は、戦火が及ぶ中で北部への避難をめぐって住民の行動が分かれた場合に、それぞれの経験を集約してシマの行動として記録しようとする『屋嘉誌』や『比謝矼誌』、シマの住民が「捕虜」として収容された収容所ごとの経験を集約し、その経験の全体像を復元しようとする『米須誌』などのような形でも表されている。こうした集合体としての経験の集約は、北部への疎開を住民が迷った理由(『米須誌』)や犠牲者が多く出た理由(『識名誌』)、さらには犠牲を少なくした防衛団員の功績(『奥のあゆみ』)などの分析、および犠牲者の数の把握、さらには家族、個人名、「戦死」の理由や場所の記録など、住民を襲った死の詳細の確認に及んでいる(『米須誌』『識名誌』)。

すでに指摘したように、夾雑物を含んだ多様さの中の豊饒さを特色とする字誌には、戦争の中でのさまざまな「私的な経験」が記録されている。例えば天皇陛下万歳を叫んで死んだ「オジィ」の最後を、皆に語り継がれるべきものとして記録する例(『大名誌』)や、自らが志願兵として出征した経験を誇りとし、身近な人々に知ってもらいたいとする記録の例(『大名誌』)、さらには戦争の最中、他の住民からスパイの容疑をかけられた一人の住民の誤解を解くことを目的に書かれた記録の例(『渡慶次誌』)などのようにである。これら「私的な経験」の記録は、同じシマの住民に向けた個人の経験の共有を求めている。

注目すべきなのは、このような集合的な経験の確認や共有から、経験がもつ意味の発見が生まれることである。たとえば『南恩納誌』は、住民のさまざまな経験をまとめた編集者の言葉として、「戦争体験記を通して、Tさんのようなたくましさや、武器をもたなかった人たちの生きる知恵を見出さなければなりません」と記しているが、この指摘は『南恩納誌』だけに限られるものではない。「たくましさ」や「生きる知恵」などの教訓は、戦場を生き抜いた人々のもろもろの経験が綯い交ぜになって生み出され、引き継がれていくものなのである。

字誌に戦争体験に関する章を設ける理由を説明した、『残波の里』の次のような言葉はこうした集合体験のもつ意味を端的に表した事例といえる。[25]

「われわれは、過ぎ去った『戦争体験』を忘れてはならない。戦争の悲惨さは、人間の筆舌では表現できない。戦争は人類の最大の罪悪である。人間が人間を殺し、傷つけ、一切の物を破壊しつくす戦争を、再び起こさせてはならない。そのことは、戦火の中を生き残ったものの責任であり、義務であろう。戦い終わって既に二十年の歳月が流れてしまった。戦争当時の記憶も薄れつつあるが、部落の人々の戦争体験を、今のうちにまとめておくことは貴重なことである。」


しかしここでは、このような意味が字誌にとってアプリオリに存在するわけではないことに、注意する必要があるだろう。言うまでもなく、戦争が悲惨なものであり人類最大の罪悪であること、またその戦争を再び起こさせてはならないことが生き残った者の責任であり義務であることは、もとより正しい。しかしあえて言えば、この一節は正しい指摘であるがゆえに、字誌づくりの語りの多様性に一定の制約となって作用する可能性をもつ。つまりこの立場が固定化し規範化される場合には、これとずれる言説や体験記録の位置づく余地が失われる可能性が生まれるからである。

この点では『残波の里』が述べている事柄は、「たくましさ」や「生きる知恵」といった意味、ないしは教訓の最終的な集約であると考えるべきだろう。つまり字誌の意味世界の探求において重要なのは、戦争に反対するという立場や枠組みの部分を重要視することではなく、そうした意識や価値観がシマ社会の中で生起する過程を探求することなのである。

情動の役割

三番目は、戦争体験を語り記録するという行為が強い情動の動きを伴っており、ときにはそのカタルシスとして作用しているという点である。

先に沖縄戦では一般住民の犠牲者が多かった事実について述べたが、字誌の中にはこの点に注目しシマの出来事として記録する事例がみられる。例えば『上田誌』は、浦添市前田区の一家全滅家庭の数が全201戸の内の59戸に上る事実に触れ、自らの区でも320名中84名（4分の1）が犠牲になった事実を記している。また『大名誌』は、「細かいことは思い出せないこともあるけれど、はっきり情景が目に浮かぶようなこともあり、怖い、つらい、くやしい思い出が今も残っています。絶対に、子や孫には戦争で私が味わった苦しみを味あわせたくはありません」と記している。

ここで注目したいのは住民の戦争体験が、自らの逃避行や目前で経験した身近な人々の死の様態をさまざまに記録しているにもかかわらず、あるいはそれが「戦場の非常な人間像」（『瀬底誌』）として総括されるべき事柄であることが分かっていても、それでもなお『伊差川誌』が記すように、書きつくすことのない事柄であると言おうとすることである。『伊差川誌』には、「人間の断末魔の叫び。子は親を呼び、親は子を呼ぶ。鮮血に染まりのたうちまわり苦悶する者。45年前の沖縄戦の悪夢。思い出せば思い出すほど次々と残酷なことだけで到底書きつくすことは出来ません」という記述があるのである[26]。

「経験を語ることの困難」という問題についてはすでに指摘した通りだが、ここではその困難を乗り越えて、経験者自身がその体験を記録として書き遺そうとしていることに注目したい。こうした困難を乗り越えて、字誌を含め沖縄には戦争の経験を語る活動が多いのはなぜか。それが困難なことであることを知りつつ、なお語ろうとするのか。その理由は単純ではないだろうが、ここではあえてその背景に強い情動が存在することに目を向けてみたい。

たとえば、『瑞慶覧誌』に収録されたシマの慰霊祭に際しての遺族代表の「祭文」には、「(戦死したのが）部落の指導者」や「働き盛りの若者」、そして「東も西も分からない子達であった事を考える時、胸の張り裂ける思いがし、戦争の恨みはいつまでも忘れる事が出来ません」と記されている[27]。慰霊祭の「祭文」という形式のせいもあろうが、この「胸の張り裂ける思い」や「戦争の恨み」という言葉は、内面的な強い情動を表す直截的な表現といえる。先に取り上げた、『残波の里』の戦争体験を語り継ぐことへの責任を自覚する文章に比べ、どちらが先行するかは言うまでもないだろう。繰り返しになるが、引用した『残波の里』の一節はこうした感情を潜り抜けた理性の言葉なのである。事実『残波の里』の場合にも、住民が避難した壕の上に落された爆弾によって壕がつぶされ、大岩の下敷きになった少年が一人取り残されながら、死の間際まで知っている唱歌を歌い続けた事実が話し合いの中で明らかにされている[28]。この場合にも、『瑞慶覧誌』のいう「胸の張り裂ける思い」や「戦争の恨み」が伴っているであろうことは、想像に難くない。

『米須誌』に収録された次の記述は他人の体験談を聞いた編集者の言葉だが、文章としては言葉の使い方などに混乱が見られるものの、そのことによってかえって文章の整合性を超えて体験を記録することに向かおうとする、心の動きが生々しく伝わってくる。

「このようなむごたらしい惨事は、想像に絶する。犠牲者の苦しみ、悲しみ、怒りをわめきながら、親子、兄弟、姉妹が、せつない思いを抱き合いながら、湿った暗い自然壕の奥底で、遂に永遠に黙してしまった。

このような苦悩の実態は、書きながらでも、手先が震え、文章やことばだけでは的確に表現することは困難な業である。誰が、何のために、このような地獄の果てまで、一般住民を押しまくったのか、唯唯思っただけでも、頭が錯乱する。」

字誌が有するこうした悲しみや恨みの表出場所としての役割は、今日、心理療法の世界やアフリカの難民キャンプにおける避難民への救済活動などで展開している、ナラティヴな方法によるトラウマのケアと同質の意味をもっているように思われる[29]。また辛い体験の末尾に添えられる平和の大切さや戦争に反対する意思の表明は、悲しみや苦しさ、慙愧、怒りなどのへの救済ないしはカタルシスとしての意味をもつと言えるのではなかろうか。次の『前川誌』の記録は、カタルシスの結果としての平和への意志の成立過程を、物語っているように思われる[30]。

「思い出したくない、あの悲惨な戦争、でもなぜか母となった現在、子供たちが大人になった今でも戦場での母がくれた、あの焼き甘藷の美味さは、今の豊かな時代では味わえない母の愛情の贈り物を、子々孫々まで伝えて、わが子が戦場に行くことがない平和な時代が永久に続くように努めなければならないと自分にいいきかせている。そうすることが戦死した父や行方不明となった母と妹への、生きている私のせめてもの恩返しであると信じているものである。」

「真実」の発見

四番目は、字誌の戦争体験の記録にはたくさんの「真実」の発見が見られるという事実である。この点は、従来から住民の沖縄戦記録がもつ意味として注目されてきたところであり、それが経験を語ろうとする運動を支え広げる原動力になっていることは、すでに触れたとおりである。最近では、林博史『沖縄戦と民衆』のように字誌を含む膨大な体験記録を基に、戦場での住民の行動の意味を丁寧に解明する成果も現れている。

一般にライフヒストリーという方法論にとって、「真実」という表現は形容矛盾にあたる。エスノメソドロジーを旨とするこの方法は一つの「解釈」を提示することはできても、それを「真実」として断定的に扱うことはないからである。ここでの「真実」の意味は住民が発見する、ある種の主観性をもった意味世界というべきである。

しかしながらあえて言えば、これまで注目されてきたのは被害者としての住民の戦争体験に、主な関心があるように思える。繰り返して言うことになるが、筆者にその姿勢を批判する意思はないのだが、こうした傾向が「民衆の論理」を重視する著作やその影響を受けた自治体史に顕著に見られることは事実である。これに対して、字誌の戦争体験記録に見られる「真実」の発見の世界は、すでに指摘した「何でもありの世界」という言説の通り、自治体史に比べてある種の混乱を含みながら多様である。

そこで「真実」の発見に関わる、字誌の意味世界を必要な補足をして列記すれば、次の通りである。

①フィリピンを含む、戦時下における日本兵による住民虐殺（『許田誌』『屋嘉区誌』『上田誌』）。
②日本兵による住民への加害。住民が避難した壕からの追い出しや、「日本兵の落ち武者の（ような）哀れな姿」、避難する住民の食べ物を奪うなどの「敗残兵の屈辱的な行為」（『米須誌』『屋嘉区誌』『邊野古誌』）。
③日本軍兵士の軍人魂のすごさ。日本兵が米兵と戦う戦闘場面を目撃し、その勇敢に戦う様に対して「頭が下がる」と感じた経験（『大名誌』）。撃墜された特攻機を見て、「本当に悲しい思いがして、四、五日は不愉快だった」経験（『楚辺誌・戦争編』）。

④住民による米兵殺害（『湧川誌』）。
⑤日本軍がもつ軍事力への不信。米軍の本島上陸は時間の問題であるとして力なく立ち去る地区司令官を目にしての、「こんな司令官で戦が勝てるかと思った」経験（『大湾誌』）。
⑥負傷者の手当てをする米兵に対するシンパシー。「負傷者の傷の手当てをしている米兵の姿を見て敵ながら感心する」という経験（『大名誌』）。
⑦キャンプで米軍人と仲良しになった沖縄女性への怒り。キャンプで米兵が沖縄戦で拾ったと思われる品物をさも誇らしげに持っているのを目にして、「負けた悔しさで眠れない日もあった」経験や（『楚辺誌・戦争編』）、「捕虜」になり収容所に連れて行かれる車の上から目にした、「米軍人たちと仲良くなった連中もいて、手をつないで歩くものや肩を組んで歩く女性たちを見て怒りを感じた」経験（『大名誌』）。
⑧軍事力の差の発見。「これだけの船団から兵員、武器、物資が陸揚げされたが、日本の兵力との差が一目でわかるような気がした」（『楚辺誌・戦争編』）や、米軍の戦車を見たときに「無駄な事をした」と感じた経験、および「戦場に次々に新しい兵器が現れる中、多くが既に骨董品的存在であった飛行機で近代戦を戦う兵士の無念さが痛いほど分かる」などの体験（『喜瀬武原誌』『大名誌』）。
⑨沖縄の政治的位置への疑問。沖縄戦の経験を、「これが沖縄の宿命であるということは、我々はどうしても承服できない」（『楚辺誌・戦争編』）としたり、「わたしは沖縄戦を体験した者として声を大にして訴えたい。まず軍事基地をなくすこと。沖縄戦を決して忘れてはいけないこと。二度と子や孫を戦場に送ってはならないこと」としたりする意識の形成（『富盛誌』）。

これらの「発見」は事実としては、いずれもすでに自治体史などの戦争体験記録の中で明らかにされてきたものであり、特に新たな事柄が含まれるわけではないだろう。しかしその扱い方という点で言うと、従来から住民の戦争体験記録による「真実の発見」として重視されてきたのは、主に①や②および⑨のような日本軍の非行や住民の被害、沖縄の地位に関する事実だったのではなかろうか。残る③や④のような日本軍への共感を示す事実や、⑤や⑦のような戦争そのものの意味に関する「発見」は、あまり注目されてこなかったように思われる。

繰り返しになるが、住民の被害の大きさという沖縄戦の特質から、①②⑨に関心が集まる理由はよく理解できる。しかし住民の沖縄戦記録の意味を考える場合、それだけに意味を限定せず③④のような戦争協力に当たる要素にも目を向けることが必要だろう。また⑤⑧は、戦火の中で住民が文字通りに国家の押しつける虚偽に気づいた事実として、注目しなければならない事柄である。いずれにしても、字誌に表された住民の「真実の発見」は、矛盾したものであるように思われる。先に示した『残波の里』の戦争体験を記録することがもつ残された者の責任への言及は、こうした矛盾した要素が総合されて生まれる意味ないしは経験に基づいた「知」と理解すべきだろう。

意味の探求

最後はこうした経験を踏まえて字誌の戦争体験記録の中では、どのようにその意味の探求が行われているのかについてである。

最初に確認しておきたいのは、先述した「真実の発見」が経験をした者の内面に跳ね返り、何らかの感慨とともに記憶されるという事実である。例えば従軍中、台湾で目撃した撃墜された米国の戦闘機の操縦士への憐憫の情を綴った『大名誌』の記録は、「双胴のＰ38の一機は黒煙を引きながら大きくゆれるように上下したが、赤黒い炎に包まれ山の稜線に消えて行く。その断末魔にも見える様相に敵上空で散る兵士に哀れを感じたが、食うか食われるかの戦場で一瞬とはいえ感傷的になった己の不謹慎さ、甘さを戒めなくてはならなかった」と記述している。[31]

この戦争体験記録の一節は、過去の経験が一定の振り返りや意味づけを伴って記憶されることを、読む者に理解させてくれる。戦争体験の意味の探求は、こうした意識の作用から自然に生まれるものなのではなかろうか。『大名誌』の同じ手記は、新兵教育の思い出として、「いつ終わるとも知らぬ戦争に死の不安と恐怖はあった。それを乗り越える事が出来たかどうか正直な気持ちとして疑問は残っている」と記述している。

この言説の特徴は、筆者が自己の内面に目を向けていることだろう。戦争という事実に向き合う意識は、まずはこのように内に向かう意識として成立する。同様のことは、「戦争の悲惨さは人の心を狂わし避難のため移動中も負傷した人や大勢の死体も見て来たが神経が麻ひしていたのか、なにも感じないし怖さもなかった。しかし人は世の中が落ちつき平和になったとき、過去の事象を憂い、悲しみが湧いてくるものである」という、『識名誌』に収録された体験記録の表現からもうかがえる。[32]

「湧いてくるものなのである」という言葉で締めくくられたこの文章は、いわゆる述懐の表現をとっている。その当時は「何も感じず怖さもなかった」という、矛盾した自己の内面に目を向けて発せられたこの表現は、内に向かった自己確認の意味をもっている。ここから分かることは、沖縄戦の経験についての総括に当たる判断や誓いの言説はこうした内省の結果として残されるということである。

二番目は、そうした内に向かう意識が次に、「そもそも、沖縄県民にとって学童疎開の『疎開』とはなんだったのだろうか」(『高良の字誌』)や、「多感な青春時代、友人、知人の多くを奪ってしまった戦争は、一体何だったのだろうか」(『屋良誌』)のような、外に向かう意識へと展開するということである。次の『屋良誌』の一文は、その過程に多くの苦痛が伴うことを教えている。[33]

「戦後、戦争体験を話したがらない人も多いと聞くが、その気持ちは理解できる。誰も、自分の傷口をこじあけて人目にさらすことをよしとはしない。しかし、ここの体験者が傷口を埋めたまま、永遠に口を閉ざしてしまうと、この地で起こった人類の誤ちが無意味なものになってしまう。悲惨な体験を苦しんで悲しんだ人の分まで貴重な教訓として生命を与えなければならない。」

また、「戦前の皇民化教育で洗脳された私たちは、無批判に国に忠誠を誓うことを美とし、あたかもそれが愛国心であるが如く錯覚していたことを、恥じねばならないと私は思います」という『古謝誌』の言説からは、このような意識の転換が自己の内側に存在する外的な要素の発見を介して、生じることが分かる。[34]

最後は、こうした過程を経て字誌には戦争の愚かさを伝え、恒久平和を願う意識が明確に書き記されているという事実である。例えば『米須誌』は、字誌に戦争体験を掲載する理由について、次のように述べている。[35]

「いかなる理由でも、人間が人間を殺す戦争を肯定することはできない。生命の中にこそ、あらゆる人間の価値がこもっているからだ。戦争を知らない世代が増えるにつれて、沖縄戦で、住民が味わわされた筆舌に尽くしがたい体験への追認が、年々と、薄れつつあることも否定できない。戦争を二度と繰り返さないために、沖縄戦の決戦場となった、米須字誌に、戦争への道と、沖縄戦の概況をはじめに、米須の村の方々の戦争体験、戦争概況を掲載して、戦争体験の風化減少を少しでも、食い止めたいものである。」

この言説が、先の『残波の里』からの引用と同一の判断や意志を示していることは、明白である。松本大は仙台の公民館で試みた高齢者のライフヒストリーのワークショップでの経験をもとに、語りにはその経験を語り伝えようとして想定する集団が存在すると指摘している。[36]これらの言説が、共通して若者や子どもへの責任を挙げて自らの行為を意味づけているのは、まさに語りの本質的な作用を指している。

またこうした集合的な意識の背景には、「戦争のために多くの仲間を失い乍等も生き残った我らは……、いかなる戦争にも絶対反対し戦争勢力には体を張って闘うことを誓い筆を置く」（『前川誌』）や、「事が大きくなってしまってから『オレ』は反戦だと言ってもどうしようもない。何事も小さいうちに芽を摘まないとどうにもなるものではない」（『識名誌』）のような、明確な反戦意識が生起していることも記憶されるべきだろう。

以上述べてきた事実はすでに指摘したように、字誌がもつ社会的なダイナミズムを表すということができるだろう。

【注】

1　訪ねたのは、名護市屋武区、底仁屋・天仁屋区、源河区琉球鮎センター、大宜味村喜如嘉芭蕉布工房、今帰仁村文化歴史資料館、本部町備瀬区、読谷村楚辺区、沖縄県平和資料館、ひめゆり平和祈念資料館である。
2　松田武雄『沖縄の字（集落）公民館研究（第2集および第3集）』前出　二〇〇四、二〇〇五。
3　ラニ＝ベル「個別性と集団性、東洋と西洋の間」同右書　90頁。
4　同右　104頁。
5　同右　107頁。

6　M. Lani-Bayle, Taire et transmettre, Chronique sociale, 2006, p.83.
7　坂部恵『かたり』弘文堂　一九九〇　35頁。
8　嶋津与志『沖縄戦を考える』ひるぎ社　一九八三　100～101頁。
9　金城重明『「集団自決」を心に刻んで』高文研　一九九五など。
10　大城将保「沖縄戦記録の問題点」沖縄歴史研究会編『近代沖縄の歴史と民衆』至言社　一九七七　293頁。のちに改訂されて嶋津与志『沖縄戦を考える』に再録　同右書　109頁。
11　林博史『沖縄戦と民衆』大月書店　二〇〇一。
12　嶋津与志『沖縄戦を考える』同右書　110頁。
13　大城将保「沖縄戦記録の問題点」同右書　293頁。
14　嶋津与志『沖縄戦を考える』同右　126頁。
15　伊藤秀美『検証「ある神話の背景」』紫峰出版　二〇一二。
16　嶋津与志『沖縄戦を考える』同右書　242～247頁。
17　沖縄県教職員組合那覇支部・沖縄戦を考える会『沖縄戦と平和教育』沖縄県教職員組合那覇支部　一九七八。関連項目の執筆者は、嶋津与志。
18　屋嘉比收「記録による記憶の浮上『島クトゥバで語る戦世』」琉球弧を記録する会『島クトゥバで語る戦世』二〇〇三　24頁。
19　インタビュー「言葉と映像」『島クトゥバで語る戦世』同右書　31頁。
20　岡真理『記憶／物語』岩波書店　二〇〇〇　77頁。
21　坂部恵『かたり』同右書　45頁。

22　簡単に属性を示すと、次の通りである。自治体名はいわゆる「平成の大合併」後の名前である。なお詳細は、巻末の資料2を参照のこと。

〈全体〉

沖縄本島：（83）

　糸満市（1）八重瀬町（2）南城市（1）南風原町（2）豊見城市（1）那覇市（3）浦添市（3）沖縄市（2）

　北中城村（2）北谷町（1）嘉手納町（2）沖縄市（3）読谷村（7）金武町（4）宜野座村（3）恩納村（2）

　名護市（19）今帰仁村（9）本部町（3）東村（1）大宜味村（7）国頭村（5）

宮古島：（1）

　宮古市（1）

久米島：（1）

　久米島町（1）

伊平屋島：（1）

　伊平屋村（1）

〈地域別〉

南部（14）中部（10）北部（61）宮古島（1）

〈出版年〉

戦前　　　　　　　　（1）

一九五一年～一九六〇年（1）

一九六一年～一九七〇年（0）

一九七一年～一九八〇年（4）
一九八一年～一九九〇年（17）
一九九一年～二〇〇〇年（33）
二〇〇一年～　（30）

23 『邊野古誌』前出　525～574頁。
24 仲田晃子「ただ聞く耳の実践」比嘉豊光写真集『わった～島クトゥバで語る戦世』ゆめある～る　二〇〇七　238頁。
25 読谷村宇座区『残波の里―宇座誌』一九七四。
26 名護市伊差川誌編集委員会『伊差川誌』一九九一　289頁。
27 北中城村字瑞慶覧記念事業推進委員会『瑞慶覧誌』一九九三　130頁。
28 『残波の里』同右書　352～354頁。
29 森岡正芳『ナラティヴと心理療法』金剛出版　二〇〇八、シーラ・マクナミー、ケネス・J・ガーゲン『ナラティヴ・セラピー』（野口裕二・野村直樹訳）金剛出版　一九九七、C. Delory-Monberger & C. Niziadomsky, Vivre/ Survivre, Téraèdre, 2009.
30 玉城村前川誌編集委員会『前川誌』一九八六　432頁。
31 南風原町大名区『大名誌』二〇〇一　200頁。
32 那覇市識名区『識名誌』二〇〇〇　243～244頁。
33 嘉手納町屋良誌編集委員会『屋良誌』一九九二　615頁。
34 沖縄市古謝誌編集委員会『古謝誌』一九九九　337頁。
35 糸満市米須字誌編集委員会『米須誌』一九九二　440頁。

36　神戸大学人間発達環境学研究科　ヒューマンコミュニティセンター『人はどのように自分を変えるのか』（ＥＳＤ研究国際シンポジウム資料）二〇一〇。

第7章

集落芸能の社会教育的意義

——村踊りと青年——

本章の目的は村踊りの社会教育的意義を、聞取り調査を基にした解釈として示すことである。本章で扱う村踊りは、身体の動きや伝統の技の継承を通して展開する世界であるため、文字を介する字誌に比べシマ社会のより深い部分に位置する。

第1節　村踊りと学び

シマ社会と村踊り

村踊りは、村遊び・八月遊び・豊年祭・豊年踊り・八月踊り・村芝居などを総称する用語として、沖縄の芸能研究の中で使用され定着してきている用語である。[1]具体的には旧暦の七月から九月にかけて、各集落が執り行う収穫祭で上演される獅子舞や棒、舞踊、組踊、狂言などの、豊穣を祈る予祝芸能を指す。したがって集落で演じられる伝統芸能としては同一でも、若者によって演じられる盆踊りのエイサーとは区別される。

村踊りの起源は主に琉球王府時代、中国からの冊封使の歓待を目的に上演されていた御冠船踊りが、王府の滅亡とともに、その担い手であった士族が地方へ移住することによって各シマに伝えられ、村祭りの演目として伝承され今日にいたっているものといわれている。しかしこのような宮廷芸能との交接があったとはいえ、その前提にはそれ以前からシマに蓄積された、身体文化的な基層が存在したものと考えられる。本田安次や三隅治雄、当間一郎等が沖縄芸能に関する分類に時間軸をおいているのは、長い時間の推移の中で種々の要素が流れ込みその総体として今日の芸能が出来上がっているという理解を示しているものと思われる。これらの論者のいずれもが、沖縄芸能の始原は「神祭りや行事の折々に行われる宗教的な民俗舞踊」（本田）や「神遊び」（三隅）、「民俗芸能」としての「祭祀芸能」（当間）などの、シマの基層とのつながりをもつとしているのである。[2]

村踊りとは、シマ社会の日常の生活的実践として経験される歴史的時間の中から生まれ、外からのさまざまな影響を受けつつ磨かれてきた身体的表現が、特定の時空間とりわけ豊年祭という祭祀空間を舞台に、その場を形づくる音楽や演者の所作として現出する一連の動作や技、およびそれを支える人々の紐帯を指すと理解される。

村踊りの型と伝承

村踊りはそれぞれの集落がシマの個性として、その形を伝統として引き継いできた身体表現である。したがってそこには型の伝承という、「学び」の過程が付随している。伝承は客観的には、シマの伝統の連続ないしは再生産を意味するが、そこには伝承するものとされるものという当事者が存在するのである。伝承する側の意識が存在すると同時に、伝承される側の意識も存在する。さらには、両者の齟齬もまた存在する。したがって伝承は単なる連続や再生産ではなく、一定の断絶を含んだ連続、つまり再創造の過程と捉えるべきである。これはすぐれて教育的な過程といわなければならない。

村踊りに関するシマの形ないしは型は、多様な側面をもつ。舞台で演じられる身体動作には集落ごとの特性があり、同じ演目でも一つの拍子の間に入る足の運びが違ったりする。これは地謡や衣装のつけ方などの特徴としても、継承される。また型はこれら直接の身体表現に関わる部分だけでなく、村踊りの実施にかかわる決定方法や運営組織、開催の手順、当日の運営方法、食事の準備など、さまざまな面に及んでいる。[3] 村踊りに関するシマの形の伝承は、このように集落の住民を広く巻き込んで展開しているのである。

また村踊りの伝承がもつ教育的意味は、身体動作の継承過程でのある種の秩序として成立している。現在では崩れているところが多いものの、踊りに参加した若者が演じる演目に階梯が設けられていることは、この点で興味深い事柄である。板谷徹の調査によれば、名護市大兼区の場合には戦前、踊方に参加して間のない青年はまず「辺野喜節」「大兼区節」という若衆踊りを踊り、次に二才踊りの「二才笠」「四季口説」に進んで、最後に女踊りを踊った。これは女踊りは手が少なく身体で踊らなければならなかったためだが、女踊りの終着に「松竹梅」の梅があり、これを踊れば「シマで衆目を集める上手とされた」という[4]。

技の伝達と教育

芸能ないしは技の伝承に関した教育論的なアプローチには、阿部崇慶の『芸道の教育』（一九九七）と生田久美子『「わざ」から知る』（一九八七）等がある。前者は題名からも分かるように、対象を芸能という括りよりもさらに幅広く能や仏教の修行、茶道などを含めた領域に拡げ、論理や言語によらない「カンやコツといった感覚的、技能的なるものの感性の領域」として成り立つ芸の世界を、もう一つ別の教育世界として学校に対置しようとするものである。世阿弥の『風姿花伝』をはじめとする能の伝承に関する文献の他、道元の『正法眼蔵』をはじめとする仏教書、および茶道の奥義書などを基に、思想史的な観点から「稽古」と「工夫」を軸とする芸道教育の意味が説明されている。阿部は「型に入りて型を出る」といわれる芸道教育においては、修行の過程で学道者に創意や工夫を禁止しつつ、稽古をつける／つけられるという師弟関係の中で、後者の「求道心」が前提になると指摘している[5]。阿部が問題にしている芸道およびその修行者は、上記の世界に「人生を賭す」ことを決意した人々の場合を対象にしており、ここでの村踊りに取り組む青年と同一とはいい難い。しかしながら村踊りの伝承においても、模倣を中心とした専門的な芸道教育と同質の要素が存在すると見ることは可能だろう。しかしその判断は、次の具体的な聞取り調査の結果の吟味を待たなければならない。

生田の『「わざ」から知る』の問題意識は、序章に示された「生活と仕事の分離」「型なしで生きる子どもたち」「『わざ』からの視点」という三つの前提からも分かるように、現在の子どもの教育に対する批判的な問い直しを目的にしている。生田が特に強調しているのは、「わざ」の修得に当たって求められる模倣や繰り返しの中にある、「わざの世界に身体全体でコミットすることの教育的意義」である。[6]冒頭に示された三つの前提との関係で見た場合の、「コミットすること」がもつ意味は明瞭であり説得力がある。学校型の教育が知識偏重に陥り、学ぶ内容が現実の生活とどのような関わりをもつのかが見失われている現在、「世界に浸る」ことが実践的な課題になっていることは事実だろう。

こうした生田の問題提起は、学校外での子どもや青年の教育を問題にする社会教育の課題としても、重要な意味をもつ。村踊りは子どもにとって、棒の演技や観客として参加する直接体験の場であり、また青年にとってはまさに当事者として脚光を浴びる機会に他ならない。

しかしながら阿部の場合と同様、生田の指摘も理論的な枠組みの提示にとどまっており、それが具体的にどのような事実として展開するのかという点の解明には至っていない。本論文が目的にするのは、可能性として提示された芸能の社会教育的意味を、実態を踏まえて明らかにすることである。

モースの「身体技法」論

生田は先述の議論の中で、モースの「身体技法」論および「ハビトゥス（型）」論の教育的意味に触れ、「威光模倣」ないしは「権威の認識」という、学習者が型を習得する過程で抱く「模倣する対象への価値的な主体的コミットメント」の重要性に言及している。[7]学習者が模倣の対象に「善さ」を見出し主体的に認めることは、その世界に入り込み「身体全体でコミットする」ための動因なのである。

しかしここでは、モースが「身体技法」論として示した学習の身体性への言及について、さらに突っ込んで考えてみたい。モースは『民族学マニュアル』（一九二四）の「身体技法（techniques du corps）」の項で、「いくつかの技法は、一個の人間の身体の存在のみを予定する。しかしそれでも、それらの技法によって完成される行為は、伝統的なものであり経験されてきたものなのだ。身体のハビトゥス全体が、自らを教育する技法なのであり、その進化には終わりがない」と述べている。[8] また『社会学と民族学』では、「身体は人間の最初の、もっとも自然の道具である。あるいはより正確に道具といわないとしたら、人間の最初のそしてもっとも自然な技法的対象であり、また同時に技法的手段ともなるもの、それが身体である」と述べている。[9]

モースの「身体技法」論は主に舞踊やスポーツ研究の領域で注目されているが、ここでの場合には、このような観点が学習の身体性を介して、教育への民族学的アプローチを可能にするという点が重要だろう。モースの理論はルグランをはじめとするフランスの成人教育研究では、ライフヒストリーを用いた成人教育研究の先駆者として注目されているのである。[10] 人類教育学（anthropo-formation）は、そのようなアプローチを表現する新しい用語（造語）である。

人類教育学の関心は、教育という人間の行為が学校という形態に狭く限定されるに至った現実を問い直し、教科書という形で形象化された教育と学びの世界が本来もつはずの、ダイナミズムを取り戻そうとするところにある。モースの身体技法は、「ハビトゥス」という伝承の世界として成り立っていた、教育本来の始原を指し示す理論なのである。従って芸能の教育的意味に迫ろうとする本章においては、社会と個人の生理学的、身体の生命現象との一体性に関する、次のような指摘に注目する必要があろう。[11]

「笑い、涙、葬儀における悲嘆、儀式における射禱（短く熱心な祈り）は、物質的で道徳的な期待そのものからの物質的、道徳的な負担の軽減を目指した心理的な反応であると同時に、必然的に生じる身振りまたは合図であり、ある明確な目的の基に諸集団によって支持されるか採用される、必然または必須の感情なのである。」（カッコ内は引用者）

この指摘は先に述べた、明治初期に琉球王府の滅亡によって御冠船踊りが地方に普及するときの、シマに生じた祈りの伝統と宮廷文化との交接点を知る手掛かりを提供するだろう。村踊りは、こうしたシマの伝統が作り上げた身体ないしはそれを伝承する技法という、固有の基盤の上に成り立っているのである。

村踊りへの社会教育的アプローチ

次に沖縄のシマ社会で芸能活動がもつ、社会教育的な意味に関する研究に目を向けることにしたい。ここでは山城千秋による『沖縄の「シマ社会」と青年会活動』[12]（二〇〇七）と、必ずしも社会教育研究ではないが小林香代の『演者たちの「共同体」』（二〇〇一）を取り上げる。

山城千秋の著作は、青年の教育問題の解明を主たる課題としながら、本研究と同様、沖縄のシマ社会を研究対象とした実証的研究および質的な研究である。山城は、集落の青年会に関する実態調査とライフヒストリーの聞取りを基にしながら、地域の文化創造の担い手が育つ点に民俗文化の有する教育的可能性を見出そうとしている。エイサーを中心とした民俗芸能に関する教育研究の課題について、山城は「『エイサーはどんな衣装を着て、どんな太鼓でどのように踊るのか』ではなく、エイサーを踊ることによって何を感じ、学習し、何を次代に伝えようとするのか、という文化伝承における人間の介在を明らかにすることに、教育学の役割があると考える」と述べている。

こうした観点から、この著作では集落および青年会の活動がとりわけ活発な読谷村楚辺区や浦添市内間区が調査地に選ばれ、芸能の種類としても近年、青年の人気を集めているエイサーに焦点が当てられている。また青年の自律というまさに教育学的な観点から、青少年の非行や就労などの問題に議論が及んでいる。

ところで宜保榮治郎は、今日、エイサーが若者の人気の的になっている理由に、そのリーダーたちが保存よりも発展、創造に力を入れたことを挙げて、「地域に根付く芸能はともすれば伝統を重んずるあまり様式にこだわりすぎ、いつの間にか伝統の型にはまって形骸化する傾向がある。このような傾向になると村の先輩が主導権を握り、青年たちは必然的にその下に隷属するようになり、最も大切な自主性と活力を失うことになる」と指摘している。[13] 山城がその研究を通して見出そうとしたのは、このような「隷属」を嫌う青年の「自主性と活力」なのだろう。実際にエイサーに参加する若者の中には、村踊りから距離を置こうとする傾向が見られるのである。[14]

ここには自然に、エイサーにシフトする青年と村踊りに参加する青年との間には、どのような違いが見られるのかという疑問が生じる。エイサーと村踊りが、沖縄の芸能において区別されるものであることは、すでに見た通りである。しかしシマの日常の生活的実践という観点から見れば両者は同一の意味をもつ。ここでは、差異よりも同質性に目を向ける必要があるのである。重要なのは、まさに山城のいう「文化伝承における人間の介在を明らかにすること」ではなかろうか。

小林の『演者たちの「共同体」』は、舞踊人類学の観点から「東京エイサーシンカ」という、沖縄外でエイサーに取り組む若者集団を対象にして行われた、エスノグラフィー研究である。小林は冒頭で、その基本的な研究関心を説明して、「『エイサーの研究』と『東京エイサーシンカの研究』の違いは、視線の重心が文化的要素にあるか、人間集団にあるかの違いである」と述べている。[15] 舞踊に関する研究ではあるが、このような指摘は本研究にとっても示唆的である。とりわけ第4章で取り上げられている、新参者が十全な踊り手に移行していく過程

表１　伝承・熟達の教育的構造

	老	壮	青	少
役	教師	教師	役者・踊り手	見学
役割	演出	指導	実行・創造	予行
技	熟達	熟練	上達・挑戦	入門
魅力	シマの型 芸の道	芸の奥行き	脚光・注目 文化的イニシエーション	おもしろい
指導の形態	強制による指導	柔軟な指導	自由意思の重視	参加への勧誘
課題	後見 人生のまとめ 自治	シマ社会の選択 子育て	シマと伝統の発見 仲間の形成	仲間の発見 技と身体的表現
社会背景	農村社会 シマ社会内での一生	都市化した農村社会 都市での生活体験	都市化の進行 シマからの離脱願望	学校社会 過剰な競争

を分析した部分は、継承される芸能における「人間の介在」に他ならず、教育的な意味の解明になっているということができる。このような分析に関わる方法意識について、小林は「舞踊人類学においては、『なぜ踊るのか』に関する当事者の言明の少なさのゆえに、研究者の側でそれを説明しうるような理論構築がなされてきたと考えられる」と述べている。[16]

こうした事情は、教育学ないしは社会教育研究においても同様である。先に示した阿部や生田の言説は、まさに芸道やわざの伝承がもつ教育的意味の解明に向けた理論構築の成果に他ならない。この点で、先の指摘を踏まえて小林が研究手法としてエスノグラフィーを選んだという事実は、本研究にとっても示唆的である。筆者が本章でこれ以降試みるのは、村踊りに参加するシマの若者の「言明」の検討である。

芸能の伝承とシマの教育的構造

次に、本章で調査の前提に置いた考えと、具体的な調査方法について説明しておきたい。

１　伝承に関わるシマの教育的構造モデル

筆者は以前、小林平造、上野景三とともに実施した共同研究の一部として、表１のようなシマ社会における芸能を中心とした教育的な意味の構造に関するモデルを提示したことがある。[17]

これは踊りの動作や技だけに対象を限定しているが、先に示した広くとらえた場合のシマの形の伝承にも、押し広げて適用することができるはずである。この表は村踊りでの年齢階層ごとの役割を基に、芸能の伝承および技の熟達という変化を介した、シマ社会における教育的作用を生涯にわたる連続した一つの過程として整理している。ただしこの整理の基になった屋部区の八月踊りは県の無形民俗文化財になっているため、すぐれて組織立てられた特殊な事例に基づいた整理というべきかもしれない。「教師」も長老層と壮年層の二重の構成になっている。

このようなモデルがもつ意味は、村踊りに関わる芸能の伝承過程には教育的な作用が存在し、それは青年だけに限られず壮年層や高齢者層をも巻き込んでいるという、一つの仮説的な観点を提示することにある。本章は村踊りの教育的機能に関する実証的研究を目的にするものではないが、アクションリサーチとしてシマの村踊りの当事者と接する場合には、一定の研究的見通しが必要になることは述べたとおりである。

簡単に説明すると、豊年祭では集落内の役割の分担として青年層にその主たる任務が与えられ、壮年層および高齢者層はその支援と後見役を担う。また子どもは、観客や簡単な出し物への参加を通して祭りの一員としての役割を担うだけでなく、その過程で年上の青年達の活躍に接し、将来は自分も祭りに参加し自分も兄や姉のように脚光を浴びたいという、自己の成長に関わるパースペクティヴを憧れとともに内面化する。踊りや芝居、音楽に出番を得た青年にとっては、観衆の前で演技を披露することは真剣さを要求される晴れの舞台であり、濃淡はあるものの練習期間は技や芸の習得に取り組む機会となる。また青年会を終了した壮年層や高齢者層にとっては、この期間は「教師」として後輩の演技指導に関わる機会でもある。出番こそ失したものの、彼らの中には芸能に対する情熱やシマの「型」を伝承することへの責任感が育まれており、立場を変えて村踊りというシマの行事への参加を継続する。このような芸能の重層的な習得と習熟の過程が、各年代を通して継続的な仕組みとして成立しているると考えられるのである。

2　調査と分析の方法

本研究は筆者が小林平造、上野景三とともに実施した、一九九九年七月の屋部区での調査から開始された。筆者が二〇〇六年から再開した調査にとって、一九九九年の調査はいわば予備調査の意味をもつ。屋部区においては、主に教師層を中心にした聞取り調査を実施した。また宜野座村宜野座区においても同様の調査を実施し、シマの生活的実践がもつ教育的意味の確認を行っている。

これに対して、二〇〇六年から二〇〇八年にかけて実施した名護市屋部区および恩納村瀬良垣区における調査は、筆者が沖縄芸術大学の板谷徹の研究グループに加わり、村踊りの教育的側面を担当して実施したものである。屋部区においては筆者が単独で聞取り調査をし、また瀬良垣区においては筆者単独または板谷と共同で聞取り調査をしている。二〇〇六年十月には、屋部区の七月踊りの視察を行っている。本研究で用いる主たる資料は二〇〇六〜二〇〇八年に収集されたものであるが、他にも金武町並里区で行った「社会教育と地域福祉」に関する合同調査での青年会メンバーに対する聞取り調査の資料[18]、および板谷の主宰による「村踊りフォーラム」での資料および議論も参考にしている[19]。

これ以降の分析および解釈に関わる方法論および具体的な方法は、これまで説明してきた手続きに従う。聞取り調査で使用した調査項目は巻末の資料として示してある。なおこれ以降の記述は、テキスト化された資料から得た次のようなカテゴリーを踏まえ、さらにその意味世界を再構成したものである。

現代社会の中の芸能／エイサーから踊りへ／主体的な面白さの発見／入社式／シマの生活と芸能／踊りの主体／踊りの面白さ／高齢者と村踊り／仕事との関係／結婚との関係

第2節　村踊りを担う若者の意味世界

村踊りにおける「学び」の意味を、ここでは「青年はなぜ踊るのか」という、伝承の受け手側の意識として検討する。しかしすでに述べたように伝承の過程では、伝える側と受け取る側の齟齬が新たな創造を生む要素として重要である。調査では高齢者層からの聞取りを行ってはいるが、ここでの観点は基本的にはこれを青年の自立や自律に関わる問題として、村踊りの世界に入った者の参入過程での戸惑いや違和感とその克服がもつ、若者にとっての意味を究明するための対比軸として検討する。

「踊らされている」

調査の結果としてまず注目されるのは、青年たちは村踊りに対して必ずしも最初から意欲的な意思をもち、積極的に向き合っているわけではないという事実である。「なぜ踊るのだろう？」という問いに対して返ってくるのは、「正確には踊らされている」という冷めた回答であることが多い。統計的な数量として客観的に把握される事実ではないが、青年の自発的な意思と村踊りの世界への参入という行動の間には、何らかの軋轢や断裂があることは確かである。これは青年の直面する村踊りという世界が、彼らの人生の物語の中ではそれまでの経験と、必ずしも連続的な順接関係にあるわけではないことを示している。

「踊らされている」という言説は、自分ならざる第三者の意志が自分と踊りとの間に介在していることを表す。「踊りは面白い？」という積極的関与の可能性を期待する問いに対しても、「面白いことはないですよ、緊張ばかりで」や、「村芝居は人前で踊って、怒られて、いやになりますよ」という回答が返ってくる。これらの言説は、自分ならざる第三者の存在を示唆している。それでは彼らに緊張を強いたり怒ったりする相手、それは誰なのだろうか。

「緊張を強いるもの」とは直接的には青年に踊りを指導する教師であり、恩納村瀬良垣区を例にとれば、豊年祭本番前に行われる技の仕込み具合の確認の場である「ウスメーキンジ」に立ち会う、ウスメー（先輩とくに長老）たちの目であろう。しかし、その意味はより幅が広く奥が深い。つまり青年が直面する緊張の正体は、直接的な指導・被指導という一対一の関係を超えた、シマの伝統芸能のもつ集団的な意味そのものと考える必要があるように思われる。青年にとって、踊りへの参加は「配役」という形である日突然、外側から到来する「出来事」である。子どものころからの素地として芸能と一体化した経験はあっても、彼らは踊るか踊らないかという外側から迫られる選択に、ある日突然、直面する。彼／彼女は人生の一つの出来事として、この転折を受け止め乗り越えるのである。

ピノーの「和解」論に戻れば、その作用は「命あるものの自律と外側への依存とを結合させる」ものである。[20] 青年にとって踊りとは、外的に与えられた出来事を受け入れる（外側に依存する）ことを通して、個人としてまたシマ社会の一員として自律することである。この「和解」の過程を、さらに少し詳しく検討しよう。

先輩・長老

指摘した通り、「怒られて、いやになる」という場合の「怒りの主」は青年に直接踊りの指導をしたり、踊りの出来栄えに気を配ったりする先輩や長老であることが多い。そして次の章で取り上げるように、同じ地域に住む高齢者・壮年・青年という三つの世代が地域的な経験として類似の「人生の出来事」をもちながらも、それらを結びつけ物語ろうとする筋立てには相違がある。こうした世代ごとの意味づけの相違は、当然ながら村踊りの中にも存在する。

中でも顕著な特徴は、長老たちの踊りの経験にかかわる言説の中に「部落の伝統を守るためには、自分はいやとは言えなかった」というような、義務や使命感がつとに強調されることである。この言説は「棒でたたかれた」や「口答えもせず、絶対服従だった」などという受けた指導の厳しさや、「本番一週間前になると朝から夜までやっていた」という、練習の激しさの体験と結びついている。また人によっては、「役を与えられたから、仕事を辞めて帰ってきた」というような人生の大転換を意味することさえある。長老たちのこうした言説は、過去の経験を振り返り再び現在に戻るという「語り」の作用を通して、現在の踊りのあり方やシマ社会のあり方へと連続しているが、これについては最後に触れる。

ところで、自分が受けたこうした厳しい指導とそれを受容してきた経験から生まれる村踊りについての長老たちの言説が、指導の場や日常の青年との何気ない会話を通して、若い世代には一つの圧力として作用するであろうことは想像に難くない。長老たちは、「間違えたら自分の恥、親の恥、親類の恥」や、「役がないと恥ずかしい」という、自分たちの世代の経験が現在の青年世代に、そのまま通用するわけではないことを十分理解している。したがって彼らはこれらの経験を昔の物語として語るのであるが、青年にとってそれが村踊りへの参加という、外側からやってくる出来事に付随する圧力の一部であることに変わりはない。

しかしながら先に触れたように、ピノーの言う「自律と外側への依存」という和解論を手がかりにすると、これは青年が踊りの世界に自らを投入させることによって、自らシマ社会の義務や責任を引き受けようとする過程とみることができる。また青年が経験するこの外からの圧力は、彼らが踊りの世界に入った後の心がけとして、稽古を「真剣にしないと、うまくならない」という、長老たちが自らの経験の中で発見してきた踊りや芸の世界の意味を共有し受け継ぐ契機にもなることが予想される。

一方、こうした圧力の強さは青年たちをしり込みさせ、踊りの伝承を困難にする要因であることも確かである。先に触れたエイサーへの参加者が必ずしも村踊りへの参加を好まない理由の一端は、こうした先行世代と青年世代の間にある踊りに対する「物語」の筋道のずれにあると考えることができる。しかし、青年には圧力として作用するシマ社会での義務についての長老の言説が、青年の自律に不可欠な外側への「依存」の条件であることを忘れるわけにはいかないだろう。

踊りへの誘引

青年たちが上記の困難を乗り超えて踊りの世界に自己を投入していく過程には、その楽しさや面白さという魅力の世界が介在する。先に検討した「なぜ踊るの？」や「踊りは面白い？」という問いかけは、聞き手の側に、青年が踊りに向きあう場合の積極性を言外に予定している。否定的な答えが返ってくる可能性を想定した場合でも、否定そのものが肯定の可能性を前提にする。そのため、「面白いことなんて、ないですよ」という言説は、踊りは面白そうだとする聞き手の先入観や、青年は楽しいから踊るのだという世間一般の見方に対する語り手からの拒否と見ることが可能である。それは当事者として実感する「踊る」世界の複雑さや、その中に入り込む過程での辛さの実感など青年が体現しているリアルな世界を、先入観や一般的な見方に対置させ独自の見方として再構成しようとする、一種の自然の防御といえるかもしれない。

しかしながら、こうした否定は肯定と背中合わせである。「面白くなどない」という言説には「最初は嫌がるけど、二年目から好きになる」や、「終わったとき、やってよかったと思う」など肯定の言説が続くことが多いのである。これらは、踊りへの率直な共感の表明といえる。これは青年が「配役」という人生の出来事との遭遇の結果に得た、満足感や充実感という成果ないしは発見を表している。踊りの伝統に参加を果たした青年たちの中には、「踊りたい気持ち、新しい踊りを覚えたいという気持ちが半分ある」のであり、「踊らされている」という他律的な動機確認の言説から「踊りたい」という自律的な言説までの間には、さほどの距離はない。こうした拒否と受容の同時存在ともいうべきアンビバレントな意識がどのような意味をもつのかは、「青年はなぜ踊るのか」という問いを深めるうえでの重要な糸口である。

ところで、青年が芸能との遭遇時に最初に経験するこのような困難の克服は、個人としての彼または彼女が経験する事柄ではあるが、それは「シマの子ども」が経験する「予定」された出来事であり、また彼ら自身でも予知していた事柄との出会いである点に注意する必要がある。たとえば、「度胸がつく」や「恥ずかしさを、どう乗り越えていくか（が問題だ）」という困難の克服経験に関わる言説は、シマ社会の通過儀礼を超えた青年個人のリアルな経験の語りであると同時に、他の世代とりわけ若い世代に向けられるべき先輩からのメッセージとしての意味を含んでいる。またそれは先行する世代との関係では、そこまで自分を導いてきてくれた大先輩に対する、儀礼を通過し晴れてシマの一員となった自分についての結果報告でもある。

こうした青年の内面に存在する踊りや伝統に対する積極的な意識は、表1の説明で述べたようにシマ社会に生まれ育ったという、彼らの子どもの頃からのさまざまな経験によって規定されている。この点はすでに松田と山城による調査によっても確認されているところである。[21] 多くの青年にとって、踊りや芸能との最初の出会いは子ども時代にまでさかのぼる。青年はシマの伝統の中に生まれるのであり、その成長は彼／彼女の社会化の一部としてシマ社会の伝統を内面化する過程に他ならないのである。

いま青年と芸能との出会いと述べたが、この表現は正確さを欠いている。他者性をニュアンスとしてもつ「出会い」という用語は、調査の中では、語り手に違和感をもって受け止められることが多い。「村踊りと初めて出会ったのはいつか？」という質問は、ほとんどの回答者に戸惑いをもって迎えられる。その理由はいま述べたように、彼らは踊りを「出会い」という異界との遭遇経験としては、受け止めていないからである。村踊りは「出会い」という言葉では突き止めることができないほど、彼らの人生の経験の中に溶け込んでおり彼らの成長の過程と一体化している。「小学生のとき村芝居見て、面白いと思った」という言説は、確かに「小学生」という時間を特定してはいるが、それでも小学校の何年生のときなのかまでは明確にしていない。さらに細かく時期を特定しようとする場合でも、３年生か４年生という返答を得るのがせいぜいである。もし青年と踊りの出会いを見つけようとすれば、それは「〜のとき」という特定される時間としてではなく、「夜店の明かり」や「人だかり」などのイメージの断片として、あるいは「夜遅くまで遊べる」という子どもなりの楽しさの発見の感覚として内面化されていることに気がつく。

いずれにせよ、「小さな頃」や「子どもの頃」という以外に時間を特定する術もない中で確認される、「練習を見ていて、楽しかった」という子ども時代の記憶の中に、未来のシマの青年としての踊りとの再会は予告されている。「いつか自分もやりたい」という刻印が青年期を迎えた若者の中で、外側からもたらされたシマの芸能への参加という出来事への自律的な判断や、アクションを選びとらせるのである。

このように、子どもの頃の「親（が踊っているの）を観てかっこいいと思った」や、「二才団（踊り団）を追っかけた」などの経験を含む、あこがれの経験は強制されたという意識と踊りの世界への主体的な参入という、アンビバレンスを解く鍵である。青年が「踊らされている」と言いつつ、実際には踊り続けてきたという事実が意味するのは、「踊らされている」という外在性の意識にも増して、「違った自分になり、見られる立場が面白い」という喜びの部分や、「家で、『お前がこんなに踊れるとは思わなかった』と親から言われるのが、うれしい」などという、踊りがもたらす喜びや快感の部分が、より強く青年を捉えているからではなかろうか。

第3節 芸能・技の奥行と魅力

青年が村踊りと出会い、その世界に入り込むきっかけを表す言説は多様である。中には、「素人で着飾って踊れる場は、他にない」や「10歳以上歳が違う人と、話が出来る」などのように、踊りの周辺に位置する魅力が語られることもある。こうした踊り以外の魅力に触れた言説は、新しい世界への自己投入が青年一人一人の個性の一部として、固有の人生の筋立て（論理）を基に展開していることを示すものと思われる。

すでに見たように、豊年祭の出し物には難易度に差があり、配役を決める段階で初心者には易しい演目を振り当て、すでに経験をもつ者には次の段階の役を充てて、次第に難しい役に至るという工夫が施されている。これは、シマ社会がもつ一種の教育的な機能と見ることができる。演目の難易度の階梯は必ずしも厳密に守られるわけではないが、シマの伝統を維持する一つの集団的な知恵として定着している。こうした芸の伝承にかかわるシマ社会の機能は、青年にとっては入門以降、彼らが踊りの世界により深く入り込むための導きであり道標である。こうした道程において彼らを導くのは、芸の面白さや技の習熟など、彼らが自ら見出す芸能への関心である。

芸の面白さ、技の習熟

村踊りの世界に入り込んだ青年の自律の過程を導くのは、芸の面白さや習熟することへの願望である。「役を当てられたら、ちょっとでもうまくなろうと思う」や、「前踊った人より、うまく見せようと言う気持ちが出る」などの言説は、反発の末に踊りの世界に入った青年が経験する芸の世界への深入りの様子や、熱中のプロセスを物語っている。外から設えられた条件ではあれ、中に入れば与えられた踊りという行為に自分なりの意義づけをする作用が、彼らの内側に生じることが分かる。「昨日失敗したら、明日は失敗したくない」という言説も、集団の中で繰り広げられる自分と踊りの関係の深まりを物語っている。また踊りが衆目に晒される行為である点は、「上手だったよと言われると、もう一度やりたいと思う」などのように、躊躇と熱中というアンビバレンスをつなぐ要である。アンビバレントに保たれる踊りに向き合う意識は、さらに「踊りが上がってくると、出世した気になる」や「下手に失敗できないと言う意識が出る」などのように、やがて独り立ちないしは自立の域に到達する自己の未来を見通している。これは踊りという外在的なきっかけが、子ども時代から用意された内在的な動因と呼応しながら、やがて青年の自律的な意識として彼らの内面を支える基軸の一つにまで成長する過程を示しているといえよう。

ところで青年がさまざまな踊りと出会いながら、「次は、あの踊りが出来そうだ」と感じたり願ったりすることがあっても、それがすぐに叶えられることはない。配役を決めるのは長老や二才団（踊り団）の頭であり、彼／彼女はその決定に従うのみである。しかしそのせいで、願いが叶えられることは、「やりたかったことが、やっと出来た」という強い満足感を伴う一つの人生の出来事となる。「踊らされているだけだ」という意識からこのような意識にたどり着くまでの間に存在する落差は、踊りという世界での青年の成長を示すものといえる。そこには、踊りに向かう明確な主体の確立が見られる。またここでの青年の喜びは、単に自分の願っていた役を振り当てられたという個人の孤立した喜びではなく、彼／彼女の希望が集団に受け入れられたという集団性をもった喜びである。

こうした青年の踊りへの自律的な意識を支えているのは、「音やテンポがいい、歯切れが良いとかに惹かれる」というような、踊りや伴奏される音楽に対する好みである。それはシマ社会という集団の中で、彼らが経験を基に独自に発見し獲得した成果であり、固有に見出した踊りの世界の奥行や幅に関する独自の理解である。

「10年後には、自分はこの踊りはもう出来ない」という言説を取り上げてみよう。これはその集落では一つの踊りを2年間繰り返した後、別の踊りに移ることがルールになっていることに触れた部分だが、10年間で5種類（2種類踊る場合には倍）の踊りしか経験することができないという、時間の有限性と踊りの経験の幅の限界が述懐されている。シマの行事という集団の観点からは保有する芸能全体が問題の対象になり、全体の運営の一部として個別の出し物の選定や配役が決っていくのに対して、青年の側では逆に自分が経験する踊りや組踊の配役が気になるのである。しかもこうした配役への関心は、与えられる踊りや配役への単なる好悪のレベルを超えて、踊りの内容や技の難易度に向けられている。先にみたような踊り手としての意識が、踊りの特性を分析的にとらえ自分が受け入れるべき役割かどうかを気にする、固有の判断が存在しているのである。

同様に、「『花風』を当てられた、まさか、自分に回ってくるとは」という女子青年の言説には、「花風」という難易度の高い踊りが自分の人生と交錯した戸惑いや驚きとともに、喜びが語られている。それは「長者の大主」での端役などの初歩から始まった踊りや芸の世界が、ある種の頂点に達したことに対する満足と喜びの感情であることは疑えない。芸能の世界の奥行や高みを全体的に理解し得た者が、その中での自己の位置を見出しているのである。ここには一種のプロフェッショナリズムを感じ取ることができる。

このように外的に用意され提起され提供される踊りの世界は、外的な存在であることを止めて本人の中に入り込み、踊りの内容や技の解釈となると同時に自己の踊りの在り方や技の探求への主体的な条件を生み、技の向上や新たな技への挑戦という意識を生んでいくのである。

シマの芸能

以上の説明は、いささか青年個人の内面の変化に関心を集めすぎた嫌いがあるかもしれない。すでに触れてきたように、青年の踊りは豊年祭というシマ社会の重要な儀式の一部として演じられるものであり、決して青年一人の世界として成り立つものではない。それでは集団の中でみた場合、先の青年の自立の過程はどのような意味をもつだろうか。

いうまでもなく舞踊や演劇の役は、演者が自分以外の存在になり代わって踊りまた演じるものである。沖縄の村踊りの場合、それは集落がその伝統として維持しシマの住民が共有してきた一つの役割を、今度は新たに配役を得た青年が自分の役回りとして引き受け演じて見せる行為である。青年は衆目を集めながら、一人の踊り手ないしは役者として踊りまた演じる。そこでは、「僕は僕じゃない」や「役になりきろうとする」という意識が働き、現実社会の実名をもつ青年であることから離れて踊りや役の世界に入り込み、芸の世界の住人として存在しようとするのである。この過程は、先にみた青年の個人としての内面の充実の過程が、シマ社会という集団と一体化し集団的な充実へと転化する過程でもある。青年の自律は、すなわちシマの自律の要件でもある。

興味深いのは、シマ社会には集団の側から青年の踊り手としての自己確認を、日常の中で求めるような契機が豊富に存在することである。たとえば知人の結婚式の余興も、青年には踊りや芸の世界に再会する機会に他ならない。そしてその経験はやがて、「結婚式で舞台が狭く、踊れなかった。未熟さを自覚した」という自覚を生むことになる。こうした踊りや芸を通したシマ社会との交流は、青年にシマの一員としての自覚を内面から構成していく重要な教育的機能である。それは戸籍上の存在として外在的に告知されるシマ社会の構成員としての意味に比べれば、存在の深みから湧き上がるはるかに内在性の強い役割意識であるといえよう。

これはまた青年の側から見れば、個人の成長が社会的な意味をもち集団的な役割を果たす、社会参加の方法でもある。こうした役割はエイサーに参加する青年たちの場合にも同様に見られるが、村踊りに参加する青年の場合にはすでに見てきたシマの伝統の縛りが強い分、集団への参入の度合いは深いといえるだろう。

第4節

青年の生活と村踊り

踊りや組踊が上演される豊年祭は民俗学的な言い方をすれば、ハレの世界として執り行われる行事である。これに対するケの世界として青年には日常の生活があり、村踊りのもつ意味はこちらの世界との関係でも検討されるべきである。この観点を欠く場合には、先に述べた芸能の世界への青年の自己投入や芸の世界への沈潜という指摘は一面的なものになり、プロフェッショナリズムだけがその成長や自律の課題になってしまう。ここでの問題はあくまでも村踊りの世界なのであり、専門的な世界の話ではないのである。

シマの生活と村踊り

青年の言説の中に、「年間を通して、踊りが意識の中にあるわけではない」という指摘がある。これは、聞き手の関心が上記のように青年が感じる芸の上達や深まりに集中し、質問に誘導的なニュアンスが混じったのを感じ取った語り手が、押し返す言説と理解される。彼には踊り以外の生活があり、芸能だけが自分のすべてではないことが強調されるのである。同様に、「たかが祭り。伝統ではあっても、命までとるわけではない」という言説も、村踊りの世界が芸や技だけの世界ではないことを示唆する。このように、事実、村踊りの世界は技の探求という鋭く研ぎ澄まされた、厳しさだけの世界ではない。自らの芸の深まりを求める探究心が青年の自立を育む力ではあっても、それはシマの生活から切り離され単独で成立するわけではないのである。青年の踊りは「祭り」の中で、楽しさを伴って演じられることを忘れてはならない。

興味深いのは、先にみたような芸や技の熟達に向かう精進の世界が存在することは事実ではあっても、それはシマの生活の中に位置づいた日常の生活との強い結びつきの中で維持されているということである。「うまい人の名前も残るが、下手な人の名前も残る」という言説は、踊りや芸がシマの伝統となる場合、上手さと同時に下手さもその対象になることを示している。日常生活の世界においては、下手さもまた十分に意味をもちうるのである。冒頭にみた長老たちの義務や責任感に裏打ちされた厳しい指導のありようも、一旦豊年祭が終了すればすべて氷解し、通常のシマの「オジィ」に戻るのである。

この点で「年寄りからジュースをもらった。30前なのにご褒美⁉」という言説は、村踊りがシマの日常の一部であることを表しているように思われる。つまり、女性であろうこの「年寄り」は、若者の労苦に報いてジュースを差し出すのであり、そこには芸や技の探求者として彼らを特別視しようとする意識はない。こうしたシマの行事をともに担うものとしての気持ちの交流は、青年の側からも生みだされる。たとえば、「自分がいないと、踊り全体の流れが出来ない」という言説は、踊りの練習を成り立たせるうえでの自分の役割を述べているが、言い方を替えればそれは日常の生活を共有するものとしての責任感の表明である。豊年祭というハレの世界は、日常のケの世界によって支えられているのである。

こうしてハレの世界を日常に引き寄せると、「家に閉じこもっているより、子どもや孫の舞台を見るのが最高」や、「若いのが活気にあふれているのを、月夜で見るのは楽しみ」などのような、青年の村踊りがシマの高齢者の身近な楽しみになっている事実のもつ、重要な意味が明らかになってくる。旧盆の季節には集落ごとに豊年祭が執り行われるが、個別のシマの住人である高齢者たちは「招待もないのに、他所の祭りを見には行けない」のである。これには、「共通のもので喜ばせるという、オジィ、オバァが喜ぶっていう、そこですよ」という、シマの高齢者たちに喜んでもらおうとする青年たちの意識が呼応している。

高齢者と青年

青年たちと共有される高齢者層の豊年祭での村踊りや組踊の経験は、彼らが社会や時代と向き合う上での重要な起点になっている。「村芝居が壊れたのは、ビデオというものが出てきたから」や「ビデオが来たから、戦争直後の舞踊は全部壊れた」という、高齢者層の現代的な情報機器の登場に関する慨嘆は、「楽しみは暮らしが貧しかった時よりは少なくなった」や、「(みな)感動しなくなった。テレビは感動しないで見ているだけ」という、鋭い時代や社会変化への批判と結びついている。ここで語られている「楽しみ」や「感動」は、彼らが自ら経験し生み出したものである。その経験を基にしたある種の「知」として、ここでの言説は成立している。[22]「今は車社会で携帯でしょう。こんなもので用事をすませて人の顔を見るということがない」という言説も同様に、密接に顔を合わせて暮らしてきた、高齢者の経験が基になった社会への批判的な立ち位置を表明している。「道歩いていても(子どもや若者が)挨拶しない」や「家の中が荒んでいる」という言説も同様に、「挨拶をするようにしよう」や「家族を大切にしよう」という、シマ社会での道徳の確立を求める高齢者の現代への発言として機能する。こうした言説は、シマ社会の中での高齢者の独白として展開するものではない。これらは、言うまでもなく自分より若い世代へのメッセージであり、村踊りの場を共有することはその言説が伝達される場が成立していることを意味するのである。

このようにして伝達される高齢者の経験を基盤にした「知」を示す例には、「(村踊りを介して)絶えずお互いに連帯感というものをもたないと、部落全体がダメになる」や、「一生生きていくために、友達をたくさん持たんといかん、いい友達を持たんといかん」などがある。いずれも自己の経験を基に、シマの現状や若者の現状への危機感を媒介しながら発せられた、一種の「共有知」の提言になっていることに注意する必要があるだろう。ここでの言説の主語は、高齢者が青年を相手にする関係での「あなた方は」ではなく、「私たちは」である。「部落で何か行事があるでしょう。気心が知れていると非常に話も弾んで、気持ちもよくなる。しかし、これが孤独になったらね、人間も生きにくい」のように、これらは一人の高齢者の物語として出発しながら、村踊りを介して作られるシマの共同の中に届けられるのである。そこでは一人の個人をしっかりと受け止める村踊り集団が存在し、彼の言説がもつ自省的な意味がシマの「知」として共有されるのである。

さらにこれには受け手である青年の側に、「早く高校を卒業して一人前の瀬良垣の青年になりたいというのが夢なんです」という、もう一つの感慨が用意されている。高齢者は無人の空間にむなしく言葉を持ち出すのではなく、顔を見知ったシマの若者にそれを託すのである。その関係は、「いい思いを瀬良垣でしているものですから、この思いの引き継ぎを若い人に繋ぎたいんですよ」というように、次の循環へと結びついている。

青年の生活

青年固有の生活に目を転じると、ここでは就職難や結婚難などの「沖縄の青年」としての種々の困難と結びついた村踊りの意味が見えてくる。青年の生活の中に位置づけた村踊りの意味は、沖縄の芸能についての教育的な探求においては欠かすことができない観点である。

村踊りには練習が欠かせないが、現実には仕事の理由から、参加ができない青年が少なくない。「去年はコンビニでバイトしている子が何人もいたから、（人が）揃わなかった」という言説は、「ある程度参加できる人でないと役は充てられないですよ」という村踊りを組織する際の、苦労を述べた別の言説に接続する。しかし、そこに透けて見えるのは練習に人が「揃わなかった」ことや「役を充てるのに苦労した」などという単なる経験の述懐ではなく、むしろ「ちゃんとした仕事に就かないと……」という青年自身が仲間に感じる、背景にある原因とその解決への自覚である。

「ある程度参加できる人でないと、役は充てられないですよ」というのは、「仕事もサービス業が多くて、時間が（合わない）」ことや、「夜勤とか多くて、（練習を）外したり」することがあるという、仲間の青年が置かれた仕事をめぐる厳しい状況の理解と結びついている。たとえ自分が公務員などの安定した仕事についている者の場合でも、それはたまたま運が良かっただけであり、沖縄の青年全体としては例外に属することが自覚されていることが多い。「人が揃わない」という苦労の言説として紹介した、「ちゃんとした仕事に就かないと……」も、実は本来解決されるべき青年の踊り以前の生活課題への自覚である点に注意する必要があるだろう[23]。

Uターン青年の場合に顕著に見られるように、青年の就職や失業にかかわる問題がエイサーや村踊りなどの伝統芸能との関係で推移する点は、沖縄に特徴的な傾向ということができる。「仕事は何でもあると思って辞めた」という離職経験に関する言説は、派遣労働やフリーターなどの若者の非正規労働に関わる深刻な問題が全国規模で論議されている現在、必ずしも沖縄の青年に固有に見られるわけではないかもしれない。しかしながら、先に見た沖縄の青年の不安定な就労の状況が、伝統芸能に関わる彼らの活動の背景をなしていることに改めて注目しておくべきだろう。金武町で行った聞取り調査からは、複数の青年が1年という極めて短い期間で「本土」の就職先から、再び自分のシマに戻るという選択をしている様子が明らかである。その理由の一つとしてあげられるのが、「エイサーをやりたい」という動機である。こうした判断の是非を問うつもりはないが、沖縄青年の就労に関わる行動パターンにエイサーや村踊りなどの、伝統芸能が影響を及ぼしている事実には注意しておく必要がある。

一方で沖縄の青年が沖縄を離れた場合、外側から自分の生まれたシマや沖縄それ自体を見直すことになるが、伝統芸能がそのきっかけとなることがある。次章で詳しく紹介するように、すでに中年に達した女性は娘時代に徳島で経験した阿波踊りをエイサーと対比させ、阿波踊りの手の振りが単純であるとして、沖縄のエイサーの芸能としての豊かさを再確認している。また集落の企画でハワイ公演に参加した青年は、「向こうに行ったおばあちゃんとかが、涙流して『ありがとうね』と言ってくれるような、感動するものをぼくたちが受け継いでいる（ことが分かった）」と語っている。こうした経験は元より個別のものであり、すべての青年が共通にしかも必ず経験するものではないが、先に述べた沖縄で生まれ育った後、シマ社会を外側から再認識する過程として興味深い言説であるということはできる。エイサーを再びやりたくて、その練習が始まる五月の連休前に仕事をやめて帰ってきたという青年の場合も、これほど明示的ではないにしても、彼を内側から突き動かしている衝動の正体はこれと同質の感情であると考えることができる。

松田と山城の調査[24]によれば、いったん県外に出て再び沖縄に戻ったUターン青年の多くが、「沖縄の良さ」と「生活しやすさ」をその理由に挙げているだけでなく、回答した青年の半分以上がUターンの結果を「満足」ないしは「まあ満足」と答えている。このような青年の就労行動を支え彼らに満足を与える「沖縄の良さ」や「生活しやすさ」の一部が、先の言説に見るような伝統芸能そのものや、それにかかわって形作られる仲間などであることは容易に推測されるところである。「ちゃんとした仕事」に就くことが難しい中で、「仕事は何でもあると思って、辞める」という職業意識の是非は、改めて論議を呼ぶところだが、沖縄の青年が固有にもつそうした判断の受け皿としての仲間と伝統がもつ意味は、沖縄の青年の村踊りの重要な存在理由というべきだろう。

【注】

1　板谷徹「村踊りの民族誌─名護市大兼久」沖縄県立芸術大学音楽学研究誌『ムーサ』第2号　二〇〇一　23頁。

2　本田安次『沖縄の祭と芸能』第一書房　一九九一、当間一郎『沖縄の芸能』オリジナル企画　一九八一、三隅については狩俣恵一「琉球芸能の可能性」沖縄国際大学『沖縄芸能の可能性』東洋企画　二〇〇五による。また、久万田晋『沖縄の民俗芸能論』ボーダーインク　二〇一一を参照した。

3　詳しくは板谷徹による一連の村踊りに関する民族誌を参照。『瀬良垣の豊年祭』瀬良垣公民館　二〇〇二、「村踊りの民族誌―名護市大兼区」『ムーサ』同右、「村踊りの民族誌―名護市宮里」『ムーサ』第4号　二〇〇三、名護市屋部区『屋部の八月踊り』一九九六、宜野座村宜野座区『八月あしび百周年記念誌』一九九七、仲田善明「本部町の村踊り調査と映像記録」(村踊りフォーラム『村踊りフォーラムと村踊り伝承の支援(第1分冊)』二〇〇八)など。

4　板谷「村踊りの民族誌―名護市大兼区」同右書　13頁。

5　阿部崇慶『芸道の教育』ナカニシヤ出版　一九九七　92頁。

6　生田久美子『「わざ」から知る』東京大学出版会　一九八七　125頁。

7　同右書　28～29頁。

8　M. Mauss, Manuel d'ethnographie, Editions Payot 1967. (Petit Bibliothèque Payot, 2002 p.51.)

9　M. Mauss, Sociologie et Anthropologie, PUF, 1966 p.372, M・モース『社会学と人類学Ⅱ』有地亨、山口俊夫訳　弘文堂　一九七六　132～133頁。訳文は末本による。

10　J.-L. Le Grand, Quelle anthropologie en formation d'adultes?, Pratiques de Formation – Analyses, Université Paris 8, No.47-48 2004.

11　M. Mauss, Sociologie et Anthropologie, op.cit., pp.289-290, M・モース『社会学と人類学Ⅱ』同　12頁。訳文は同右。

12　山城千秋『沖縄の「シマ社会」と青年会活動』エイデル研究所　二〇〇七。

13　宜保榮治郎『エイサー』那覇出版社　一九九七　281頁。

14　「青年会聞き取り調査」松田武雄『沖縄の字公民館における地域福祉・社会教育の推進と青年の自立支援に関する研究』平成20年度日本学術振興会研究費補助金研究成果報告書　二〇〇八　１５３頁。
15　小林香代『演者たちの「共同体」』風間書房　二〇〇一　１頁。
16　同右書　19頁。
17　小林平造「沖縄集落（『シマ社会』）の社会教育的機能に関する検討」（『東アジア社会教育研究』№５　二〇〇〇）。この表は筆者らが、一九九九年七月に名護市屋部区で実施した踊りの教師たちへの聞取り調査を基に、構成したものである。
18　『沖縄の字公民館における地域福祉・社会教育の推進と青年の自立支援に関する研究』同右書。
19　第１回（二〇〇七年三月十七日）、第２回（二〇〇七年十月二十七日）、第３回（二〇〇八年三月二十二日）、第４回（二〇〇八年十月二十五日）。場所はいずれも恩納村博物館である。詳しくは、村踊りフォーラム（板谷徹）『芸能による地域共同体の再構築』トヨタ財団研究助成報告書　二〇〇八。
20　G. Pineau / M.-Michèle, Produire sa vie op.cit., p.257.
21　山城千秋「『沖縄青年の就労と自立支援に関する調査』結果の概要」『沖縄の字公民館における地域福祉・社会教育の推進と青年の自立支援に関する研究』同右書。
22　末本「人生の出来事（ライフ・イベント）と学び」日本社会教育学会編『〈ローカルな知〉の可能性』東洋館出版社　二〇〇八。
23　松田武雄と山城千秋の調査では、沖縄の青年会参加者のほとんどが、従業員数が50人以下の小規模な作業所で働いており、また「パート」や「嘱託」「アルバイト」などの不安定な雇用形態である。山城　同右。
24　山城　同右　１０１頁。

第8章

集落の生活的実践と「個」

——「人生の出来事」研究から——

本章の目的は「人生の出来事」という「個」としての住民の経験を基に、シマ社会における日常の生活的実践の社会教育的意味を明らかにすることである。字公民館から出発し、地域課題から字誌づくりへ、そして村踊りへとたどってきたシマ社会に内在した「学び」の意味の探求は、本章にいたって「人生の出来事」という「個」の体験にたどり着いた。ここでの課題は「出来事と人間形成」という観点から、シマ社会がもつ「学びの空間」としての意味を探究することである。

第1節　「人生の出来事」と人間形成

「人生の出来事」へのアプローチ

ここでいう「人生の出来事」研究は、フランス語圏で論議されている解釈論的な関心に基づいた議論を指し、北米を中心とした「ライフイベント（life events）」研究とは区別される。しかし本来、「出来事（événement）」は人生に生起する経験として認識される。したがって「人生の出来事」は、人生の節目となる進学や就職、結婚などの「ライフイベント」と無関係ではない。本研究も、人生に生起した経験を調査対象とする点からいえば「ライフイベント」研究に類似するが、端的にいえば「ライフイベント」は「人生の出来事」の一部を構成するに留まる。

今日、心理学や社会心理学、社会学、老年学などの領域で取り組まれているライフイベント研究の関心は、人生の「出来事」をストレスの要因と捉えてその影響を指標化するストレス研究のように、量的な研究が主流である。そこでは「出来事」は主体の外にある事実として、人生の経験という「マグマ」から抜出され、厳密な処理を施した客観的資料としての意味が重視される。ストレス研究では客観的に把握された「出来事」とストレスという病理の関係についての、論理整合的な解明が目指されることになる。[1]

これに対して本研究での「出来事」は、これまでの普遍性や定常性を前提に成り立ってきた、パラダイムの転換を求める新たな観点を意味する。方法論的には、本研究はライフヒストリー研究の一部に位置する、質的な研究である。ここでは「ライフイベント」研究と一線を画するため、原語（événement de la vie/ life event）としては同一だが、「人生の出来事」という用語を用いる。[2]

ところで本章は、ウッチ大学（ポーランド）のツェルニオスカとナント大学（フランス）のラニ＝ベルによって組織された、「出来事と人間形成」に関する国際的な比較研究を基にしている。筆者はこの研究グループの一員として日本を担当し、沖縄を調査地に選んだ。本章は、この共同研究で得た調査資料を本書の目的に合わせて再度検討し直し、改めて整理している。共同研究に参加したのはポーランド、フランス、日本、ドイツ、ルーマニア、韓国、中国、インド、ブラジル、米国、カナダ、モロッコ、トーゴ、オーストラリアの成人教育研究者であり、その成果はすでにフランスで公刊されている。[3]

「出来事と人間形成」研究では、人生に生起する「出来事」から人は何をどのように学ぶのかを、国際比較によって明らかにすることが目指された。ラニ＝ベルはこの課題を、「どのような出来事がわれわれの人生には刻まれており、それがどのようにわれわれを作り上げている／いないのか。それはまたどのような偶然であり、どのような外的、内的要素と関係しているのかを明らかにする」こととしている。[4] またツェルニオスカは、「人が連続的な人生の階梯における記憶を振り返り、定められた歴史的時間の中で営まれた自己の生の中で、歴史そのものを『自己の伝記』として自ら創造する過程の解明」と説明している。[5] 両者の課題把握は、人生の出来事がもつ偶発的な側面と連続的な側面という、アンビバレントな性格を表していて興味深い。つまり「人生の出来事」研究では、偶然の瞬間がもつ普遍的な意味が問題なのである。ツェルニオスカは、「人生の出来事」を「人々に影響を与え人生の最期まで保持される状況、事実、出来事」と規定する。[6] 人生に「影響を与え」「最期まで保持」されるのは「状況、事実、出来事」という瞬間である。

「人生の出来事」研究とシマ社会

ここまで進めてきた、字公民館→地域課題→字誌→村踊り→「人生の出来事」という内在化への各階梯を学習論的に言いかえれば、客観的な知識の獲得→地域課題の発見と解決→集合的自己の発見と構築→身体的な学び→個人の経験と自己の意味の発見という観点の移行を示すが、これは同時に個人の経験を基にした逆向きの意味の構築過程を念頭に置いている。つまりシマ社会の日常的な生活実践に基づく「学びの空間」としての意味は、「人生の出来事」という個人の経験を基本にしながら一つの集合体としての意味を構成していくと考えられるのである。

しかしながら、このように沖縄のシマ社会の研究に「個」の存在を想定することには、異論があるかもしれない。沖縄に「個」は存在するのか、しないのか。この問題について筆者はそもそも、いかにシマ社会が強い共同性の上に成り立っているとはいえ、現代という時代を生きる沖縄の人々が個人としての自我をもたないなどということはあり得ないと考える。

ギュスドルフは「各個人の生が独自なものであるという自覚は、ある種の文明状態が遅ればせに生み出した産物に他ならない」と指摘して、「厳密な意味での自己意識が存在しないような文化風土の中では自伝が成立しえない、ということは明らかである。民族学者たちが記述してくれたような未開社会を特徴づける、個性に対する無関心な態度は、より進んだ文明において維持されることもあるが、そのような文明は、反復の原理によって規定される神話的な枠組みの中に位置づけられている」と述べている。[7]

シマ社会に「個」の存在を認めないという議論があったとすると、その論者は沖縄をこのような「未開社会」と見るのだろうか。繰り返すが、いかに共同体的な強い結合を有するとはいえ、現代に生きるシマ社会の住民をギュスドルフの言うような、近代的な「個」としての意識をもたない人々と捉える事ができるわけもない。共同の生活を保持するために、「個」の立場を表現することに消極的になるということはあり得ても、そのことと「個」が存在しないというのとは別の事柄である。「個」の存在を無視する共同体としてのシマの伝統の強調は、フィクションというべきである。事実はこれ以降述べるように同一のシマ社会においても、そこには現代を生きる個人の多様な内面世界が存在する。

問題はむしろシマ社会に「個」が存在するか否かではなく、存在する「個」は「集団」とどのような関係をもち、そのことによって逆に集合的なシマの生活的実践は、どのような意味をもつに至るのかという点を問うことだろう。すでに紹介したように、高橋明善は共同体的な要素の中にアソシエーショナルな要素が入り込み、それを祭りのような伝統文化が結節点となってつないでいると指摘していた。また名護市辺野古区の例では、新基地建設問題に関わってシマの世論が分裂する中にあっても、ハーレー船競争などのシマ共同の行事では賛成、反対双方の住民がともに参加しているという事実を紹介した。こうした事柄を基に、改めてシマ社会での個人と集団の関係を整理してみると、個人が集団から遊離せずにいわば共同性の中に「個」が浮遊する状態、ないしは共同性の中で「個」がはっきりした形をとらずに集団との間で矛盾を起こすに至らず、共存している状態を想定することができる。別の言い方をすれば、「集団の中に浮遊する個」ないしは「集団の陰に隠れた個」のように、表現してみることもできる。また別の観点からは、集落で暮らす住民はシマという集団の中で生きるという選択をし、その集合的な暮らしに意識的に従っているということができるのではなかろうか。

ギュスドルフが問題にする時代とは異なり、現代は就学や就職等で人々の移動や居住の自由は保障されている。従って特定のシマでの生活は、どこで働きどこに住むのかが本人の自由な選択に任される中での、個人の判断ないしは決断の結果なのである。シマでの暮らしに付随する集合的な暮らしに必要な共同作業は、そこに暮らす者の意志として個人が受け止めるのである。シマの住人は明示的であるかどうかは別にして、そこでの生活をある種の契約的な関係として受け入れ、自らの意思をもって集合的秩序に従っているのではなかろうか。シマ社会に暮らすという判断は、市民としての権利の一部なのである。この点についての詳しい検討は、終章で改めて試みる。

調査と分析の方法

本章の基になった国際比較研究は、2段階で実施された。第一段階は、参加したすべての国の研究者が同一の質問紙を用いて、記述式の「人生の出来事」に関する調査を実施した。第二段階は第一段階の調査を踏まえて、フランスとポーランドと日本において実施した、よりインテンシブな聞取り調査である。すでに述べたように日本での調査は一次、二次とも筆者が担当して沖縄で実施した。[8]

第一段階の調査は、「あなたにとって人生の出来事とは? それは……です。」という文章完成式の簡単な質問を「個人」と「全体」に分けて訊くものであった。質問紙は、この項目をさらに三つの年代に分けて、「子供時代の人生の(個人的・全体的)出来事は……です」「青年時代の……」「大人になってからの……」などに細分化して確認しようとする、10の質問項目から成っていた。[9] 調査対象は年齢によって、「高齢層(戦前生まれ)」「壮年層(戦後の「ベビーブーム」期の生まれ)」「若年層(一九六八年以降の生まれ)」に分けられた。この質問紙への回答結果はナント大学のアンヌ=マレの手で集約され、分析結果が公刊されている。また第二段階の聞取り調査の整理と分析はフランス、ポーランド、日本の3か国の担当者が行い、それぞれの観点で分析された。

本書の一部に本章を位置づけるにあたって筆者はこれらの資料を再度見直し、シマ社会の日常の生活的実践に関わる資料として再度検討し直した。その結果、一次調査の資料については那覇市内で行った石嶺公民館と沖縄大学の分は省き、金武町並里区公民館で得た資料のみを用いることにした。またラニらの研究では世代的な共通性（第二次大戦、ベビーブーム、フランスの「五月革命（一九六八）」）をメルクマールとする年代設定をしていたが、日本で若年層の区切りとして「五月革命」を採用するのには無理があるため、少し年齢を下げて30歳を区切りとして整理した。また二次のインテンシブな聞取り調査は、金武町並里区で行った一次の回答者を対象に実施されたが、新たに加えた分があるために若干の異同がある。[10]

本章での分析は二次調査の資料を基本にし、一次の資料はその分析および解釈の前提条件として位置づけて整理した。なお分析は、これまでと同様に、語りにおける「方向」や話題の「流れ」など語り手による意味の発見や構築の過程に注目した。

第２節　調査結果の検討

一　次調査の結果

一次調査の資料の整理から得られた「人生の出来事」は、表1のとおりである。

若干の補足をすると、まず「全体的出来事」の中には、波線を付した「個人的出来事」ではないかと思われる内容が含まれている。これは調査票を日本語に翻訳するときに、原語の"global"を「全体的」とした結果、ニュアンスが広がった影響とも考えられる。この点は、のちに検討する。次にこの結果では高齢世代より若者世代の方が、「出来事」の数が多くなっている。これは回答者数のアンバランスが反映しているものと思われるため、この結果をそのまま実数として扱い、比較の根拠とすることはできない。しかし回答内容に年代による相違がある点についての確認はできるため、指数化などの加工を施すことによってその意味を検討することは、可能であると考える。

1　個人的出来事

「個人的出来事」で注目されるのは、年齢層ごとに回答内容の種類に相違があることである。「個人的人生の出来事」として得られたのは総数で16種類だが、その中には3世代に共通するものと2世代に共通するもの、さらに単独の世代のみのものがある。2世代に共通する内容は、さらに高齢世代と壮年世代および壮年世代と若年世代の2通りに分かれている。Aは高齢世代、Bは壮年世代、Cは若年世代である。

「結婚・子供」「就職」：A・B・C、「学校」：A・B、「家族」「地域活動」「スポーツ」「死」「転居」：B・C、「移民」：A、「スピリチュアル」「犯罪」「旅行」「友人」「恋愛」「怪我」「出会い」：C。

「結婚・子供」と「就職」が3世代に共通して重要な「人生の出来事」とされたことは、ライフイベント研究で基準的事項として論議されていることと共通している。また「学校」が上の二つの世代に共通し、若年世代の回答には含まれないことは、青年にとって「学校」はいまだに身近な経験に属することを示唆すると考えることもできるが、判然とはしない。代わって「家族」や「地域活動」などのように、壮年世代と若年世代に共通する出

表1　一次調査での「人生の出来事」

世　代	個人的出来事	全体的出来事
高齢世代（グループA）	移民、結婚・子供、学校、就職	地域活動、移民、戦争、就職、占領・米軍基地
壮年世代（グループB）	家族、結婚・子供、地域活動、スポーツ、就職、死、転居、学校	いじめ、事故、経済、占領・米軍基地、犯罪、免許、スポーツ、結婚・子供、地域活動、友人
若年世代（グループC）	死、スピリチュアル、犯罪、スポーツ、旅行、地域活動、結婚・子供、友人、転居、就職、恋愛、家族、怪我、出会い	芸能・文化、占領・米軍基地、死、戦争、犯罪、スピリチュアル、地域活動、スポーツ、出会い、学校、友人、就職

来事があることは、高齢世代と後続する2世代間の関心の差として興味深い。また、「スピリチュアル」「犯罪」などの若年層単独の内容は、青年の内的世界の多様さを示すものとも理解できる。

　このように、世代を跨いで共通の「人生の出来事」が存在することは、各世代が何らかの内的な意味世界を共有していることを示すと同時に、その重複の仕方にバリエーションが見られることは、その共有の仕方が均一なものではないことを示しているものと考えられる。このような事実は、個別の世代の経験した出来事がシマの異なる世代間に共有され伝承される可能性や、その過程の複雑さを示す事柄といえるだろう。

2　全体的出来事

「全体的出来事」についても、同様の傾向が見出される。ここでも世代間の重複が見られるが、高齢世代と壮年世代に重なりがなく、代わりに高齢世代と若年世代に重複が見られることは興味深い事柄である。

「地域活動」「占領・米軍基地」：A・B・C、「戦争」「就職」：A・C、「犯罪」「スポーツ」「友人」：B・C、「移民」：A、「いじめ」「事故」「経済」「免許」「結婚・子供」：B、「文化」「死」「スピリチュアル」「出会い」：C。

　この重なりを「戦争」を例に、具体的な回答内容として検討すると、重複する出

表2　出来事の出現頻度

世代	順位	個　人	全　体
高齢世代	1位	「学校」(3／8回(37.5%))	「戦争」「就職」(2／7回(28.6%))
	2位	「移民」「結婚･子供」(2／8回(25.0%))	「地域活動」「移民」「占領・米軍基地」(1／8回(14.3%))
壮年世代	1位	「地域活動」「結婚・子供」(7／28回(25.0%))	「犯罪」(6／19回(31.6%))
	2位	「死」(4／28回(14.3%))	「占領・米軍基地」(3／19回(15.8%))
若年世代	1位	「地域活動」(6／34回(17.6%))	「犯罪」(8／25回(32.0%))
	2位	「転居」「出会い」「スポーツ」「スピリチュアル」「就職」(3／34回(8.9%))	「戦争」「地域活動」「学校」「友人」「就職」(2／25回(8.0%))

来事は「沖縄戦(高齢世代)」と「イラク戦争(若年世代)」を内容にしている。「戦争」の内実は異なるものの、意味の共通性によって離れた世代が同じ「人生の出来事」や経験を共有しているのである。このことは、その経験の世代間の継承を考える上で重要な意味をもつ。

このような事実は先に述べた世代間の交流や継承関係が、個人を超えた事柄についても成り立つことを示唆しているものと考えてよいだろう。そこで次に回答の重複がもつ意味について、さらに検討を進めよう。

3　回答の重なりの構造

世代ごとにみた場合、回答全体の中に同一の出来事がどれだけの頻度で現れるかは、その世代にとってその「人生の出来事」がそれだけ重要であるということを示すものと考えられる。そこで年齢層によって同じ出来事が、回答全体の中にどれだけの回数と頻度で現れるかに注目して整理すると、上のような表が得られる[11]。ここでは人生の年代のいつかを問わず、回答用紙に記載された「出来事」のすべてを転記し整理した、上位2位までを示してある。

全体にサンプル数が少ないものの、同一の出来事の出現頻度には差があることが分かる。どの「人生の出来事」がより重要であるかという、量的な面での意味は十分な根拠をもって指摘できないが、少なくとも以上の事実から、世代ごとに関心をもつ「人生の出来事」についての重点が異なるという、理解をすることは可能である。このような「出来事」に関する重点のズレは、先ほど述べた世代間の経験の共有と伝承という問題において、どのような意味をもつのだろうか。次に二次調査でのインテンシブな聞取り結果の分析によって、この点についての検討を進めたい。

二次調査の結果

二次調査の結果からは、テキストに起こした語られた内容の分析から次のカテゴリーを得た。

〈カテゴリー〉
「旅行」「占領・米軍基地」「文化」「ひきこもり」「転居」「地域活動」「戦争」「スポーツ」「就職」「自然」「事故」「死」「結婚・子供」「怪我」「学校」「家族」「移民」

またこれらのカテゴリーを選び出す前提となった言説の中に次の語りの「動因（モチーフ）」を選び出し、それらを積極的な動因（＋）と、消極的な動因（－）に分けて整理した。

〈動因〉
＋：「喜び」「満足」「誇り」「納得」「挑戦」「楽しさ」「尊敬」「責任」「充実」「自信」「希望」「感謝」「安心」
－：「寂しさ」「後悔」「嫌悪」「苦悩」「恐怖」「望郷」「不満」「不合理」「不安」「疑問」「悲しみ」「怒り」
＋／－：「驚き」

これらの作業は筆者一人によるものである。したがってカテゴリーの選択や動因の選択と名称付与には、当然ながら別の選択の可能性があり得る。筆者がここで重要視したのは、資料の中に先ほどから述べてきた語りの「流れ」や「方向」、「強さ」などの分析のための具体的な指標を見出すことである。

1　語りの特徴

以上の整理から分かることは、第一に各カテゴリーに複数の動因が含まれていることである。たとえば「占領・米軍基地」というカテゴリーには、「怒り」「嫌悪」「不満」「不合理」「不安」「疑問」「恐怖」「楽しさ」「納得」「驚き」という、10個の動因が含まれている。これは同一のカテゴリーであっても、その「出来事」を語る方向が異なっていることを意味する。

第二は語られる回数が多かったカテゴリーの場合には、年代ごとの関心の強弱が頻度として現れていることである。たとえば右と同じ「占領・米軍基地」で見ると、このカテゴリーを取り上げた各年代の頻度は、高齢層が5回（21・7％）であるのに対して、壮年層が17回（73・9％）、若年層が1回（4・3％）である。この事実から、語りのテーマとして「占領・米軍基地」を取り上げようとする傾向は壮年層に強く、若年層に弱いことが分かる。

第三に同一のカテゴリーの中に、異なる価値的評価が含まれていることである。右と同様の「占領・米軍基地」には、「怒り」や「嫌悪」「不満」「不合理」などの消極的評価と並んで、「感謝」や「楽しさ」「納得」という積極的な評価も含まれている。これは第一の特徴と一致する事実だが、このように語りの方向が多様であるだけでなく語る内容に関する評価に矛盾が含まれていることは、さらに突っ込んだ慎重な解釈を求めている。これはまた、第一次の資料の分析において指摘した経験の伝承可能性との関係では、その過程の複雑さを示すものとして注目しなければならない事実だろう。

第四は、カテゴリーの大きさに大小の差があるということである。ここでカテゴリーの大きさというのは、各カテゴリーを構成する事例の出現頻度のことである。大きなカテゴリーを形成しているものの上位五つは、「占領・米軍基地（23回（25・6％））」「戦争（12回（13・3％））」「地域活動（11回（12・2％））」「就職（7回（7・7％））」「結婚・子供（7回（7・7％））」である（パーセンテージは、回答全体（89回）に占める各カテゴリーの出現回数を示す）。

2　世代関心の相違

このカテゴリーの大きさには、世代ごとの「人生の出来事」への関心のありようが、全体的な傾向として反映されているものと思われる。同一のカテゴリーのなかにも、次のような世代ごとの違いが見られるのである（割合が最も大きい年代に傍線を付した）。

「占領・米軍基地」高齢世代：21・7％（5回）、壮年世代：73・9％（17回）、若年世代：4・3％（1回）
「戦争」高齢世代：75％（9回）、壮年世代：16・7％（2回）、若年世代：8・3％（1回）
「地域活動」高齢世代：0％（0回）、壮年世代：54・5％（6回）、若年世代：45・5％（5回）
「就職」高齢世代：42・9％（3回）、壮年世代：57・1％（4回）、若年世代：0％（0回）
「結婚・子供」高齢世代：14・3％（1回）、壮年世代：85・7％（6回）、若年世代：14・3％（1回）

このように「占領・米軍基地」は壮年世代の関心事であり、「戦争」は高齢世代の、「地域活動」と「就職」は壮年世代の関心事である。また「結婚・子供」は、壮年世代が相対的に強い関心をもっている。ここでも数値には厳密な意味はないが、各カテゴリーに寄せられる関心が年齢によって異なっていることは分かる。

最後に補足的な要素として、語りの過程においては「修復」を含む、カテゴリー間のテーマの移動が見られるという点を挙げておきたい。語りの「修復」というのは、聞取りの過程で質問者の介入によって話題が逸れた場合に、語り手自身の手によって元に戻される作用を指す。テーマの移動は語りの過程で普通に見られる事柄だが、ここでの問題は以上のカテゴリーが単独では意味をもたず、ひとつながりの「筋」として初めて意味をもつということである。語りは方向をもつだけでなく、テーマ同士が繋がり合って初めて意味をもつのである。

3　語りの筋立て

以上の整理をあえて図にして表すと、図1の通りである。[12] 第1象限には、先に取り上げた五つを基本カテゴリーとして楕円で示した。残りの第2から第4象限には各年代を配し、それぞれの年代ごとの各カテゴリーの位置づけや相互の関係を、楕円の大小と矢印で示してある。各象限の最も大きな楕円は、年代ごとに異なる「人生の出来事」の中心的カテゴリーを示す。またデータとしては現れないカテゴリーは、点線として示した。なおここには示していないが、楕円形で枠づけた各カテゴリーはいずれも具体的な生活の場である、シマ社会を表す一回り大きな楕円の中に位置づいている。「戦争」や「基地」は集落を超えた、より大きな問題ないしは一般的な問題というべきだが、沖縄の場合にはそれらが小さな集落内の問題として存在している。「職業」は多くが集落の外への就職による移動を意味し、大きな楕円の枠を超えた位置をもつことがある。

この図は先に整理してきた、語りの方向や強さなどの要素をカテゴリーの大きさ、および流れとして示そうとしたものである。ただしここに示したのは各年代の主たる関心の所在と、語りの過程に見られるテーマの変化や展開（筋立て）に特徴があることである。楕円の大小はこれまで検討してきた調査結果を反映させてはいるが、必ずしも厳密な意味を表すわけではない。また矢印は語りの筋立ての展開を示すが、これも全体的な特徴を示すにとどまる。くり返すがこの図は、各世代の語りの方向の法則を示すものではない。

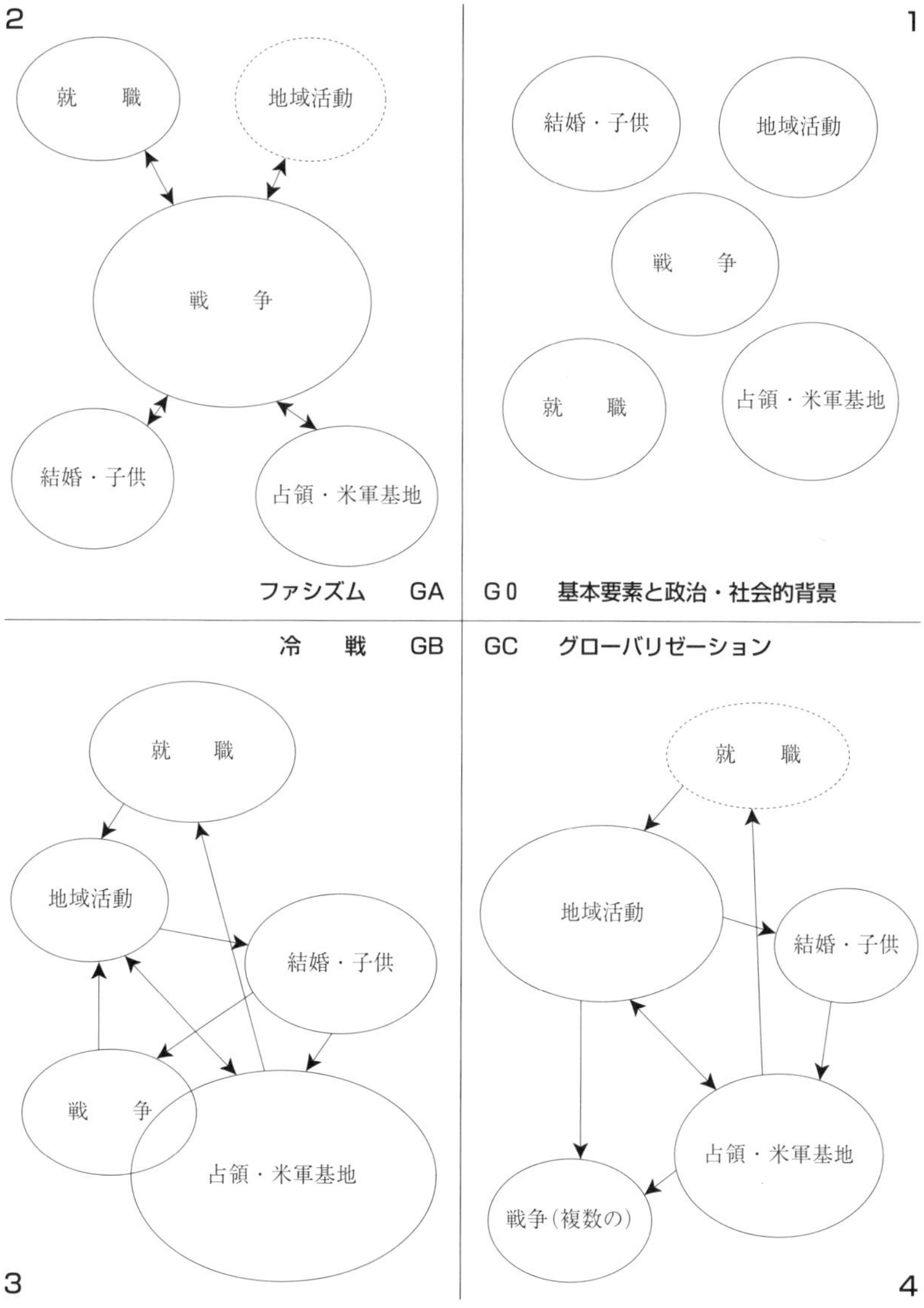

図１　世代ごとの語りの筋立て

第3節　「人生の出来事」の世代的特質

「戦争体験」の重さ：高齢世代（ＧＡ）

1　話題展開の乏しさ

「人生の出来事」の世代的な特質を個別に検討すると、グループＡ（ＧＡ）に示した高齢世代は直接沖縄戦を体験したり従軍したりした経験を有する世代である。第２象限には、「戦争」が高齢世代の関心の中軸に位置することが示されている。またそこから発する矢印が、他の二つの世代のように片矢で残りの楕円に続くように描かれず、両矢を用いて相互の関係として描いてあるのは、高齢世代の語りが話題の展開性に乏しいことを表す。ただしこのような特徴は、高齢層の中でも75歳以上の高齢者の場合に当てはまるというべきかもしれない。同じ高齢世代でも60代前半の回答者の場合には、むしろ壮年層と同じような特徴をもっている。サンプル数が少ないので断言することはできないが、同じ戦争体験を語る場合でも、20歳前後の経験を語るのと3歳時の経験を語るのでは差があるであろうことは、容易に予想できる。

ここでは主に75歳以上の高齢者の特徴として、話題の展開性の乏しさに注目してみたい。まずその事実を確認して、その理由を検討してみよう。次は77歳の男性の回答の一部である。

Q　16だともう青年ですよね、もっとちっちゃいときのことで、残っている大きな出来事は？

A　あまりないですね。

Q　そしたら青年期だと、今の10・10空襲になりますよね。大人になってからの人生の個人的な出来事となれば、どんなことになります？

A　まあ普通平々凡々で暮らして。

Q　今までの時間の中で、あれがあったから今の自分がこうなんだなあというかたちの出来事というのは？ 大人になってから？

A　自分の人生で、別に印象に残るような……。

Q　例えば結婚するとか、子どもができるとか。

A　結婚したときですね。32歳のとき。

Q　結婚が自分にとって大きな出来事というのはどうしてですかね？

A　別に。人生の行事ではないですか。とくに印象に残るものはないですがね。

Q　就職するとか、仕事のなかでもいろいろあると思うんですが、子どもがうまれるとかも、ああいうのが自分の転機になったなあというようなことはないですか。

A　人生の転機ね、ないですね。

このやり取りが意味するのは、質問に対する回答者からの拒否や回避、抵抗というべきかもしれない。忘却という要素も考えなければならないだろう。しかし、「ない」という回答が続く理由が拒否や抵抗であるならば、その傾向は回答全体に現れるはずである。にもかかわらずこの回答者は、このやり取りの前後で戦争に関しては饒舌に物語っているのである。

これほど顕著ではないものの、同様の傾向は他の回答者にもみられる。次は、日本軍の兵隊として従軍しシンガポールで捕虜になった経験をもつ、84歳の男性の自分の結婚に関しての回答の一部である。

Q　ここで結婚と子どもと書かれているのですが、どういうお気持ちで。
A　いずれ結婚せんといかんのですから、26、27ぐらいですから、30だと遅いですから。
Q　その前後で何が変わったと思われます？　あるいは今との関係では。
A　長男でしたから、世間並みに考えて結婚して家庭をもって、人並みに子どももということではなかったですかね。
Q　自分の人生の中で結婚というのは大きいですか？
A　大きいですよね、結婚もしないでぶらぶらしておってもしようがない。

この回答者の場合にも、この前後で語っている上官のいじめや天皇の戦争責任などへの言及に比べれば、下線部の語り口はいかにも軽い。これらの語りにはすでに指摘した「拒否」や「回避」のほか、「消極的な追認」という負の動因を見出すことができるだろう。

2　戦争体験に関する饒舌な語り

こうした「人生の出来事」への消極的な評価の背景を究明するために、今度は「戦争」に関わる語りの過程をいくつか検討してみたい。師範学校を卒業した後すぐに教職に就いた82歳の女性は、学校の解散を余儀なくされた後の逃避行を次のように語っている。

「みんなで山に避難を。山にいて、みんな『出て来い、出て来い』された。出て行ったら殺される。でも避難した。小屋を作ってあったんですね、暗くて、別々に分かれて。米軍がすぐ近くまで来て、銃むけられて、わたしたちのなかには日本兵も一緒にいて、民間はこっちに集まれと、日本兵はむこうの方へと手を上げて。

……もう一日中、木の下で、雨が降るのに一日中座って、身動きしないで。上の方を、米軍が通ってるんですよ。道なんです。（谷の）底のほうに、みんな隠れてるんです。動かないで、全員。」

この緊迫した場面の語りを導いているのは、実線で傍線を付した部分に現れた「暗さ」や「眼前の銃口」、うずくまって身を隠す「こわばった身体」など、皮膚感覚を通した恐怖である。また「動かないで、全員」という倒置形で結ばれた波線部分は、自らもそうであったにもかかわらず住民の一人として、なすすべもなく身を隠す住民「全員」の姿を客観的な観察者として捉え、逃げることもできなかった「出来事」の不合理を伝えようとしている。それは冒頭の波線、「出て行ったら殺される」という判断を裏づける、マイナスの事実に向けられた「生への意志」というプラスの価値である。同様の動因の表出は、次のような63歳の女性の語りにも見られる。

「戦争ですね。大体3歳ですけど、覚えてるんです、あの恐ろしさ。私達は、ここから中川というところに避難してたんですけどね。避難生活でのこと、この部落からそこに行くためには、橋がありませんから、親の着物の裾を引っ張って歩いていったんです。ですから流されようとする恐怖とかですね、怖かったということですね。照明弾とか。……私には母の妹、20歳くらいの妹がいたんですよ。この叔母も、顔もみんな全部、炭とか泥を塗って……。子どもですから、3歳ですから、理由はぜんぜん分からず、ただもう怯えているということだけを覚えているんです。」

この回答者の場合、引用部分では「その後、親に繰り返し聞」いて確かめた情景が、物語られている。したがって「理由」は本人のものではないが、味わった恐怖は「渡った川の流れの強さ」や「打ち上げられる照明弾の明るさや音」「顔に炭を塗った叔母の姿」など、非日常の身体的な経験として記憶されている。そしてここでも語りを推し進める動因は、「大体3歳ですけど」や「理由はぜんぜん分からず」というマイナスの価値を覆す、「ただもう怯えているということだけ」という恐怖を裏打ちする、不合理感をともなった「生への意志」というプラスの価値である。

3　戦争体験の重さ

このように見てくると理由ははっきりしないものの、この年代に特徴的な語りの展開過程の低調さという特徴は、少なくとも「戦争」以外のカテゴリーには、こうしたプラスの価値が付与されにくいという事実を意味しているものと考えることができる。牧野篤は65歳以下の高齢者に対するアンケートから得られた「シニア世代の意識」の一つとして、「好奇心と自己中心性」をあげている。[13] 取り上げている回答者の年代はこれとは異なるが、この指摘に即して強いて言えば、ここでの事例は「好奇心を欠いた自己中心性」とでもいうことができるかもしれない。

これに対して、先と同一の82歳の女性の次の語りの一部は、話題が展開せず「戦争」へと修復される理由の一端を示している。

Q　青年期の個人的な出来事ってありますか、女学校の頃など。
A　学校生活ですね。
Q　その中で出来事というのは。
A　19で卒業しましたね、就職までですか、学校では軍事訓練みたいな。
Q　家族とか、恋人とのこととか、ともだちとか……。

A　寄宿舎の生活で、みな統一的な生活でしてね、6か年間、起床時間から就寝時間まで。
Q　それは大変なことですね。
A　別に下宿でない人はあるかもしれない、下宿は統一された同じ生活。

波線を付した部分で聞き手は、学校生活の広がりに話題を転じようとしている。これに対する実線の傍線で示した回答の方向は、聞き手が介入して示した方向とずれている。このずれが意味するのは、聞き手が求めている意味世界の不在である。聞き手はここで、「軍事訓練みたいな」学校生活とは異なる、別の生活世界の存在の開示を求めているのだが、その意図は回答者の中で意味をもとうとしない。そのような意味世界が存在しないか、この場では語る意味がないのである。生活世界は実際に存在したにはせよ、ここで語るべきは「統一的な生活」であり、それ以外のものではない。修復作用をともなったこの言説は、明らかに聞き手の介入に対する拒否を表しているといえよう。冒頭に示した77歳の男性の場合の「拒否」も、このような語りの方向のずれや行き違いが生んだものと考えることができるだろう。

アメリカによる占領と米軍基地の存在：壮年世代（GB）

1　占領と米軍基地

第3象限に示した壮年世代（GB）の図は、「占領・米軍基地」というカテゴリーを軸に構成されている。この世代でも年長に属する人々は、沖縄戦の後に生まれ米占領下で基地の存在を前提に成長した経験をもつ。また本土復帰以前には、就職等で日本「本土」に渡るときにはパスポートをもち免疫注射を受けたという経験をもっている。彼らにとって「戦争」は直接の体験は有しないまでも、焼土の上に育ったという経験を意味する。「占領・米軍基地」と「戦争」という二つの楕円の重なりは、このような事情を表している。

この世代にとって「占領・米軍基地」は、肯定的であれ否定的であれ、自らの生い立ちの基本的な条件である。例えば54歳の女性は、5歳足らずのときに経験した米軍の戦車に接した時の恐怖を、次のように語っている。

「もう私たちは軍の近くでいますよね。第2ゲートからずーっと前の、あれが戦車の道路だったんですよ。ずっとブルービーチの方に。こんな大きなものが。あの頃私たち小さかったからね。あの大きな戦車が、もう10台20台っていうもんじゃなかったです。バーっと、もう30分ぐらい通った気がしましたね。戦車ばっかり。これが通ったらもう道に伏せてね。もう、戦争が起こっているって思って。」

この言説は幼女の眼前を通過する、戦車の車列から受けた「大きさ」や「時間の長さ」など感覚に残る記憶に基づいている点や、「道に伏せる」という身体的な記憶を介している点で、先の高齢世代の場合に類似している。しかもその時の恐怖は、波線部分の道に伏せるという自己の小ささの感覚を介して、破線部の「戦争が起こっている」という疑似的な「戦争」とつながっているのである。

この世代にとっての「占領・米軍基地」の大きさは、調査地の金武町並里区が米軍基地に近接しているせいもあって、直接的な米軍との接触や米兵による犯罪として回答者に記憶されている。子どものころの経験を基に米軍への恐怖を語った56歳の男性の場合も同様に、その対象に兵隊の行軍とりわけ兵隊が所持する「機関銃」というリアルな存在をあげている。またこの男性は、米兵による沖縄女性の殺人事件についての経験を次のように語っている。

A　自分が何歳のころだったかな、新開地の方で女性が殺されたんですよね。自分はその場所も分かりますけど、その場所、廃棄されてない。もう、30何年なりますけどね。そういった、殺されているのが多いんですよ。結構。

Q　その話は、基地ということですか。

A　そう、基地。基地の中に……、金武町があったようなもんだったから……。

Q　何故、それを覚えているんですか。

A　いや、これは忘れないですよ……。溝の底に（遺体が）あったんですよ。もう、忘れません。

Q　見たんですか。

A　いや、見たというんじゃなくて、今でもその場所があるもんですから、頭ん中で空想みたいにして。今でも、その場所ありますからね。

こうした米軍基地に起因する「死」の経験として、この男性の語りは基地の中に米軍の戦闘用食料（Cレーション）を取りに入って米兵に射殺された、知り合いのおばあさんのもう一つの「死」に至る。それは、郵便局員として犯罪が行われた「新開地」に足を踏み入れる自分の、可能性としての「死」と結びついている。彼は次のように続ける。

A　殺された人は、商売していたんですけど……、やっぱりひとつ間違ったら怪我をするか、殺されるということ、多いですよ。

Q　ということは、自分にもそういうことがありうると感じられたということ？

Ａ　感じますよ。やっぱり新開地なんか行くときに、外人なんか５〜６人、いつも一人では歩かないから、グループで歩いているから……。怖いですよ。今でも怖いですよ。

このように、「占領・米軍基地」が「戦争」や「死」と結びついていることは、この世代と高齢世代とがそれぞれの「人生の出来事」を介して経験を共有したり、継承したりする個人およびシマ社会がもつ内的な条件を作り出す要因と考えることができる。

2　軍隊への嫌悪

このような「占領・米軍基地」に関わる経験は米軍、さらには軍隊そのものに対する嫌悪感を生んでいる点が注目される。同じ男性は、次のように語っている。

Ｑ　米軍の行進と、さっきの殺人というのは、つながっていますか。

Ａ　結局、彼らは兵隊ですからね。新開地にいる人たちも、兵隊ですから……。米軍ということだけではなくて、要するに兵隊ですね。たまたま沖縄にいるのが米軍だということで、イギリスだって、いれば一緒ですよね。

このような意識は、沖縄が全体として保有する反戦や平和を希求する集合的な思想を生む、素地の一つと考えることができる。別の見方では、先の二世代間の伝承可能性が「恐怖」や「死」など感覚的な経験の共有を媒介させていたのに対して、この場合は軍隊とは何かという論理的な判断を基に成り立つ、理性的な交流の可能性を示しているということができる。しかしこの面での経験の交流や継承は、因って立つ価値や判断の相違が生じるために複雑であり、単純ではない。

たとえば48歳の女性の場合、恐怖の元となって強い印象として残っているのは、子どものころ歓楽街の人ごみの中で目にしたベトナム戦争での負傷兵の包帯姿であった。しかし彼女の場合、このような「恐怖」は海で溺れたときに救助してくれた米兵に対する「感謝」と同居している。このときの経験から彼女は成人した後、単独でアメリカ横断のバス旅行に挑戦する。この経験は彼女が現在も、米国と沖縄住民の交流を進めるボランティア活動に参加する、動因を構成している。

3　「就職」による自律とその後の展開

ところで、パスポートを所持して移り住むという「占領・米軍基地」の経験と結びついて成り立っていた「就職」は、この年代に自立の場を与えただけでなく自律の契機になっている。55歳の女性は、次のように述べる。

「向こうに行って帰ってからが、私の人格というかな、おどおどしなくなったとか、学歴とかそういうものと関係なく自分を出せるそういう人格になったのは、あの３年間のおかげじゃないかなって思いますね。」

「学歴」という学校的な知ではなく、環境の変化そのものが学習の機会となり人格の変化を生む力をもつのである。このように、土地を離れることによって改めて故郷を外側から眺めるという「出来事」は、高齢世代にも「入植」経験として存在し、また次に見るように若年世代にも「就学」や「就職」体験として存在する。それでは「人格の変化」は、どのような作用から生まれるのか。前章の最後の部分で触れた女性の事例を、改めて取り上げてみたい。先の女性は、その一端を次のように語っていた。

「向こうの阿波踊り見たときに、私はこんなのが踊りかって思った。何故、手をこんなふうにしているだけなのか。私たちのは、もっと感情込めてこんなにもしてる。エイサーはね。」

彼女が発見しているのは阿波踊りではなく、傍線を付した「私たちのは」に込められたエイサーや村踊りの振りである。ここでは「就職」という出来事が、「地域活動」という出来事へと展開している。移り住んだ土地で接した沖縄以外の伝統芸能との接触が、自らの身体に内在化された沖縄の芸能を見直すきっかけとなり、その意義の再確認と再評価に結びついているのである。ただしすでに見てきたように「地域活動」そのもの、とりわけ芸能に関する活動では、この年代はすでにOBに属し「楽しかった」という一般的な意味をもつに留まる。

このような展開は、「地域活動」から「結婚・子供」へ、さらには「結婚・子供」から「占領・米軍基地」ないしは「戦争」へとつながる。この点で、次の38歳の女性の9・11に関する語りは注目すべきものである。

「自分達はまだあれですけど、……もう4年前ですか、そうするとまだ3歳の時ですから、3歳で死ぬことになったらみたいな。うちの母親が7人兄弟なんですけど、戦争中も生まれた弟とかをおぶって逃げっていったという話を聞いたことがあったので、なんかその同じことをまた自分がするのかなみたいな、そんな恐かったです。」

傍線を付した部分は、アメリカ同時多発テロ事件に連動して、彼女の住む金武町に存在する米軍基地がテロリストの新たな攻撃目標に狙われる恐怖を語っている。親から伝えられた「戦争」に関する経験が、「結婚・子供」を介して自らの「占領・米軍基地」に関わる経験と重なっているのである。傍線を付したように、それらは「同じこと」なのである。

伝統文化の創造性：若年世代（GC）

1 「地域活動」の大きさ

第4象限に示した若年世代（GC）の特徴は、「地域活動」というカテゴリーが、大きな位置を占めていることである。しかしながら一次の調査結果からも分かるように、この世代にとっての「人生の出来事」はバリエーションに富み、他の二つの世代のようにはっきりとした語りの軸は見当たらない。これは自分の人生が安定する前の、この世代特有の傾向と見ることができる。しかし二次調査の結果の集約から分かるように、「地域活動」はその中でも比較的多くの関心を集めている。この場合の「地域活動」の内容は主に村踊りなどの芸能に関わる活動であり、その詳細についてはすでに前章で説明した。ここでは、そのような芸能に関わる活動が他の出来事とどのような関わりをもつかに注目してみよう。

はじめに図のGC部分の特徴を説明しておくと、各カテゴリーは壮年世代とほぼ同様の位置関係にあるが、若干の相違がある。矢印の向きも一部が異なって表されている。「占領・米軍基地」と「戦争」の間に距離が設けられているのは、この世代には戦争に関する直接的な体験がないことを示す。厳密に言えば壮年世代にも直接の戦争体験はないのだが、沖縄戦後の荒廃の中に生まれた世代にとっては、「戦争」は身近なものであったという意味を示すために第3象限では二つを重ねてある。「就職」はこの世代にとってまさに現在の問題であり、彼らは「人生の出来事」の最中にいる。「占領・米軍基地」から「就職」に伸びる長い矢印は、壮年世代においてと同様、この年代にとっても基地に近接する集落での暮らしを生い立ちにもつことを表す。また「占領・米軍基地」と「地域活動」の間の双方向の矢印は、集落での活動が基地の存在を離れては成り立たないという意味を表すと同時に、次に示すように、「地域活動」の中で改めて基地が存在することの意味を見直すきっかけが生まれるということを表す。

「地域活動」がもつ意味について、29歳の男性は次のように語っている。

Q　子ども時代で、個人的な出来事は?

A　子ども会という組織に入ったこと。キャンプやったり、クリスマス会やったりとか……。子どもたちで役員会作って。5、6年になったら子ども会を運営していくというか、どういったイベントをやろうかとか、こっちとこっちとかけあって一緒にやろうかというような話を、子どもだけで自主的に。そういう役員に選ばれたりとかして。たまたま少なかったということもあるんですが……。

この男性の場合、子どもだけで自主的な活動を展開できたことやその役員に選ばれたことが、ある種の「誇り」という動因を構成して語りを支えていることが分かる。このような「誇り」という動因は、先の壮年世代の事例として紹介した女性の場合と同様、沖縄から離れた場所で伝統芸能の意味を見直す機会をもつときには、自らのふるさとないしは「沖縄」そのものを見直し再評価する語りを生む。この男性は青年会の一員としてハワイ公演を行った時の経験を、次のように語っている。

Q　青年時代の出来事はどうです?

A　ハワイに行ったことです。

Q　それはどんな意味があったんですか。

A　部落や集落で守られている伝統芸能が、他の県外とか外国に行くととても重要視されている。向こうに行ったおばあちゃんとかが、涙流して「ありがとうね」と言ってくれるような、感動するものを僕たちが受け継いでいる、それまではやっぱり誇りは持ってはいたんですが、そこまで喜んでくれるんだという。

Q　それは沖縄の伝統ということだけど、「ウチナンチュ」ということも入る？

A　それは入ってます、これはいい意味でも悪い意味でも、沖縄というのがありますね。

Q　いくつぐらいからです？

A　改めて言われると……、高校ですかね。たまたま県外に行ったりするときに、そのときは感じますね。自分がやっぱり沖縄という、「ウチナンチュ」というものをもってるなと。

2　「ウチナンチュ」という自覚の展開

波線を付した部分の「ウチナンチュ（沖縄人）」という自覚に関わる言説は、聞き手の質問への回答として返されたものであり、先の「感動するものを僕たちが受け継いでいる」ことや、見知らぬハワイの「おばあちゃん」が「そこまで喜んでくれる」ことに関わる、「発見」や「誇り」という動因から直接導かれる帰結ではない。しかし彼が、伝統芸能を通じたこれらの事実の「発見」が「誇り」を介して、「ウチナンチュ」というアイデンティティにたどり着くであろうと推測することは可能である。

また24歳の女性は、東京の「新宿エイサーまつり」に参加した経験を基に、同様のことを次のように語っている。

Q　今年の出来事はどう？

A　エイサーで東京にでかけたこと、新宿へ。

Q　それはどんな？

A　地元の伝統を。……やっぱり、沖縄がどれだけ知られているかというか。（人が）いっぱいで。沖縄のことが、興味あるんだなという感じで。途中で移動しながら、地元の方に、私もやりたいからということで、名刺もらって。そこまでやっぱり、エイサーに興味や関心を持ってくれる人がいるんだなと思うと、うれしい。びっくりしました。あんなに人がいるとは思わなかったので。

東京という外の世界に彼女らが持ち出したエイサーを介して、沖縄に多くの人々が関心を寄せている事実を自ら発見した驚きや喜び、そしてそのことを誇らしく思う気持ちが動因として作用している。この場合も、波線部分とりわけ「やっぱり」という躊躇の上での肯定を導く言葉は、実線部分に表れた「地元の伝統」と「沖縄」を結ぶアイデンティティの構築を示唆すると考えてよいだろう。

興味深いのはすでに指摘しておいたように、こうした「地域活動」を介した県外との交流が、「占領・米軍基地」へと、展開することである。先ほどのハワイ公演の経験を語った男性は、県外との交流の中で得た自分の暮らしないしは沖縄に関する認識の変化を、次のように物語っている。

「今まで当たり前のように、基地があって外人が軍服つけて歩いているという、朝、学校行くときにバス停で待ってたら、軍隊が普通の県道を往来して、普通に戦車が通っていくという風景を見てて、それが普通だったというのが、違うんだ。ここだけなんだという、基地があるところだけなんだというのを、知らされた。」

波線を付した「知らされた」という表現は、いうまでもなく他の誰かが教えたということではない。県外の他者との交流を通して、自らに新しい認識が「到来」したことおよび「現出（émerger）」したことを言い表している。また実線を付した「違うんだ」や「ここだけなんだ」という新しい発見に基づく新たな認識の内容が、基地と隣接する環境で繰り返してきた日常生活の中に組み込まれた米軍の存在の異常さであることも、改めて繰り返す必要はない事柄だろう。

第４節　世代経験の連続と断絶

シマ社会と世代間の差異

以上の事柄から判明するのは同一のシマの住人の中でも、「人生の出来事」の構成に世代ごとの重なりと相違があることである。このことは、世代経験に連続と断絶があることを意味する。一般に、シマ社会の研究においては「相違」という観点は、これまであまり注目されてこなかったように思える。冒頭での先行研究の整理からも分かるように、沖縄のシマ社会研究はその一体性を重視することに重点が置かれ、階級分析的な視点を除いて、シマ社会内部の差異への注目は弱かったのではなかろうか。

もとよりこのような傾向は、集落の一体となった生活文化を丸ごと捉えるという、いわゆる沖縄学の研究的必要から生じている。本研究の立場もそれに従うものであることは、すでに述べてきた通りである。にもかかわらず、世代ごとの経験世界に相違があるという先述の事実は、シマの生活的実践を、相違を含めさらに細かく検討する余地のあることを示唆している。とはいえ、このように考えることはいたずらに「相違」を強調し、シマ社会の研究に個人主義的な観点を持ち込むことを意味するわけではない。

しかしながら、ここでシマ社会の内部に入り込む方法として「個」に着眼点を置いてみることによって、経験世界の世代間の「相違」が明らかになったことは、改めて集合的全体の中にある「相違」に目を向けることを求めている。ただしここでの「相違」は、単独では意味をもたない。字公民館や字誌、村踊りなど、これまで見てきた集落がもつ集合的諸機能の要は、「相違」を「全体」と関係づけ統合するところにあった。この点で、「人生の出来事」に関する研究が有する意味は、相違を前提とした世代間の「人生の出来事」の共有と伝承可能性の解明という課題であるということができる。

経験世界における「個」と「全体」

1　個と全体の往還

ここでこれまで保留してきた、一次の質問紙における「個人的」と「全体的」の表記にまつわる問題から、「個」と「全体」の関係性について検討しておこう。一次調査の概観部分で示したように、「全体的な出来事」への回答例の中には、当初予測した「沖縄戦」や「本土復帰」「9・11」「王貞治のホームラン記録」「都市型訓練施設の建設」など、文字どおりに「個人」を超えた「全体」に関わる「人生の出来事」の外に、「個人」に属するのではないかと思われる「就職」や「免許」「結婚・子供」「友人」「死」「スピリチュアル」などが含まれていた。先にその理由を、「全体的」という訳語に問題があったかもしれないと述べたが、ここではこうした訳語の難点以外の可能性を検討してみたい。

ここで可能性というのは、このような回答にも妥当性が見出されるのではないかということである。端的に言えば、「個人的」と見なしうる出来事の中にも、「全体」を見出すことができるのではなかろうか。

例えば、「保育士という素晴らしい仕事に巡り合った」という回答の場合、「保育士という仕事」はこの回答者が就職によって入り込んだ個別の世界ではあるが、それは同時に「保育士」という仕事がつくりだす職業全体の世界である。回答者はここで「保育」という一般名詞で表される「全体」を重視して、「全体的な人生の出来事」として回答したと理解することもできる。このように「個人的」と「全体的」の関係は本来、二項対立的に明確に区別できるものではないのである。「車の免許を取った」という「免許」に関わる回答の場合にも、それは運転免許を取得して車に乗れるようになったという「個人」の経験を表すと同時に、「免許」という社会的な仕組みがもつより幅の広い意味世界を表すと理解することができる。自分で車を運転するという行動パターンの拡大や、長い距離を自由に移動することができるという地理的世界の拡大のような個人的要因と、車を不可避の移動手段として成り立つ現代社会という枠組みに自らも関わるという要因は、背中合わせである。

これはサッカーをしていてアキレス腱を切るという、「個人的な出来事」の典型と見られる事例の場合にも、同じことがいえる。若年世代に属するこの語り手は二次調査での聞取りで、その「出来事」を自分が準備運動をせずにいきなり強い運動をしたことへの反省や、当時、仕事が忙しくて運動不足になっていたなどの生活態度への反省として説明している。怪我をしたという個別の経験を、より一般的な意味の世界として語っているのである。それは「アキレス腱の断裂」という一般的な出来事が、回答者の肉体に生起した肉体の痛みや後悔の念を伴う個別の「怪我」として、個人の経験の一部に固定化され意味づけられたことを表す。このことはそこに、「個別」と「一般」ないしは「普遍」との往還関係が存在することを示している。

2　出来事の到来

語源学的な検討をすれば、フランス語では「怪我をする」には他動詞が用いられ、「se blesser（自らを傷つける)」のように再帰動詞の形をとって表される。これは文字通りの理解では、個人が外からやってくる怪我を受け取るということであり、怪我は個人の外側から到来するということである。良い例とはいえないが、自殺の場合でさえ「se suicider(自殺する)」のように、「怪我」と同様の他動詞を用いた再帰動詞による表現をとる。死は個人の許に「到来」するのである。「死を受容する」という表現のように、「死」なる一般が癌などの具体的な病によって個人にとっての具体的な生命の終末としての意味をもつのである。

このような関係は、次のようなフランス語の「人生の出来事」に関わる三つの表現として、区分してみることができる。ちなみに、"avènement"は「ある事実ないしは個人に関わる事柄において使用される用語で、その行為やその結果として生じた事態、状態、行為の結果」を表す[14]。

①des événements(生起する出来事):世の中一般に起きる出来事。
②l'avènement(到来する出来事):個人との関係の中での出来事/意味の出現。
③l'événement(個別の出来事):個人に内在化された出来事。

①の一般的な意味として存在する何らかの「出来事」が、③の個別の経験として個人との関係に置かれた場合、そこに②の意味が出現するのである。これらを言いかえれば、①は普通名詞の世界であるのに対して、③は固有名詞の世界を表し、②はその間が統合される瞬間の意味の出現という区別が可能である。

このようにシマ社会での経験の共有や交流は、「個人的な人生の出来事」あるいは「全体的な人生の出来事」という、単純な区分によって進むのではなく、相互の往還の中で展開しているものと考えられる。このことはシマ社会における個別の経験と集団としての経験の相互規定的な関係を示している。

世代間の相違

1　相違する「人生の物語」

次に先に見た世代間の相違がもつ、意味について検討しよう。相違から始めるのは、次に検討する差異を統合する「重なり」の前提を確認するためである。世代ごとの「人生の出来事」の構成に相違があることはこれまで見てきた通りだが、経験の交流や継承という教育的な課題を検討するために、先行する年代である高齢世代の経験を基に議論を進めよう。

高齢世代の場合、経験の核を形成していたのは「戦争」という「人生の出来事」であった。これと他の世代との相違は、同じように最も大きな楕円で表した中軸的カテゴリーの違いで示された他に、他の小さな楕円との間に結ばれた矢印の相違としても示されていた。この図が意味するのは、各世代が「人生の出来事」に関わる同じカテゴリーを共有しているものの、その中にも相違があるという、共通の中の相違ないしは相違の下での共通を示すことにあった。先に示した用語の区別によれば、類似のライフストーリーを元に、世代によって異なるライフヒストリーが物語られているということである。

一般に「人生の物語（ストーリー）」は、二つ以上の出来事が結ばれることによってつくられる。各世代が、どの「人生の出来事」を中軸において物語を構成し、それを他のどのような出来事と結びつけるかによって、どのように独自の「人生の物語（ヒストリー）」を構成するのかが決まる。そのように構成される物語の相違を、この図は示している。

このような相違は必ずしも戦争に限られるわけではなく、これまでに取り上げてきた各章の中にも見出すことができる。端的な例は前章で取り上げた、村踊りに関する青年の「踊らされている」という言説だろう。村踊りという集落の住人が世代を超えて共有する行事の中でも、シマの芸能の型を守る立場にある「教師」世代と行事を実際に執り行う若年世代の間には、意識の相違があった。また同様のことは、字誌づくりに関する聞取り調査の中でも、明らかになっている。字誌の場合には世代間の相違は、集落の高齢化や貨幣経済の浸透、モータリゼーションなどの社会変化を背景にした、若年層を中心とした個人主義や消費主義の拡大というシマ社会の危機として、壮年世代を中心に意識されていた。このようにここでの議論の前提は、世代間の意識の相違がいわばある種の必然であると考えることである。

2 相違がもつ意味

こうした事実がもつ意味について、次に二〇〇五年六月に起きた東京A高等学校の英語の入試問題に関する事件を基に、さらに詳しく検討してみよう。この事件は同校の入試問題の一つで取り上げられた、ひめゆり平和祈念資料館の語り部の戦争体験談を聞いた高校生の感想、およびそれに関わる設問が引き起こした議論のことである。具体的には英語の本文中に、体験談を聞いた高校生の感想として「退屈で、飽きてしまった」という記述があったことが新聞で報道され、沖縄だけでなく「本土」でも大きな論議を呼んだ。現地沖縄の世論は、「出題に怒りと悲しみ―『ひめゆり』入試問題」という『沖縄タイムス』の記事のタイトルが端的に示している[15]。批判を受けて、高校の関係者は「ひめゆり平和祈念資料館」を訪れ謝罪している。

この事件では沖縄戦の直接の当事者が語る体験談を、このように扱うのが正しいのかという平和教育や英語教育のあり方が問題になった。高校入試という大勢の注目を集める場を舞台にした出来事であったことや、小設問の中に「ひめゆり」の語り部を揶揄するような内容が含まれていた点は、学校側の責任が問われるべき事柄であったが、英語の原文を読みなおすと、議論の中には誤解というべき点も含まれているように思える[16]。とくに重要なのは、本文中で〝I〟という主語で語られる主人公は、むしろ反戦や平和さらには戦争体験の継承の必要を意識している点である。

文章は冒頭で主人公の述懐として、戦後60年を経た現在における平和の大切さと戦争体験を継承することの大切さについて触れた後、主人公が高校生のときに修学旅行で訪れた沖縄での経験へと展開している。そこでは、「都会っ子」の主人公ら高校生が沖縄戦で住民の避難場所になった自然壕の暗闇に接した体験として、懐中電灯を消して全くの暗闇に包まれたときに、彼らがそれまで口にしていた「ここでキャンプしたら、面白そうだ」などの軽口を忘れ、沖縄戦の現実に深く印象づけられるストーリーが描かれている。問題の部分はこれを受けて、彼らがひめゆり平和祈念資料館を訪れ語り部の体験談を聞いたときに、それ以前の壕での直接的な体験があまりに生々しかったせいで、「退屈で、飽きてしまった」と感じるという筋立てになっている。問題になったのは、この最後の部分である。[17] 主人公が飽きた理由として、何回も同じことを繰り返してきた語り手の語り口が手慣れていたせいで、母親の子守唄のように「心地よく響いた〟厳しいものには感じなかった（sounded so easy）」と書かれている。

この事件について立ち入った議論をすることは本書の目的を外れるが、この文章と設問が当事者を傷つけ受験生にも誤解を与えかねないものであることは、否定できないだろう。とりわけ設問７の部分は、回答例の不適切さも含めて出題者の教育者としての資質が問われてもしようがない。

しかしながらジャーナリズムを中心とした沖縄の世論が、この事件を沖縄の平和教育実践の否定とだけ捉える点には疑問が残る。この主人公のように、経験者の体験談に語り手の意図とずれる感じ方をもつことは、果たして許されざることなのだろうか。すでに指摘したように、この事件そのものの是非に関しては高校関係者の責任は重い。しかし本章でこれまで検討してきた世代間の相違という事実を基にすれば、経験の継承には世代間の認識の相違が前提として考慮されるべきであるように思える。

結論から言えば、世代間に「人生の出来事」の内的な経験の再構成に関わる上での相違がある以上、先行する世代の経験談にこれに続く世代とりわけ若年世代が、語り手の意図とは異なる受け止め方を示すことは避けられないことではなかろうか。語り手側が有している価値が絶対化され、聞く側にはそれに従うことしか許されないという構図は、今日の学校教育の抱える矛盾の再現に他ならない。これまで検討してきた本書での知見を基にすれば、先行する世代の立場だけでなく後続世代の側に立った見方を重視する必要があるはずなのである。この出題文の場合も、主人公は「飽きてしまった」という感想をもらしつつ、壕の暗闇で実感した、戦争の悲惨そのものの印象は忘れていないのである。

体験の継承、とりわけ沖縄戦のような世代を超えた継承が重要な意味をもつ場合、このような世代間の内的世界の相違はどのように克服され統合されるのだろうか。次にこの点を、「人生の出来事」の重なりから考えてみよう。

相違と重なりの同時存在

「人生の出来事」の世代を通した重なりは、図1では五つの同一カテゴリーとして示されていた。しかし実際の経験の共有や交流は、集落および家庭でのさまざまの日常的な出会いや交流を通して展開しており、世代間が共有する経験の領域もこれら五つのカテゴリーに限られるものではない。すでに述べてきたように、「人生の出来事」に関わる各世代の経験の重なりは、相違がそうであったと同様に、シマ社会という共通の地域基盤の上に成立しているのである。

こうした相違と重なりの同時存在は、同じ種類の「人生の出来事」が別の物語の筋立てを介して語られることと言いかえることができる。たとえば「戦争」というカテゴリーにおいて、高齢世代には直接に体験した沖縄戦の経験が、壮年世代には米軍基地との接触を介した経験として物語られ、また若年世代には湾岸戦争の開戦時に新開地の歓楽街から米兵の姿が消えたことという物語として語られるというようにである。このような同一性の中の差異は、別な人間がそれぞれ別様に個人の人生を営んでいるという事実から生まれている。したがってその差異は、基本的に尊重されるべきものである。

先に見た、高校の入試問題をきっかけに明らかになった戦争体験の継承の問題についても、この原則は同様に認められる必要がある。いずれの世代であれ、どちらか一方の世代がつくる物語が絶対化され他にいわば押しつけられるような関係が生まれれば、世代間の経験世界の構成の相違から、そこに緊張や対立が生まれるのは必然である。学校のような教師と子どもの間に支配関係がある場所には、緊張は教師が保有する権威によってコントロールされるが、それ以外の一般社会では相違は無理解や反発として社会問題化する。もとより個人には道徳という内的な自律の機能があり、社会には人々の紐帯が存在する。入試問題が社会問題化したのは、高校側の落度がその範囲を超えたからだろう。

世代間の緊張がカタルシスにいたるのは、内的な自律や人々の紐帯が不在の場合、ないしは相違が単独で機能する場合である。それは都市社会の特徴ということができよう。これに対して沖縄のシマ社会の特質は、相違が単独では機能せず重なりと一体になっていることである。同一の経験枠組みの中に、相違に基づいた別様の物語が構成され得るという可能性を、思い出してみる必要がある。それはシマの同一性が、別様のイニシアチブの発現の可能性を育んでいるということに他ならない。言葉を換えれば沖縄のシマ社会には、相違が同一性を介して統合される集合的なダイナミズムが存在するということである。

別様のイニシアチブの存在を示す一つの例は、二〇〇五年五月二十三日の『沖縄タイムス』紙上に掲載された「生きる意味を考えたい―元学徒の思い、若者に浸透」という記事だろう[18]。この記事には、沖縄戦を語り継ぐことを目的に結成された、ひめゆり平和祈念資料館の語り部を中心にした、「虹の会」の最終討論会の様子が紹介されている。この会は、元学徒の高齢化が進む中で、若者との対話の場を組織することによって戦争体験を積極的に語り継ごうとして発足したものである。高校生や大学生が資料館の証言者との討論を、月に1回ずつ重ねてきたという。この例は世代間の相違が相違だけとして機能せず、個別の経験がカテゴリー的重複の下で統合された、一つの世代間交流のダイナミズムを示すものということができる。これはシマ社会外での事例だが、同一のダイナミズムはシマ社会内でも作用しているものと推測される。

そのことを示す一例は相違の検討で取り上げた「踊らされている」という、村踊りに関わる先行世代と若年世代に見られた「地域活動」に関する差異だろう。この場合は、シマ社会がもつ伝統芸能の伝承機能が作用して、差異は克服され結果的に青年が自ら踊りを演じそれを楽しむに至る過程が存在した。したがって青年が先行する世代の指導のもとで自らを変え、シマの伝統を担う当事者になっていく過程は、ここで指摘した重なりの中の相違の具体的な展開過程として捉え直すことができる事柄である。

【注】

1　M. Legrand, L'approche biographique. Desclée de Brouwer, 1993 p.131-132. 日本のライフイベント研究については、会沢勲・石川悦子・小嶋明子編著『移行期の心理学』一九九八、斎藤耕二・本田時雄編著『ライフコースの心理学』金子書房　二〇〇一、片瀬一男『ライフ・イベントの社会学』世界思想社　二〇〇三、嘉数朝子他「児童の心理的ストレスとライフイベント」『琉球大学教育学部教育実践研究指導センター紀要』第5号　一九九七年十一月、大塚正康・小杉正太郎「職場におけるライフイベント／イベント型ストレッサーの評価とその臨床心理学的活用」『産業ストレス研究』10　二〇〇三などを参照。
2　フランス語では英語の“life events”のように「人生」に当たる言葉を付随させず、“événements”が単独で使われる。
3　M. Lani-Bayle et M.-A. Mallet, Evénements et formation de la personne. Tome 1~3, L'Harmattan, 2006~2009として公刊されている。
4　M. Lani-Bayle, Ouverture et présentation générale, dans M. Lani-Bayle et M.-A. Mallet, Evénements et formation de la personne. Tome 1, ibid p.7.
5　O. Czerniawska, L'événement global et personnel des Polonais du quatrième âge à la lumière des recherches biographiques, ibid., Tome 1, 2006, p.45.
6　O. Czerniawska, ibid., p.53.
7　ジョルジュ・ギュスドルフ「自伝の条件と限界」フィリップ・ルジュンヌ『フランスの自伝』小倉孝誠訳　法政大学出版　一九九五　194～195頁より。
8　第一段階の調査は二〇〇三年六月に、那覇市石嶺公民館、沖縄大学、金武町並里区公民館で実施された。また第二段階の聞取り調査は、二〇〇五年二月と四月に金武町並里区公民館において、筆者が実施した。
9　ただし9番目と10番目で、「今年の出来事」と「去年の出来事」を訊ねている。
10　調査の被調査者の属性は、次の通りである。なお一次と二次の調査の間には時間的なずれがあるため、年齢も一次調査と異なる。

●一次調査

〈年代〉グループA（高齢世代）：62（f）、80（f）、83（m）

グループB（壮年世代）：31（f）、31（f）、36（m）、36（f）、36（f）、37（f）

グループC（若年世代）：20（m）、20（m）、23（m）、24（f）、27（f）、28（m）、29（f）、30（f）
〈男女比〉男6／女11（m：f＝4／6）
〈居住地〉すべて金武町並里区
●二次調査
〈年代〉グループA（高齢世代）：63（f）、77（m）、82（f）、84（m）
　グループB（壮年世代）：32（f）、38（f）、38（f）、48（f）、53（f）、54（m）
　グループC（若年世代）：23（f）、29（m）、29（m）
〈男女比〉男5／女9（m：f＝4／6）
〈居住地〉同右

11　割合の元になる母数は、それぞれ次の通りである。A：個人（8）全体（7）、B：個人（28）全体（19）、C：個人（34）全体（25）。

12　G0は図を構成する基本カテゴリーの例示であり、GA、GB、GCはグループA～Cを表す。また各グループの名称の横に太字体で示したのは、それぞれの年代が経験した人生の背景にある政治・社会的な枠組みを意味する。

13　牧野篤『シニア世代の学びと社会』勁草書房　二〇〇九　69頁。

14　フランス国立科学研究所（CNRS）が提供しているweb版のフランス語辞典TLFi（Trésor de la Langue Française informatisée）による。TLFiでは“avènement”は、“avenir（未来）”や“advenir（起きる）”等と同類であり、“arriver（やって来る）”を意味すると説明されている。

15　『沖縄タイムス』二〇〇五年六月十一日付。

16　入試問題の英文は、http://homepage2.nifty.com/peacecom/eng.pdf による（二〇一一年十一月二十三日確認）。

17　この部分を取り上げた設問７では、「この主人公は何故語り手の話が気に入らなかったのか」と訊ね、「A　すでに知っていた」と並んで、「B　それが嘘だということが分かっていた」「C　語り手が主人公を子供扱いにした」「D　語り手の語り口が気に入らなかった」の中から、正解を選ぶよう求めている。ちなみに正解はDである。

18　『沖縄タイムス』二〇〇五年五月二十三日付。

第Ⅲ部　総括

第9章

沖縄社会教育とは何か

本書の最後に、シマ社会の日常の生活的実践として展開する沖縄社会教育が有する意義および課題について、近年の社会教育研究および成人教育研究の新しい知見を踏まえながら、改めて検討しておきたい。「本土との差意識」（谷川）を元にしながら進めてきた、シマ社会の日常の生活的実践の意味の探求が目指したのは、沖縄の社会教育の特殊性や個別性に注目するだけでなく、それが有する普遍性を問うことであった。そのようなものとして、ここでは「沖縄社会教育」を、沖縄のシマ社会における日常の生活的実践として成立し展開する、人びとの経験を軸にした個人および集合体としての学びの総体と改めて定義し、その意味を考えたい。

第1節 沖縄社会教育

沖縄社会教育の特質

これまで述べてきた事柄を基に沖縄社会教育の特質を改めて整理すると、次の通りである。

①沖縄社会教育は、集落での日常の生活的実践として成立している。
②外界との交渉の下で集落が経験する変遷には、集合的主体としてのシマ社会の意味の構築という「学び」の過程が付随している。
③字誌づくりは住民自らによる集合的な意味の発見、ないしは意味の再構築の過程である。
④住民の共通体験である沖縄戦は、シマ社会の集合的な自己意識の構築過程に社会的なダイナミズムを与えている。

⑤伝統芸能（村踊り）の伝承は、先行する世代の蓄積した身体的経験が若者によって再創造される過程であり、シマの学びの重要な一部をなす。

⑥共同性の強いシマ社会にも「個」は存在し、経験に基づく個々の学びは集落としての集合的な学びに包摂されながら、シマ社会全体の学びを構成している。

⑦沖縄社会教育の学びの成果は、「内なる他者」の豊かさである。

以下、簡単に補足説明をしておきたい。

1　日常の生活的実践

最初は沖縄社会教育が、集落の日常の生活的実践として成立しているということである。沖縄には「本土」と同様、社会教育行政や公立の公民館等が関与して組織される学習の場が数多く存在し、大学が開く公開講座やＮＰＯによる「行動による学び」の場もあるほか、企業や福祉、医療など、学校以外の学びの場も多数存在する。しかしこれらは、「本土」と同一の法および制度に依拠するか成人教育一般の存在を指すのであり、基本的に沖縄独自の展開が生まれる余地はあまりない。これに対して、沖縄の集落ないしはシマ社会における日常の生活的実践として成立する学びは、集落の自然や伝統に依拠するものであるために、沖縄独自の社会教育的領野と考えることができる。

2　集合的主体形成

二番目に集落の歴史的変遷には、集合的主体としてのシマ社会の意味構築という、学びの過程がともなわれている。集落はひとかたまりの暮らしの単位として外の世界に接し、外との交渉および相互作用の中でさまざまの変遷を経験する。外界から集落に及ぶ影響はときに地域課題を生起し、その克服の経験は住民の間に「〇〇気質」という集合的な自己意識を形成する。これは課題を解決した集落の経験（達成感や充実感）が、長い年月をかけてシマ社会の記憶として刻印されたものである。またこの集合的な自己意識は、外界との交渉の過程で外から強いられる変化をシマ社会が受容（和解）することによって成り立つものであり、それは自律的な学びを意味する。こうした集合的な自己意識の構築ないしはシマ社会の学びは、沖縄全体の歴史および政治社会的環境の変化に規定されている点で、沖縄社会教育という独自の領域を構成する。

3　集合的な意味の構築

三番目に字誌の編集、出版の過程で行う文献調査や聞取り調査、原稿執筆の過程には、「物語（ナラティヴ）」を介した集合的な意味の発見ないしは再構築という学びが付随している。この学びの特徴は、聞取りの過程で語り手と編集者の双方に、過去の経験を基にした個人および集団での意味の発見や再構築が伴われていることである。字誌づくりは集落（区）の行政的な決定に基づく公式の取り組みであるために、編集者の発見という創造的な要素は字誌の中に反映されにくい。そのためこの活動は、ノスタルジーに収斂する可能性を有しているが、他方で集落は任意の団体であることから、字誌づくりは市町村史のような学術的な制約から自由であり「何でもあり」の闊達さを有している。字誌づくりに付随するシマ社会の学びは、このようなアンビバレンスの中に位置づいている。

4　社会的なダイナミズム

四番目にこのようなアンビバレンスの中で、沖縄戦に関する記述は字誌づくりに社会的なダイナミズムを与えている。字誌に収録された沖縄戦の記録には、県史や市町村史には見られない公式の記録以前の原初的な語りの要素が存在し、字誌が独特の意味世界を作り出すことに貢献している。それは戦争や米軍基地の存在という不合理に対するレジスタンスを、未分化な意識や気分として表出する潜在的な力である。またほとんどの字誌が沖縄戦の体験を収録している事実は、このようなシマ社会の学びのダイナミズムの広がりを示している。

5　身体表現の世界

五番目に伝統芸能（村踊り）の伝承というシマ社会の機能には、先行する世代が蓄積した身体的経験が若者自身の手で再創造されるという過程が付随しており、それはシマ社会の学びの重要な一部をなしている。またシマ社会の伝統として保持される村踊りは、芸の探求だけでなく若者の自立や世代間の交流、子どもや壮年層および高齢者層の参加を通した自己の意味の発見など、幅広い学びの要素を有している。村踊りは固有の技の伝承を通して「シマの形」を保持する試みであり、それを維持しようとする意図は住民が自らの暮らしに下す明確な意思や判断を伴う。したがって村踊りに若者が参加することは、彼らが暮らす場所の選択を介して構築する、自らの人生の展望と深い関わりをもつ。

6　集団の中の個

六番目に共同性の強いシマ社会にも「個」は存在し、経験に基づく個々の学びは集落としての集合的な学びに包摂されながら、逆にシマ社会全体の学びを構成している。集落の共同の生活世界は、同一の生活空間を共有することによって一定の同質性を有しながら、複数の「個」が有する多様な「人生の物語」によって構成される、複雑な意味世界として成り立つ。「個」の多様性が分裂の要因とならずシマ社会の統一が保たれているのは、それぞれの差異を違いとして切り離さず、包み込む経験の重なりが存在するからである。その要因となるのは、シマ社会に神行事のような古い伝統や字誌づくり、村踊りなどの新しい紐帯が多様に存在することである。字公民館は、そのような人々のつながりが生まれ保持される上で、重要な役割を果たしている。またシマの世代の間に存在する経験の差異と重なりは、集落の日常の生活的実践にダイナミズムを与える可能性を有している。

7　「内なる他者」の豊かさ

最後に沖縄社会教育の学びの成果は、「内なる他者」の豊かさにある。ここでいう「内なる他者」とは、シマ社会で暮らす「個」に内在化された自分以外の人や自然、文化などを指す。その豊かさは集落の基盤となる自然やその伝統文化、およびシマ社会の人々の交わりの豊かさから生まれている。このような人々の経験の交錯を媒介し、その範囲を拡大したり更新したりする機能を果たしているのは、シマ社会の生活的な実践の拠点として機能する字公民館である。「内なる他者」は、このような共同の暮らしの単位として成立するシマ社会において、「個」としての意思や判断として存在している。このことは共同の暮らしが直ちに他律性を意味せず、住民一人一人の主体性を構成する観点の多様さや選択の幅の広さなど、内的な豊かさを示唆している。こうした豊かさは、現代社会が失ったものというべきであり、この点で沖縄のシマ社会は最も原初的な人の学びの条件が満たされた世界である[1]。

沖縄社会教育とは何か

ところで「知識基盤社会」への対応が論議される時代に、シマ社会ないしは集落という生活的な単位に教育的意味を見出そうとする試みに、はたしてどのような現代的意義を見出すことができるのだろうか。これまで「崩壊の中の創造」というパラドックスの存在を前提にしながら議論を進めてきたが、シマ社会より大きな外の世界との関係で改めてその意味を確認しておくことにしよう。

日常の生活的実践が有する創造性については、これまでセルトーの「もののやり方」論や戦術論、および生態民族学のソフトレジスタンス論に依拠した検討を試みてきたが、すでに紹介したラニ＝ベルの指摘のように字誌づくりの創造性に関する疑問が提起されていた。こうした疑問は、インテンシブな研究ないしは解釈論的なアプローチ一般が避けて通ることのできない必然の問いかけである。研究が個別の世界に入り込むことによって独善に陥ることや、狭い世界に閉じこもってしまう可能性があるからである。そしてこの問題は教育の世界においては、これまで重視されてきた系統的な客観的知識の獲得という軸に対して、経験に依拠して提示される新しい軸が個人を超えるより大きな世界を理解する方途として、十分な力をもつのかという問いに帰着する。

筆者は冒頭部分で、ここでの試みが歴史学における社会史研究とりわけ西洋史のソシアビリテ論から、一つの示唆を得ていると指摘した。アギュロンを嚆矢とするこの議論では、従来の国民国家の形成を前提にした「階級」や「民族」などを媒介とする歴史理解の「虚構性」への自覚から、より実態のある社会的紐帯である「人と人との結びあい」を重視した理解へのパラダイムの転換が目指された。[2] 本研究における研究的観点の転換という着想は、論議の内容は異なるが基本的にこの議論と軌を一にする。

興味深いことは、二宮らヨーロッパ史の研究者たちの議論の中で、こうした試みが陥りやすい欠陥として、「ソシアビリテ研究には、日常性のレヴェルにおける等質性の形成を重視する傾向が生まれたことは否めない」と、指摘されていることである。[3] この指摘は「階級」や「民族」などを離れた社会史研究が、「従来軽視されてきたさまざまな社会的紐帯」をケーススタディの形で掘り起こすようになった、その成果の裏返しとして生まれた陥穽に言及したものである。必ずしも明示的に述べられているわけではないものの、その意味はそれらのケーススタディの明らかにする事実が、元の「階級」や「民族」などの概念が備えていた課題のスケールや重さに比肩する、リアリティを失いがちである点を問題にしている。わかりやすく言えば、研究が個別の事実の中に閉じこもるという傾向が存在することを、この指摘は問題にしているのである。

ここで注目してみたいのは、二宮がこの課題との関係でシャルティエの「表象（représentation）」という視点の重要性を、強調している点である。二宮は「歴史家の営みとは、この『表象としての世界』を、認識者としてさらに表象するという、二重のいとなみにほかならないのである」と述べている。[4] これは観点を異にするものの、「階級」や「民族」「国民」など伝統のカテゴリーによらない、新たな教育的アプローチを志向する本書が引き受けるべき課題に他ならない。要するに、これまで顧みられなかった「社会的紐帯」すなわち日常の生活的実践に関する微細な研究もそこに狭く閉じこもるのであれば意味は限定されざるを得ないのであり、「表象」というより大きな政治社会的な課題との関係を自ら問い続ける必要があるということである。これを本書での課題により引きつけて言えば、シマ社会を基盤にした沖縄社会教育が従来からの社会教育研究で論議されてきた、権力による抑圧や支配、自由や解放という価値とどのように関係づけられるのかという課題に応えるということである。

ここではこれらの問題を、近年の国際的な成人教育研究とりわけ成人の学習論研究の展開と、地理学等で論議されている「住むということ（l'Habiter）」という論議を通して検討することにしたい。

第2節　社会教育研究におけるパラダイム転換

シマ社会を基盤に成立する沖縄社会教育への関心は、成人教育研究の国際的な動向ないしは地理学での新しい論議の展開から見れば、必ずしも奇異なアプローチとはいえない。冒頭に指摘したように学問のパラダイム転換に関する論議の一部として、客観的な知識の伝達を旨とする学校型の教育モデルを克服しようとする試みが多様に展開してきており、地理学では「住むということ」という論議の中で、「移動する個人（individus mobiles）」の出現を前提にした居住の意味の問い直しが始まっているからである。

学校型教育モデルの克服

1　ノンフォーマル教育／インフォーマル教育

生涯学習という用語が普及を見ているように、学校以外における教育の役割や意義は、今日、広く認識されるようになっている。その中でも国際的に普及している議論の一つは「ノンフォーマル教育」および「インフォーマル教育」である。

「ノンフォーマル教育（インフォーマル教育）」という概念は、一九六〇年代に「世界の教育危機」の時代における教育計画の展望を示そうとした、クームスの議論の中ではじめて提起されたとされる。クームスは、「社会の知識・価値・目標」「人口と人的能力資源」「経済支出と収入」という、外的環境と教育体系の相互作用を枠組みとして「世界の教育危機」を分析し、それへの対応策を提示しようとした。「ノンフォーマル教育」はこの提案の一部として取り上げられ、「教育の陰の『別の体系』」として重視されている。[5] しかしその関心はシステム分析という方法論によって制限され、議論は教育制度の一部として注目されるに留まっている。「インフォーマル教育」も、「その性格上、教育的であり、しばしば十分に深みのある問題が無数にある」と把握されたに留まる。[6]

これに対して、ユネスコのフォール委員会が公表した『未来の学習（Learning to be）』（一九七二）は、クームスと同様、現代教育の「行き詰まり」を認めながら将来を「学習社会」と規定し、「非制度的教育」の他にも「生涯教育」や「継続教育」「成人教育」などの用語を用いて、より積極的に学校以外の教育の役割を重視した議論を展開している。[7] またこうした新たな教育領域の存在を強調する理由として、この報告書は“learning to have”から“learning to be”への転換を示唆したことで、つとに知られている。さらにこの報告書は、教育の未来が「教育」よりも「学習」が重視される時代であると喝破し、「完全な人間」の育成を教育の目的として提起した点も重要である。つまりそれは、「ノンフォーマル教育」さらには「インフォーマル教育」を学校の代替物と捉える観点から抜け出て、固有の教育的意味をもつ新たな領域という認識を示したのである。

一九七〇年代以降ユネスコが採用している規定では、ノンフォーマル教育とインフォーマル教育はそれぞれ、「組織的な教育機関に対応するが、卒業証書などの問題には関わらない形態」と「組織的、構造的ではない教育過程においてみられ、個人レベル、社会レベルで行われている形態」と説明されている。[8] 以上から、「フォーマル」→「ノンフォーマル」→「インフォーマル」という概念の拡張が、「インフォーマル教育」よりもさらに広がっていることが分かる。このような区分から見れば、沖縄社会教育は、インフォーマル教育ないしはそれがさらに拡張した領域に属することになるだろう。

2　メジローの三つの学習観

こうした教育領域の拡張がもつ意味をさらに詳しくかつ独自の観点から説明した議論に、メジローの三つの教育観の議論がある。省察的学習理論で知られるメジローは、その有名な「意味枠組み」と「意味パースペクティヴ」の理論を説明する前提として、「道具的」と「対話的」「自己省察的」という三つの教育観（学習）の存在に言及している。[9]

詳しい説明は省くが、「道具的な教育観」は学習者の目の前にある課題の解決に効率よく対応しようとする場合に求められる教育であり、この場合には他の場面で他者がその経験から得た一定の方式を外からあてはめるという、定式化した法則の応用が図られる。一方、「対話的な教育観」にはこのような「正解」の世界は存在しない。これは対話者が互いに所有する知識を開示、交換しながら徹底した論議を続けることによって、個人の立場を超えた蓋然的な共有知の獲得過程として「学習」が成立する世界を意味する。最後の「自己省察的な教育観」は、成人が自らの経験を振り返り自己の意味を再構築する過程が、「学習」としての意味をもつとされる世界である。

子どもや若者を対象とする学校型の教育に比べ、はるかに複雑な世界というべき成人の学習の世界において、「道具的な教育観」をゴルフのパターになぞらえながら、自然科学モデルと位置づけて批判的に捉えようとするこの議論は、客観的な知識の授受以外の「学習」の様態を明らかにしたことで重要な意味をもつ。この理論によって、対話から生まれる現実理解のための仮説的な知識の獲得や、自己の省察から生まれる自己の意味世界の発見、再構築として成り立つ「知識」の獲得過程など、従来からの客観的な知識の授受とは異なる別の学びの世界の存在が明らかにされたのである。メジローのこの提起は、教育や学習の世界を学校の枠から解放するものである。

「ノンフォーマル教育」や「インフォーマル教育」などの概念が、学校というフォーマルな形態からの脱却を目指しながらも依然として制度的組織化の残滓を引きずっていたのに対して、この心理学なアプローチは認知の世界に入り込みながら教育の拡張を論じている点で重要である。

3　伴走論

次に「生命認知」という観点から個人が獲得する知識を連続する質的変化として整理した、ピノーの伴走論を見ておこう。ピノーは自分以外の他者の介在を前提に成り立つ、「他者教育（hétéroformation）」に対するもう一つの教育の軸たる「自己教育（autoformation）」論の延長線上で、教育的支援を役割とする職員の役割や職員群を説明する新たな用語として、「伴走（accompagnement）」ないしは「伴走者（accompagneateur）」の幅広い存在を整理した、次のような「生命認知的（bio-cognitif）な伴走の類型図」を提示している。[10]この図では、縦軸を「個人」と「他者」の階層的な秩序関係とし、横軸を社会と個人の認知の間の距離とする「伴走者」の分布が示されている。縦軸では、上に行くほど他者性が強く権威性が強まり、下に行くほど身近で対等な関係になる。また横軸では、右に行くほど自分から離れて社会性をもった客観的知識になり、左に行くほど個人の認知的要素が

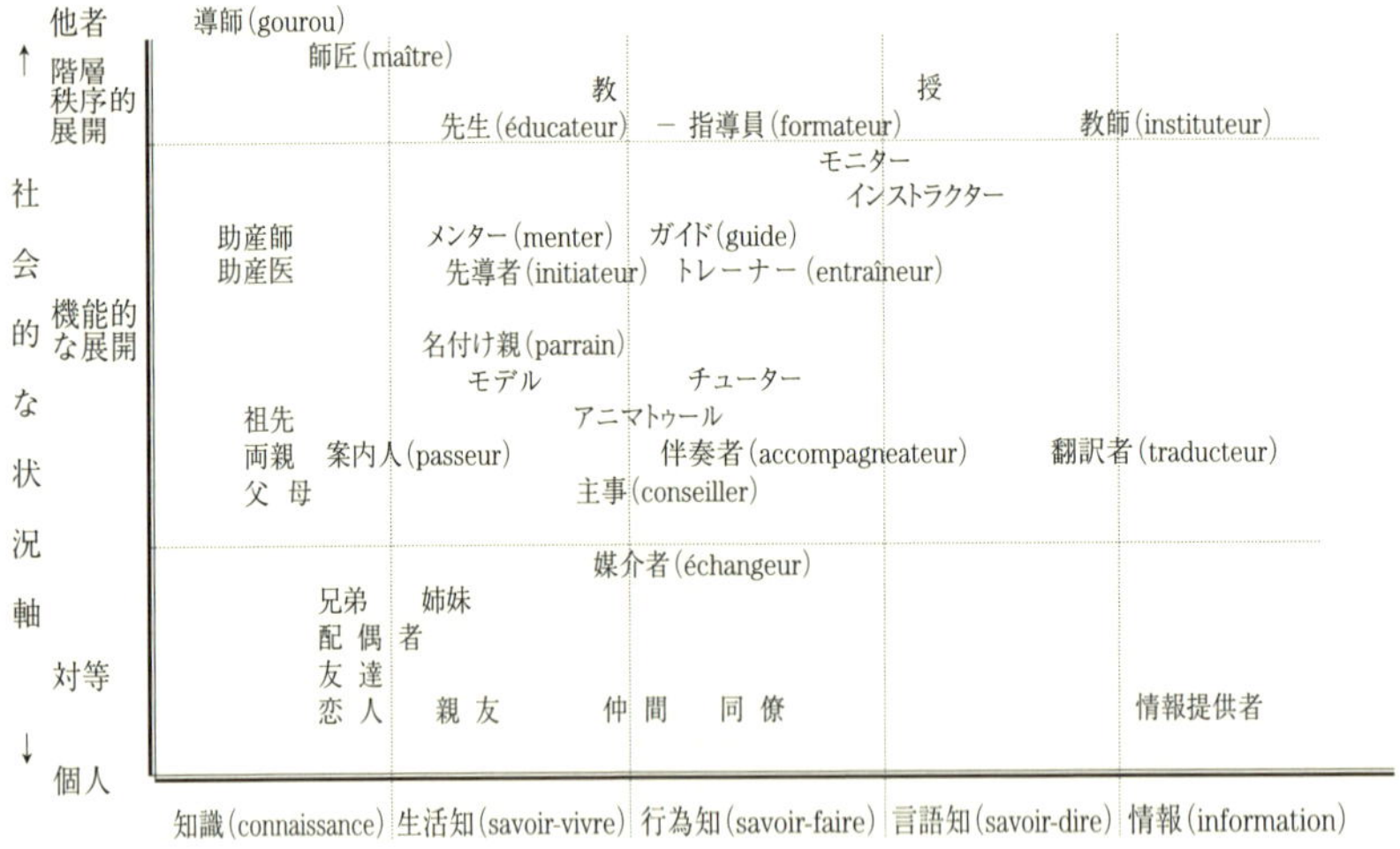

図1　生命認知的な伴走（accompagnement）の類型図

強まる。

一般に、「知識」を意味するフランス語には connaissance と savoir の2種類があるが、そのうちの前者は知識の中でも深く内面化された知識を指す。ピノーは獲得される知識の身近さを「生命認知」と表現し、それが社会化されるプロセスをこのように秩序づけたのである。ここで注目したいのは、横軸の「知識」「生活知」「行為知」「言語知」「情報」という、個人の認知と社会の間に展開する知識の身近さについての整理である。これは「フォーマル教育」→「ノンフォーマル教育」→「インフォーマル教育」という教育の拡張がたどり着く、個人の認知という究極の位置を示しているということができる。要するに「インフォーマル教育」にはまだ先があり、最後は個人の経験に根ざした認知の世界に及んでいると理解されるのである。

またこのような知識の整理に従えば、本書でたどった「字公民館」→「地域の変遷」→「字誌づくり」→「村踊り」→「人生の出来事」という探求の方向は、「知識」→「生活知」→「行為知」→「言語知」→「情報」という方向を逆転させたものということもできる。

4　ローカルな知

最後に目を向けておきたいのは、「ローカル・ノレッジ」や「ローカルな知」という議論である。まず『ローカル・ノレッジ』（一九九九）の中で、ギアーツは「法および民族誌は、帆走や庭造りと同じく、また政治や詩作がそうであるように、いずれも場所に関わるわざ（クフツ・オブ・プレイス）である。それらは、地方固有の知識（ローカル・ノレッジ）の導きによってうまく作動するといってよい」（カッコ内は原文）と指摘し、続けて両者はいずれも「まずもって局地的な事実のなかに普遍的な原理を見つけだす職人仕事に属する」と述べている。[11]このように「ローカル・ノレッジ」は、法学や人類学という学問が個別の現場での運用として成立することの再確認を求める。本書での試みは、社会教育や成人を中心とした人々の学び（成人教育）が地域での生活的な実践として成り立つことを、沖縄のシマ社会を具体的な例として確かめる作業であるということもできる。

一方の「ローカルな知」は、グローバリゼーションが進行する現代社会の特質として、知の規範化や画一化が拡大する傾向に抗する、教育の新しいあり方や学校外の教育や学習の意味の探求への関心を代表している。[12]『〈ローカルな知〉の可能性』（二〇〇八）の中で前平泰志は、「ローカルな知は、時間的、空間的に限定された文脈の中でのみ意味をもつ、『その時その場の特定の事情の知識』であり、人々の生きる状況に依存してのみ意味を持ちうる知であり、……何物にも還元できない知として存在している」と述べている。[13]この理解は先の「ローカル・ノレッジ」に比べて、局地性ないしは時間的、空間的限定性の強調具合が強い。本書は、この点では観点が若干異なっている。先に指摘したように、筆者は「誰にも認められる公共的、普遍的な知識の伝達・授受を原則としてきた」[14]、近代の「制度化された教育」にも歴史的な必然性を認める立場に立っている。「知」の時間的、空間的限定性を重視はしても、それはいつもその普遍性を再帰的に問い直すべきものであると考えるからである。

このようにローカルなる「知」の独自性と普遍性については理解の仕方に幅があるものの、これらの議論は

「ノンフォーマル教育」「インフォーマル教育」という、いわば価値を介さずに教育領域の拡大を求める議論に比べると、はるかに価値選択的である。それでは「局地的な事実の中に普遍的な原理を見つける」とは、どのようなことなのか。次に、この点を検討しよう。

5　新しい「学び」の世界

以上見てきた成人教育研究における教育論議は、それぞれ内容は異なるものの教育・学習論としては一つの新しいパラダイムを共有している。その新しさは、これまでの議論が「連続性」や「体系性」「普及性」を重視したのに対して、「特異性」や「偶発性」「個別性」を重視することである。

「ローカルな知」に関する議論の前提となる「グローバリゼーション」は、「技術が可能にした緊密性と、市場が必然にした世界化との結合」と説明される。[15] このように技術を媒介とした規格の世界が市場という流れとして、空間的な同質性を生んでいるのが、グローバリゼーションなのである。端的に言えばグローバリゼーションの下では、「知」は「連続性」や「体系性」「普及性」「コード性」などをその特質として保有する。「グローバル化する知」は、これらの特質を備えることによっていずれの時間と空間においても、有効に作用することができるのである。「ローカルな知」はこれとの対比において、「特異性」や「偶発性」「個別性」「地域性」などを特質とすることになる。

このような見方に立てば、沖縄社会教育に「特異性」や「偶発性」「個別性」という特質を見出すことが可能だろう。「教育の科学」を志向してきたこれまでの社会教育研究においては、「連続性」や「体系性」「普及性」に重点が置かれたがゆえに、日常の生活的実践として成り立つ沖縄社会教育の意味に、関心が向けられてこなかったと言うことができる。

モランは『意識ある科学』の中で、現代科学は「秩序の概念と無秩序の概念とを、両者の相互補完性・競争関係・対立関係をこめて、もろともに思考すべき必要に迫られた」と述べている。[16] 定常的な現象を対象に据え単一の秩序の構築を目指してきた従来の科学は、今日、「特異性」や「偶然性」「還元不能性」などの無秩序の要素を、あえて取り入れる必要に迫られているというのである。本書における沖縄社会教育の探求がもつ社会教育研究全体にとっての意味は、こうした観点からの社会教育における「教育の科学」の探求の見直しなのである。

「住むということ」

次に、「住むということ（l'Habiter）」という近年の地理学の新しい議論に、目を向けてみたい。居住を一つの意識的な行為してとらえ返そうとするこの論議も、シマ社会を基盤とする沖縄社会教育の現代的な意義を考える上で、重要な示唆を与えるものである。

1　「住む」という行為

「知識基盤社会」への対応が教育的課題として論議される時代に、シマ社会という小地域の意味を論じることに一体どのような意味があるのかという先の自問は、集落の生活単位としての規模や地理的範囲の限定性を疑問の根拠にしている。グローバル化が進行する今日、自分の暮らしを自治体や国、アジア、世界全体、さらには地球という、より大きな世界と関係づけながら、その変化や発展に自らが貢献する主体となることは、社会教育のもっとも根本的な課題ないしは目的である。「グローバルに考え、ローカルに行動する（Think globally, act locally）」という箴言は、そうした時代の理想像を表現している。

しかし集落という居住地域の人口規模や地理的な限定性および部分社会性は、果たして自動的に視野の狭さやより大きな世界とのかかわりの消極性や受動性につながる事柄なのだろうか。本書はこの疑問をこれまで、シマ社会での日常の生活的実践に依拠した種々の学びの創造性や、ダイナミズムの存在として検討してきた。本書はまた、沖縄社会に関する議論に「個」の観点を持ち込むことによって、創造性やダイナミズムが創出される起点を見出そうとしてきた。住民が集落という小地域を選んで居住しシマ社会の一員として暮らすことは、現実にはそれがある種の成り行きの結果であったとしても、そこに何らかの意識性を見出すことができるのではないのか。こうした観点を総合する視点として、筆者は住民がシマ社会の伝統にこだわりそれを維持発展させようとすることを、「市民の権利」と捉える必要を提起してきた。

現代は封建時代のように人の移動に、不合理な制約を受ける時代ではない。経済的な制約は受けても、どこに住むのかは本人が自由に決めることができる事柄である。実際これまで見てきたように、シマ社会で暮らしている住民の中には「本土」や沖縄の都市部に働きに出て、再び戻ってきた経験をもつ者が多数存在する。集落に住むことは、本人には積極的な理由を伴って意識されていなくとも、それは可能性を含めて選択の結果であり意識的な行為なのである。どの自治体の首長や議員選挙にかかわる投票権をもとうとするのかという、居住の政治的な関係性は居住の意識性を最も端的に表す事柄である。

2 「住むということ」

フランスの地理学の世界で近年論議されている「住むということ（l'Habiter）」は、こうした居住にかかわる意識性を問題にする議論である。「住む」という動詞の"habiter"の頭文字を大文字で示しさらに定冠詞を加えたこの言葉は、文字通りに「住む」という行為の今日的な意味を問おうとする。

「住む」ことの存在論的な意味の探求としては、「人間存在が意味するのは、死すべき者として大地の上に存在するということ、すなわち住むということである」という、ハイデガーの有名な規定が存在する。[17] しかし今日の議論は、ハイデガーの議論が定住を前提にしていたのに対して、移動を前提にして「住むこと」の概念を拡大しようとする点に特徴がある。「移動する個人の社会（société à individus mobiles）」という観点を提起するストックは、現代が居住だけでなく余暇としての旅、商用での旅、バカンス旅行等のように、「住むこと」が多様化した時代における場所の実践性を問題にしている。[18] またこの議論は、「地球に住むということ」というように、ＥＳＤ（Education for Sustainable Development「持続可能な開発のための教育」）という今日的な議論としても展開している。[19]

ストックの言う「移動する個人の社会」は、実態としてはＥＵというグローバル化の進んだヨーロッパ社会を前提においている。したがって日本ないしは沖縄と事情が違うという理解も成り立つが、労働力移動の自由度などに相違はあっても、インターネットを使ったイメージの世界を介した移動を含め、「移動する個人の社会」は広く世界を覆っている。それは沖縄も例外ではないだろう。ストックの指摘でとりわけ注目したいのは、このような特質をもつ社会においては、「住むということ」が一つの実践としての意味をもつと考えられていることである。[20] ストックによれば、「場所の実践」は個人が地理的な場所に見出す価値や表象、シンボル、イメージを介した、自らにかかわる移動の世界全体の統合として成立する。移動する可能性を保有しながらもそうはしない判断や、遠く離れた世界のいずれをも自らの「住む」という行為の一部として位置づけ、判断の中に統合する行為として「住むということ」は成り立っているのである。

一方このような「場所の実践」は、「空間」と密接にかかわりをもっている。セルトーによれば「空間」は、「もろもろの要素が並列的に配置されている秩序」に、「方向というベクトル、速度のいかん、時間という変数」を取り入れたものである。[21] ある地理上の場所は、人の移動という行為によって位置づけ直されることによって、空間としての意味をもつようになる。セルトーはこれに続けて、「要するに、空間とは実践された場所のことである」と述べている。[22] 実践の場としての空間の意味が、本書がこれまで探求しようとしてきた事柄であることは、言うまでもない。

このように今日「住む」という行為は、さまざまな形での移動（モビリティ）の可能性が前提となる社会において、ある場所に留まろうとしまたその範域を拡げようとする個人の意思や判断の結果として成り立っている。住民が他の場所ならざる「ある集落」に住むということは、単にその場所を居住地として選び取ったということだけではなく、自らがその場所で生活的な諸実践に参加し集合的な意味の発見や再構築の過程に、個人の経験を介して加わるという行為なのである。

第3節　沖縄社会教育の意義

最後に社会教育の意義を確認し、あわせて課題についても検討することにしたい。

沖縄社会教育の豊かさ

第一に指摘しておきたいのは、沖縄社会教育の豊かさである。本書はこれまで、公民館制度の一部に位置づいた歴史をもつ字公民館を入り口としながら、公的な社会教育の外の世界、別な言い方をすれば客観的な知識の伝達や教育の専門家による指導などに機軸をもつ、従来の社会教育研究の枠組みの外に位置する集落での人々の日常の生活的実践がもつ、「学び」の意味世界を探求してきた。改めて確認すれば、ここでいう沖縄社会教育の豊かさとは、公的な社会教育制度の外にある学びの世界の豊かさである。

本書はシマ社会に、地域課題→字誌→村踊り→「人生の出来事」といういくつかの学びの層を見出すことによって、課題解決に伴う集合的な自己意識の構築と変化、物語を介した意味の発見と再構築、伝統芸能の伝承を介した身体的な学びの世界、個に内在化した経験がもつ集団的な意味という、シマ社会の内奥に入り込んだ学びの多様な展開と豊かさを明らかにしてきた。これらはいずれも客観的な実証的研究には不向きな対象であるため、ここではライフヒストリー論やピノーの和解理論に依拠した解釈論的なアプローチを試みてきた。したがって方法の妥当性、とくにその客観性に関してはさらに論議を要する部分が残ることは認めるものの、シマ社会の日常的な生活的実践が多様で豊かな学びの意味世界を有している事実を、多少とも明確にできたものと考える。

学びの主体という観点から見た場合、こうした豊かさが子どもや若者から成人、高齢者というシマ社会の構成員のすべての年代に及んでいることは、注目されるべき事柄である。村踊りの部分で部分的に触れるに留まったが、子どもにとって沖縄社会教育は学校以外での生活的な体験の場であり、さまざまな具体的事物との出会いと交流を介した教育的作用を意味する。日が暮れて暗くなった村祭りの広場のにぎわいや夜店の明かり、そして舞台で衆目を集める兄姉が演じる踊りや芝居、それを支える地謡や客席からかかる掛け声が与える興奮や共感、憧れなどは、子どもたちにシマ社会の一員としての一体感を植えつける、教科書とは違うもう一つの教育的な作用ということができる。また若年層にとって村踊りは、子どものころの共感や憧れを自らの出番として、自分が受け持つ待ち望んだ機会である。「踊らされている」と漏らしつつ自ら芸の世界に入り込みさらにはそこに深く沈潜するその後の展開は、文字通りに「学び」の過程を示していた。青年の場合、このようなシマ社会との心的一体感は就職や進学などの人生の選択の中で重要な意味をもつが、それはさらに若年層の労働と貧困化が問題となる今日、危機や困難を回避するセーフティネットとしての意味をもっている。

壮年層にとっては、シマでの生活的な実践は区行政への参加を通じて集落の自治を維持、発展させ、自らの人生と家族を作り上げていく過程と重なっている。家族や集落はシマの外で働く者の場合には、労働に関わる生活を相対化させ人生を多様化させ膨らませる要因になる。また字誌づくりや村踊りへの編集委員や教師としての参加は、人生におけるシマの意味の再発見を通して自らの人生の意味そのものを再構築させるきっかけとなる点で、重要な教育的意味をもっている。さらに高齢層にとって、字誌づくりへの語り手としての協力や長老としての村踊りへの参加は、自らが携わりつつつくり上げ維持してきたシマの伝統や文化を、次の世代に手渡す過程であり、そのことによって残された時間の有限性を受容する過程と考えられる。

さらに沖縄社会教育の豊かさは、先に指摘したように「内なる他者」の豊かさでもある。シマ社会が保有する共同での生活的諸実践は、住民に人、物、伝統文化、自然とのさまざまな出会いの場を提供している。さまざまな事物との出会いは、それぞれの年齢や性差、個性に応じた個別の経験として個の中に内面化されるが、そこには「個」を包む共同の紐帯が存在するために、個別の体験はシマ社会という集団の中に留まり新たな集合的意味を生み出す。そして個別の経験が世代間でズレを示しながら重複するという事実は、シマ社会に社会的なダイナミズムを与える要因である。また「内なる他者」の豊かさは、先に見た「社会の個別化」という変化の中では、孤独や孤立の深刻化、絆や連帯の必要などの今日的な課題と裏表の関係にあり、沖縄社会教育がもつ重要な意味を代表することと言える。

シマ社会における「個」の役割

二番目は、このような内発的な力を生む根拠として、シマ社会という集合体の中に位置づく「個」の存在に目を向ける必要性ないしは可能性についてである。本書の初めに見たように、従来の沖縄研究では、共同性の強さに関心が集中し「個」の観点を持ち込むことは軽視されてきたように思われる。しかしすでに繰り返してきたように、シマ社会にも「個」は存在する。

しかしその様態は西洋社会とは異なり、「個」は集団から自らを切り離さずに共同性の中に踏み留まっている。「個」は集団に包摂されているのである。「住むということ」の議論で見たように、シマ社会の住民は「移動する個人」の時代において集落を自らが住む場として選択し、そこでの集団としての暮らしに意識的に参加しているのである。

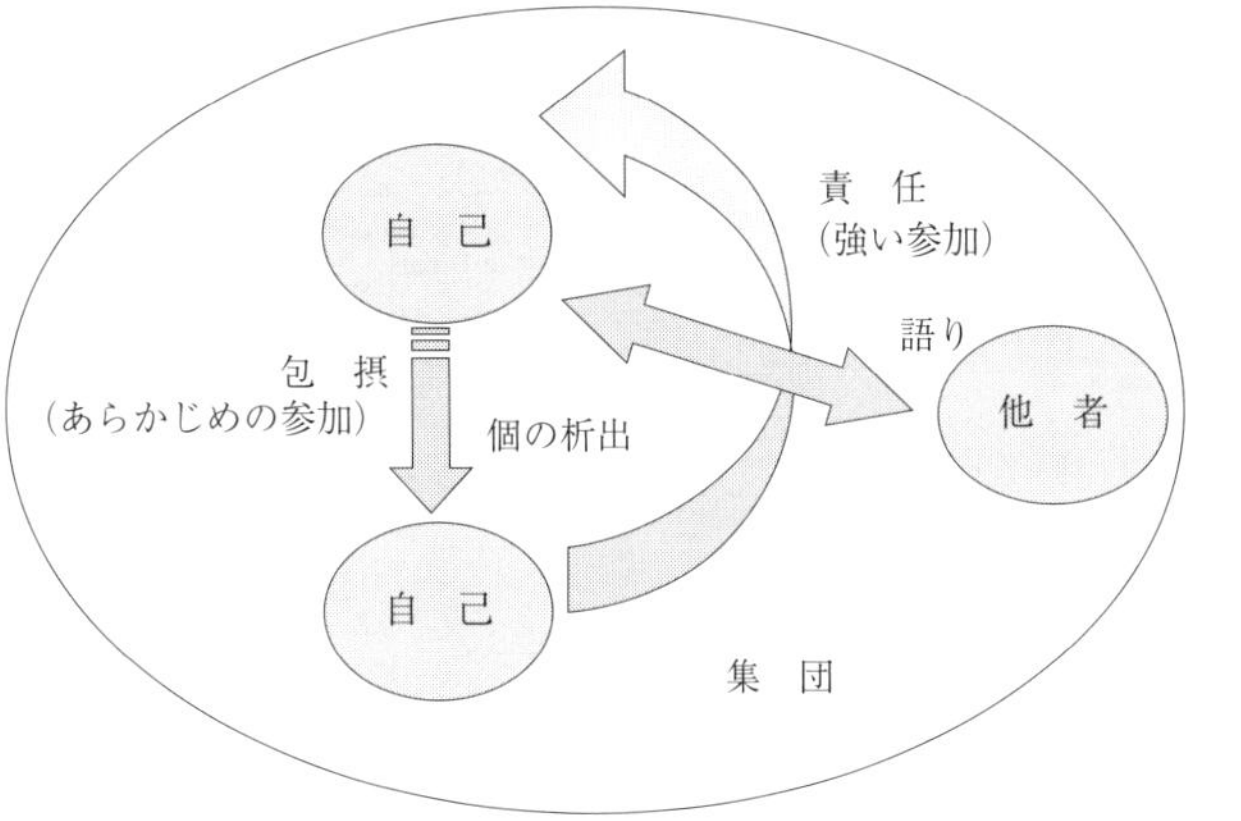

図2　シマ社会における「個」と「集団」

ところで沖縄社会への教育的アプローチである沖縄社会教育においては、人間の内面の何らかの変化を論議の対象とする。本書では、主にシマ社会における個人および集団としてのさまざまな自己意識の構築、再構築の過程を検討してきた。そこで論じようとしたのは、集合的な変化においてもその変化はまず個人の内面に生じるという事実の確認である。

図2は字誌づくりなどにおいて展開する、自己の意味の発見という「個」の学びの過程を集団と関わらせた、一つのモデルである。ここでは「個」としての自覚は、「集団」との包摂関係の中で展開する。「個」はあらかじめ集団の中に位置づいており、学びの成果として生起する「個」の意味の発見は多くの場合、この包摂関係を解消しない。「個」の析出ないしは自覚は、そのすべてではないもののかなりの部分が、「住むということ」の自覚の一部として「集団」における自らの責任の再構築と結びつき、集団への「個」の包摂の度合いを強化する。それは「住む」という意識的行為の発展を

意味する。これはシマの集合的な自己意識が「個」の経験を基に形成され、より明確な集合意識としてシマの伝統を支えるにいたる、日常の生活的実践として成り立つ沖縄社会教育の最も深い部分に位置する特質である。

公的な社会教育の役割

三番目は沖縄社会教育と公的な社会教育の関わり、とりわけ後者の役割についてである。字公民館制度の歴史的検討から開始された本書の試みは、シマ社会の日常の生活的実践がもつ教育的意味の世界に深く入り込もうとする試みであると同時に、知的な学習を本旨とするいわゆる近代的な教育論的枠組みないしは学校型の教育モデルから、できるだけ遠く離れることを目指すものであった。しかしそれは、制度としての社会教育を無意味と考えることと同一ではない。本書では主たる対象としなかったものの、公的に組織される社会教育の行政や施設、職員は、もとより沖縄における社会教育の発展の重要な環である。そこで最後に、公的な社会教育の沖縄社会教育にとっての役割について触れることにしたい。

最初に確認しておく必要があるのは、公的な社会教育と沖縄社会教育との関係とりわけ両者の基本的な相違である。いうまでもなく前者は、自治体行政として組織される公的な教育制度の一部である。また後者は、区行政として自治体による地域管理の一環に組み込まれてはいるが、基本的には民間の自治的な活動領域に属し、その自治的要素はいわゆる「平成の大合併」による自治体の広域化によって一層拡大している[23]。字公民館（区事務所）は両者の接点に位置する半ば公的な性格をもつ。すでに見てきたように、字公民館というシマ社会のさらに下層には制度的な枠組みに収まりきらない、集落独自の「学び」の世界が分厚く存在している。本書が明らかにした、集落の日常における生活的実践がもつ教育的意味およびその奥行の深さと豊かさとは、すなわち行政的な関与の及ぶ範囲や深さがすぐれて限定的なものであることを示すのであり、それは同時に集落の自治的潜在力の大きさを示すものである。

1　集落の日常的実践の豊かさの確認

以上の確認を踏まえて公的な社会教育の役割として指摘すべき第一の点は、公的な社会教育の関係者が集落にはさまざまな日常の生活的実践が展開されており、それらは豊かな「学び」としての意味をもっているという事実を知りその意味を確認することである。沖縄の集落における日常的な生活実践の豊かさについてはすでに述べてきた通りだが、社会教育行政の関係者はその豊かさを理解することが求められる。そのためにはここで指摘した教育論の新しい展開に関心をもつことが必要になるだろう。この理解を基に指導型の行政役割から支援型のそれへと移行することが必要になる。

2「求めに応ずる」原則の再確認

二番目には以上の点から、戦後の社会教育法体制における基本原則に位置づいてきた、「求めに応ずる」という教育行政と社会教育関係団体との関わりに関する原則（社会教育法第11条）を再確認する必要があることである。この議論はこれまで、国民の自己教育に対する権力による「不当な統制的支配」および「干渉」の禁止（同第12条）という政治的文脈で主に論議されてきたが、今日改めて学習論の一部として注目され論議される必要がある。つまり成人教育の世界で成人の学習支援にあたる者が、学習者を前にして相手がすでに一個の成熟し独立した人格の所有者であることを、まずもって認めることが求められることと同質の課題が存在するのである。

第2章でも紹介した第2回国際ライフヒストリー成人教育学会の『自己教育に関する憲章（案）』は、自己教育の実践が依拠すべき「信念」として、「すべての人は、知識を所有している」こと、「人間は自らを律する能力の保持者として尊重され、伴走されるべきものである」ことを強調している。[24] ここでは「人」を「集落」と置き換え社会教育行政の立場で集落と向き合う場合に求められる、支援を旨とする職員の基本的な役割として理解すべきである。

3　伴走

三番目には、公的な社会教育は集落の日常の生活的実践に寄り添う伴走者としての役割をもつということである。伴走および伴走者論は、すでに紹介してきたように今日、フランス語圏におけるライフヒストリーを用いた成人教育論の中で展開している職員論の新しい展開を示すが、伴走または伴奏が陸上競技や音楽活動においてパフォーマンスをする当事者に付き添って、その事業の達成を支えることまたはその支援者を意味することは、日本においても何ら変わりはない。ここでの場合、対象は集落という集合体であるが、公的な社会教育に求められる伴走という行為は個人の場合と同一である。

ただし「支援」は従来の「教育」に代わるべき、新たな意味を含んでいる。この用語は今日、これまでのような対象者の不足を補うという意味ではなく、対象が本来もっている力を自ら発揮するのを支え発展させるという積極的な意味で使われるようになっている。その意味は、「エンパワメント」に近い。

4　モビリティへの着目

四番目にこうした役割を果たすために、公的な社会教育は集落での日常の実践活動に日頃から関心をもち注意深く見守る必要がある。このような課題を、先に見た「住むということ」ないしは「移動する個人」という観点を基に言えば、自治体における人々の移動（モビリティ）に関心をもつ必要ということができる。人々のどのような「移動」が地域には存在し、そこにどのような「住むということ」に関わる意識が生まれているかを探求する必要である。それは特定の集落を選んで住む人々の、選択や意識の在りようを把握し自らの役割に引きつけることである。その探求の過程では、集落の人々の動きを介して自治体そのものの住みやすさや住みづらさが明らかになるだろう。住みづらさは地域の課題につながっており、この努力はその解決に取り組むべき自治体の行政的課題の把握につながるはずである。同時にその課題は、集落の住民にとっては自らが解決に取り組む課題でもある。「住むということ」にかかわる探求からは、行政関係者と集落の住民双方が課題を共有し、共に解決に向かうきっかけが生まれるはずである。

5　知的な学習機会の整備

最後に、集落活動を基盤とする沖縄社会教育が独自には果たしえない、公的な社会教育が担うべき固有の教育的支援が存在する。これは自治体が社会教育に関連する行政施策として従来から整備を進め、また施設や職員が実践に取り組んできた活動である。公民館、図書館、博物館などの社会教育施設が有する、それぞれ固有の役割については改めて説明をする必要はないだろうが、いずれもその教育的な柱は系統的で客観的な知の獲得の世界にある。それはシマ社会を外側から見る観点を、住民に提供するはずである。

「住むということ」についての説明で述べたように、住民がシマ社会に「住む」という行為は移動の多様さとメディアによるイメージの媒介によって、本来、集落の地理的制約を超えて幅広く展開する多様な可能性を有している。しかしその可能性は、必ずしも明示的に現れてはいない。この点は字誌づくりに関わるノスタルジーとダイナミズムの両義性として、すでに指摘したとおりである。シマ社会が閉鎖的になる可能性は、常に存在することを忘れてはならない。

こうした中で求められるのは、シマ社会が自らを外に開くことである。集落としてのまとまりは内に向かう求心力であり、自らを外に開くという作用とは矛盾する。しかしこれまで見てきたように、シマ社会を外に開こうとする力は外から絶え間なく押し寄せ、また自らの中にも内発的な力として作用している。その中で外からの圧力によってシマ社会が開かれる場合には、本来のシマの秩序や伝統の破壊が生じやすい。シマ社会を発展させる契機として、シマ社会を内側から開くことが必要である。

例えば、年々盛大さを増している青年エイサー大会やシーサーフェスティバルは、集落固有の伝統が開かれた場に持ち出され交流の中で独自の特質を発見する機会になっている。このような試みの延長に、さらに村踊りや字誌づくりなどを持ち寄る場の創造という課題を置いてみることも、あながち意味のないことではない。筆者も参加した沖縄芸術大学の板谷徹によって組織された村踊りフォーラムの活動では、村踊りの台本のアーカイブづくりが構想されていた[25]。この試みは、シマ社会の伝統文化の固有の価値を認めつつ、その意味をさらに広い伝統文化一般の中に位置づけなおすことを通じて、シマの芸能そのものの発展を目指している。

これらの事例が示唆するのは、それぞれがシマ社会の伝統に目を向けその独自の意味を失うことなく、外に拡げる触媒的な機能を果たしていることである。シマ社会に最も近い社会教育行政の担当者がこのような役割を各地で果たすことができれば、そこから自治体を底から持ち上げ発展させる力が生まれるはずである。

【注】

1　モンベルゲは、家族や学校、企業、組合、政党等の個人を結ぶ紐帯が喪失したフランス社会において、個人が自分の経験を基にしながら社会性を個別に構築する必要に迫られた、「個別化する社会」論を展開している。C. D. Monberger, La condition biographique, Térgèdre, 2009.

2　二宮宏之「ソシアビリテ論の射程」および同「シンポジウムを終えて」二宮編『結びあうかたち』山川出版社　一九九五。

3　同右書　232頁。

4　同右　16頁。

5　クームス『現代教育への挑戦』池田進・森口兼二・石附実訳　日本生産性本部　一九六九　173頁。なおこの訳書では、non-formal education は「社会教育」と訳されている。

6　同右書　10～11頁。

7　ユネスコ『未来の学習』国立教育研究所フォール報告書検討委員会訳　第一法規出版　一九七五（原本の出版は一九七二年）。

8　パオロ・フェデリーギ「成人学習の基本用語とその理解」フェデリーギ編『国際生涯学習キーワード辞典』佐藤一子・三輪建二監訳　東洋館出版社　二〇〇一　13頁。

9　J. Mezirow, A Critical Theory of Self-Directed Learning, S. Brookfield, Self-Directed Learning, Jossey-Bass, 1985 pp.17-21.

10　G. Pineau, Accompagnements et histoire de vie, L'Harmattan, 2000, p.15.

11　クリフォード・ギアーツ『ローカル・ノレッジ』梶原景昭・小泉潤二・山下晋司・山下淑美訳　岩波書店　一九九九　290頁。

12　日本社会教育学会編『〈ローカルな知〉の可能性』（日本の社会教育第52集）東洋館出版社　二〇〇八。

13　同右書　10頁。

14　同右　240頁。

15　J・アタリ『21世紀事典』柏倉康夫他訳　産業図書　一九九九　151頁。

16　E・モラン『意識ある科学』村上光彦訳　法政大学出版局　一九八八　100頁。

17　M. Stock, Théorie de l'habiter. Questionnement, 2007 (http://infoscience.epfl.ch/record/116358/files/stock_habiter_preprint.pdf) p.2. また、稲田知己『存在の問いと有限性』晃洋書房　二〇〇六を参照。

18 M. Stock, L'habiter comme pratique des lieux géographiques. 2004. (http://www.espacestemps.net/en/articles/ lrsquohabiter-comme-pratique-des-lieux-geographiques-en/)
M. Stock, Les sociétés à individus mobiles : vers un nouveau mode d'habiter? 2005. (http://test.espacestemps.net/articles/les-societes-a-individus-mobiles-vers-un-nouveau-mode-drsquohabiter/)
M. Stock, L'hypothèse de l'habiter poly-topique : pratiquer les lieux géographiques dans les sociétés à individus mobiles. 2006. (http://test.espacestemps.net/articles/lrsquohypothese-de-lrsquohabiter-poly-topique-pratiquer-les-lieux-geographiques-dans-les-societes-a-individus-mobiles/) を参照。

19 G. Pineau, D. Bachelart, D. Cottereau, A. Moneyron (cood.), Habiter la Terre. L'Harmattan, 2005.

20 ストックは「住むということ」がもつ実践としての意味を、①場所の選択、②住むスタイルの構築、③住む体制の構築の三つに整理している。M. Stock, L'hypothèse de l'habiter poly-topique : pratiquer les lieux géographiques dans les sociétés à individus mobiles. Ibid., p.2.

21 セルトー『日常的実践のポエティーク』前出　２４２頁。

22 同右書　２４３頁。

23 中川幾朗編著『コミュニティ再生のための地域自治のしくみと実践』学芸出版社　二〇一一、日本社会教育学会編『自治体改革と社会教育ガバナンス』二〇〇九などを参照。

24 Le projet de manifeste pour l'autoformation, 2es rencontres mondiales sur l'autoformation., Op, cite., p.3.

25 村踊りフォーラム（代表　板谷徹）『芸能による地域共同体の再構築研究報告書』前出　二〇〇八。

あとがき

本書に収録された諸研究は40年近く前に筆者が事務局長として参加した、沖縄社会教育研究会（代表は小林文人、沖縄では「おきなわ社会教育研究会」、代表は平良研一）の活動を介して、沖縄の社会教育史および集落（シマ社会）と出会った経験から始まっている。当時大学院生であった筆者はこの研究会の活動を通じて、沖縄の社会教育と沖縄そのものの不思議に入り込んでいった。

この研究会の活動は、『沖縄社会教育史料』（全7集）の編集発行と『民衆と社会教育―戦後沖縄社会教育史』（一九八三）の発行をもって、第一期の取り組みが終息した。短いブランクの後、筆者を含めた第二世代（松田武雄・小林平造・上野景三・山城千秋等）が中心となって始まった第二期の活動は、とりわけ沖縄の集落を基盤とした社会教育活動に関心を集中させ、共同研究として継続された。沖縄集落での日常の生活的実践が何らかの教育的意味をもっているということは、第一期の社会教育制度史という観点に立った研究および調査の中で、共同研究のメンバーが等しく感じたことであった。しかしその解明には制度史研究が依拠した実証主義的な方法には無理があることが自覚され、メンバーの活動は自然にエスノメソドロジックな探求に向かった。

本研究はこれらの取り組みの中から生まれたものだが、筆者個人の観点や調査活動が基本になっている。集落の日常の生活的実践への注目は共同研究のメンバーが共有していたものの、その解釈や調査、研究方法等の具体的な内容は、個人の研究関心に任されたからである。筆者の関心の特徴は「はじめに」で触れたように、フランスでの成人教育研究の進展、とりわけライフヒストリーという方法に多くを拠っている点にある。沖縄の社会教育の研究に、フランスの成人教育研究の方法論が有効かもしれないと考えるにいたったきっかけは、二〇〇〇年に、当時在外研究で滞在していたパリでルグランとクーロン編の『共同のライフヒストリーと民衆教育』(二〇〇〇)に出会ったことである。この本で取上げられていた『グランリュー』という表題をもつパッセー誌は、まさに字誌そのものであった。筆者は当時、字誌に関心を寄せ、その社会教育的意味が何かに興味をもっていたがアプローチの方法が見つからないままであった中で、この書物との出会いはまさに天啓ともいうべきものであった。

さらに在外研究中の活動拠点を提供してくれた、パリ第8大学で開かれていたルグランらのライフヒストリーの研究会への参加は、沖縄にも「個」の存在を措定する可能性についての示唆を与えてくれた。ある日の研究会で隣り合わせたオディールという女性の社会学者との会話の中で、沖縄の集落生活の共同性の強さを強調した筆者に対して、彼女は「それでも個人はいるでしょう」と問い返した。それは斬新な指摘であり、筆者の発想を逆転させるものであった。

帰国後、筆者は上記の共同研究を再開しながら沖縄集落の社会教育的意味の探求に、フランスの成人教育研究の成果を積極的に取り込むことを試みるようになり、以下のような本書の基になる論文を公表してきた。二〇一二年の九月には、それらを基に『沖縄社会教育の研究—シマの日常的実践の意味世界』を博士論文としてまとめ、名古屋大学から博士号(教育学)を授与された。

本書はこの博士論文が基になっているが、この度の出版にあたって一般読者の読みやすさを考えて全体の分量を減らし、いくつかの章を統合、再編した他、フランスのライフヒストリー関連の記述と資料の多くは割愛した。また各章の初出は次の通りだが、章によっては論文をまとめる過程で大幅に加筆されており原形を留めないものもある。とくに9章は沖縄社会教育の理解を深めるべく、大幅に書き換えてある。

第1章 「沖縄の集落公民館研究についての覚書」東アジア社会教育研究会『東アジア社会教育研究』4号

一九九九

第2章　「成人学習論の伝記的アプローチ」『東アジア社会教育研究』第12号　二〇〇七

第3章　「琉球政府下、公民館の普及・定着過程」、小林文人・平良研一編『民衆と社会教育』エイデル研究所　一九八三

第4章　「現代沖縄社会教育の地域基盤に関する実証的研究」「辺野古区の戦後の変遷」『東アジア社会教育研究』第5号　二〇〇〇

第5章　「沖縄字誌研究の方法」『東アジア社会教育研究』第6号　二〇〇一、「De «Nous» à «Nous», Hivicol et Azashi, un outil de renforcement de la vie communautaire au pays du Soleil levant, *Chemin de formation au fil du temps*. No.6 2003.「沖縄における共同的生活史の展開」松田武雄編『沖縄の字（集落）公民館研究第1集』二〇〇三、「字誌づくりに関するエスノグラフィー研究」『東アジア社会教育研究』第14号　二〇〇九

第6章　La collecte de la mémoire au pays du Soleil Levant, *POUR*, No.181, 2004.「沖縄集落の日常的実践がもつ社会教育的意味についての一考察」『神戸大学発達科学部・人間発達環境学研究科研究紀要』第5巻　第1号　二〇一一

第7章　「沖縄の村踊りと青年」『東アジア社会教育研究』第13号　二〇〇八。後にトヨタ財団研究助成　板谷徹編《芸能による地域共同体の再構築》研究報告書に再録　二〇〇八

第8章　Evénements de la vie et particularité du processus de formation au Japon. Dans M. Lani-Bayle et M.-A. Mallet, Evénements et formation de la personne. Tome 3, L'Harmattan, Paris 2010.「ライフイベントと世代間の交流」『東アジア社会教育研究』第11号　二〇〇六

第9章　「人生の出来事〈ライフ・イベント〉と学び」日本社会教育学会編『〈ローカルな知〉の可能性』東洋

館出版社　二〇〇八

これらの研究成果を得るにあたって、下記の研究費補助を得た。記して感謝したい。

文部省科学研究費補助基盤研究（C）「戦後沖縄社会教育における地域史研究」（代表・小林文人　一九九八〜二〇〇〇）

日本学術振興会科学研究費補助基盤研究（B）（1）「沖縄の字誌（集落）公民館研究（代表・松田武雄　二〇〇三〜二〇〇五）

日本学術振興会研究費補助基盤研究（C）（代表・松田武雄　二〇〇六〜二〇〇七）

トヨタ財団研究助成「芸能による地域共同体の再構築」（代表・板谷徹　二〇〇六〜二〇〇八）

日本学術振興会科学研究費補助金基盤研究（C）「教育空間の変容と自己形成の相互関係についての基礎研究」（代表・前平泰志　二〇一〇〜二〇一二）

以上の経過を振り返ってみると、フランスの民衆教育史の研究から出発した筆者の研究が、沖縄の社会教育研究をもう一つの軸に進み、本書でようやく一体化したことに改めて気がつく。あまりに長い時間の経過、そしてあまりに長い迂回であったというべきだろうか。しかし、本書にこれまでの沖縄研究にはない独自の知見があるとすれば、それはフランス成人教育研究ないしは民衆教育史研究という、沖縄研究とは別の系の研究に携わってきた結果というべきである。

長い年月が過ぎる間に当初の沖縄社会教育研究のメンバーの中からも、玉城嗣久、比嘉洋子、新城捷也、石倉裕志などこの世を去る人が出てきた。自らも定年を迎える歳になり、小林文人先生、平良研一先生をはじめとして研究仲間の多くが存命である内に、このような形で沖縄の社会教育とは何かを問い続けてきた成果を世に問うことができたことに、安堵の念を覚える。

最後に、写真を提供してくださった名護市の島袋正敏氏に感謝の意を表したい。また出版事情の困難な今日、本書が出版されるきっかけを与えてくださった福村出版社長の石井昭男氏と、同社編集部の源良典氏に、心よりの感謝を申し上げたい。

9．あなたの「今年の出来事」は

＿＿＿＿＿＿＿＿＿＿＿＿＿＿＿＿＿＿＿＿＿＿＿＿＿＿＿＿＿＿

＿＿＿＿＿＿＿＿＿＿＿＿＿＿＿＿＿＿＿＿＿＿＿＿＿＿＿＿＿＿

＿＿＿＿＿＿＿＿＿＿＿＿＿＿＿＿＿＿＿＿＿＿＿＿＿ です。

10．あなたの「去年の出来事」は

＿＿＿＿＿＿＿＿＿＿＿＿＿＿＿＿＿＿＿＿＿＿＿＿＿＿＿＿＿＿

＿＿＿＿＿＿＿＿＿＿＿＿＿＿＿＿＿＿＿＿＿＿＿＿＿＿＿＿＿＿

＿＿＿＿＿＿＿＿＿＿＿＿＿＿＿＿＿＿＿＿＿＿＿＿＿ です。

以上です。どうも、ありがとうございました。

2. あなたの人生の「全体的出来事」は

____

____

______________________________ です。

3. あなたの子ども時代における人生の「個人的出来事」は

____

____

______________________________ です。

4. あなたの青年時代における人生の「個人的出来事」は

____

____

______________________________ です。

5. 大人になってからの人生の「個人的出来事」は

____

____

______________________________ です。

6. 子ども時代の人生の「全体的出来事」は

____

____

______________________________ です。

7. 青年時代の人生の「全体的出来事」は

____

____

______________________________ です。

8. 大人になってからの人生の「全体的出来事」は

____

____

______________________________ です。

〈資料４〉

「人生の出来事」に関するアンケート調査

Ⅰ　以下の事柄についてお答えください。

1．性別。　　　　　　　　　　　　　　　　　男　・　女

2．何年生まれですか。　　　　年　　月生まれ（満　　　歳）

3．結婚してますか。　　　　　　　　　　はい　・　いいえ

⇒「はい」と答えられた方に。

配偶者はご存命ですか。　　　　　　　　はい　・　いいえ

4．配偶者の職業は、何ですか。

＿＿＿＿＿＿＿＿＿＿＿＿＿＿＿＿

5．子どもは何人いますか。　　　　　　　　　　　人

6．最終学歴は何ですか（○をつけてください）。

中学校・高校・大学・その他　＿＿＿＿＿＿＿＿＿＿＿＿

7．現在の職業は何ですか。

＿＿＿＿＿＿＿＿＿＿＿＿＿＿＿＿

8．現在までの職歴を書いてください。

＿＿＿＿＿＿＿＿＿＿＿＿＿＿＿＿＿＿＿＿＿＿＿＿

＿＿＿＿＿＿＿＿＿＿＿＿＿＿＿＿＿＿＿＿＿＿＿＿

＿＿＿＿＿＿＿＿＿＿＿＿＿＿＿＿＿＿＿＿＿＿＿＿

9．出身地は、どこですか（都道府県および市町村名）。

＿＿＿＿＿＿＿＿＿＿＿＿＿＿＿＿

10．現住所は、どこですか（町名など）。

＿＿＿＿＿＿＿＿＿＿＿＿＿＿＿＿

Ⅱ　以下の事柄について、最初に思い浮かぶものを一つだけ書いて、文章を完成させてください。

1．あなたの人生の「個人的出来事」は

＿＿＿＿＿＿＿＿＿＿＿＿＿＿＿＿＿＿＿＿＿＿＿＿＿＿

＿＿＿＿＿＿＿＿＿＿＿＿＿＿＿＿＿＿＿＿＿＿＿＿＿＿

＿＿＿＿＿＿＿＿＿＿＿＿＿＿＿＿＿＿＿＿＿＿　です。

〈資料３〉ムラ踊り調査

「青年はなぜ踊るのか」

◎　恩納村瀬良垣区・名護市屋部区

〈語り合いのテーマ〉

1. この題に思い当たることがありますか。

2. 現在の暮らしの中で、踊りはどのような意味を持っているのだろう。

3. 今までの暮らしの中で、踊りはどのような意味を持っているのだろう。

4. これからの暮らしの中で、踊りはどのような意味を持つだろう。

5. 青年が中心になって進めていることを、どのように理解していますか。

6. 現在は、どんな子ども時代とつながっているんだろう――記憶にある出来事は。

7. 現在は、どんな学校時代とつながっているんだろう――記憶にある出来事は。

8. 現在は、どんな就職体験とつながっているんだろう――記憶にある出来事は。

9. 地域について考えていることは、どんなことだろうか。

10. 沖縄について考えていることは、どんなことだろうか。

44	古我知誌	古我知	名護市	1998
45	我部祖河誌	我部祖河	名護市	1999
46	東江誌	東江	名護市	2001
47	大北誌	大北	名護市	2003
48	宮里の沿革	宮里	名護市	2004
49	手水の恵み許田誌	許田	名護市	2007
50	轟すくた	数久田	名護市	2007
51	豊原誌	豊原	名護市	2007
52	田井等誌	田井等	名護市	2008
53	済井出誌	済井出	名護市	2009
54	いちへきのムラ川上誌	川上	名護市	2009
55	渡慶次の歩み	渡慶次	読谷村	1971
56	残波の里「宇座誌」	宇座	読谷村	1974
57	渡慶次集落センター落成記念誌	渡慶次	読谷村	1983
58	楚辺誌戦争編	楚辺	読谷村	1992
59	楚辺誌民族編	楚辺	読谷村	1999
60	高志保誌	高志保	読谷村	2007
61	大湾誌和睦	大湾	読谷村	2004
62	泡瀬誌	泡瀬	沖縄市	1988
63	美里誌	美里	沖縄市	1993
64	胡屋誌	胡屋	沖縄市	1994
65	古謝誌	古謝	沖縄市	1999
66	越来字誌	越来	沖縄市	2010
67	屋良誌	屋良	嘉手納町	1992
68	水釜史	水釜	嘉手納町	1996
69	上勢頭誌	上勢頭	北谷町	2003
70	部落移動25周年記念誌	瑞慶覧	北中城村	1993
71	萩道字誌	萩道	北中城村	2010
72	小湾字誌	小湾	浦添市	1995
73	字誌たくし	沢岻誌	浦添市	1996
74	経塚誌	経塚自治会	浦添市	2006
75	泊誌	とまり会	那覇市	1984
76	識名誌	識名	那覇市	2000
77	高良の字誌	高良	那覇市	2008
78	比屋定字誌	比屋定	久米島町	1996
79	上田誌	上田	豊見城市	2001
80	宮平誌	宮平	南風原町	1986
81	大名誌	大名	南風原町	2001
82	前川誌	前川	南城市	1986
83	富盛誌	富盛	八重瀬町	2004
84	字誌外間	外間	八重瀬町	2004
85	米須誌	米須	糸満市	1992
86	宮古島与那覇邑誌	与那覇	宮古島市	1974

〈資料２〉調査対象の字誌一覧

	字誌名	出版区	自治体	年
1	奥字の事績	奥	国頭村	1917
2	奥の歩み	奥	国頭村	1951
3	奥のあゆみ	奥	国頭村	1986
4	辺野喜誌	辺野喜	国頭村	1998
5	あしなみの里伊地	伊地	国頭村	2010
6	川田誌	川田	東村	2006
7	ふるさとは語る	宜野座	宜野座村	1982
8	根路銘誌	根路銘	大宜味村	1985
9	大宜味やんばるの生活風景	根路銘	大宜味村	1985
10	大兼久誌	大兼久	大宜味村	1991
11	喜如嘉誌	喜如嘉	大宜味村	1996
12	塩屋誌	塩屋	大宜味村	2003
13	饒波誌	饒波	大宜味村	2005
14	大保誌	大保	大宜味村	2006
15	漢那誌	漢那	宜野座村	1984
16	八月あしび百周年記念誌	宜野座	宜野座村	1997
17	村の記録	伊芸	金武町	1983
18	金武区誌（戦前編　上・下）	金武	金武町	1994
19	並里区誌	並里	金武町	1998
20	屋嘉区誌	屋嘉	金武町	2005
21	湧川誌	湧川	今帰仁村	1987
22	じゃな誌	謝名	今帰仁村	1987
23	崎山誌	崎山	今帰仁村	1989
24	伊差川誌	伊差川	今帰仁村	1991
25	仲尾次誌	仲尾次	今帰仁村	1993
26	与那嶺誌	与那嶺	今帰仁村	1995
27	比謝矼誌	比謝矼	今帰仁村	1995
28	仲宗根誌	仲宗根	今帰仁村	1996
29	古宇利誌	古宇利	今帰仁村	2006
30	備瀬史	備瀬	本部町	1984
31	北里誌	北里	本部町	1991
32	瀬底誌	瀬底	本部町	1995
33	田名字史	田名区	伊平屋村	2003
34	花と水の郷	喜瀬武原	恩納村	2005
35	南恩納字誌	南恩納	恩納村	2010
36	呉我誌	呉我	名護市	1976
37	かんてな誌	仲尾	名護市	1983
38	ふるさと辺野古を語る	辺野古	名護市	1989
39	大中誌	大中	名護市	1994
40	邊野古誌	辺野古	名護市	1998
41	嘉陽誌	嘉陽	名護市	1999
42	記念誌	大南	名護市	1996
43	字久志誌	久志	名護市	1998

か。集落での暮らしを、改めて見直したという経験がありますか。

6. **集落（シマ）で暮らすことの意味や自覚**。集落（シマ）で暮らすことに、どのような意味を見出していますか。集落の伝統や先輩達の経験を、どのように考えていますか。戦争体験や戦後の苦労などを、どのように感じていますか。それらを守り伝えることを、どのように考えていますか。

7. **集落（シマ）の外との関係について**。集落（シマ）での暮らしをきゅうくつだとか、狭さを感じることがありますか。集落での暮らしと、それ以外の大きな世界とのかかわりについて。日本の政治や安保条約、アメリカ軍の基地など、集落単独では手に負えない問題との関わりについて。字誌は、その中でどのような意味を持ちますか。

8. **これからのことについて**。自分の未来について、どのようなことを考えますか。集落（シマ）の暮らしの未来についてはどうですか。先輩や後輩、若者や子ども達の未来については、どうですか。集落の伝統や暮らしの未来について。先輩達の経験が、未来に伝えられることについて。よそで字誌作りに取り組んでいるひとびとに、特に薦めたいと思うことがありますか。

9. 今までの質問になかったことで、**字誌や集落（シマ）での暮らしの意義を知る**ために大切なこと。

10. **その他**。その他、気がついたことを何でも。

〈資料１〉字誌づくり調査

字誌づくりに関する質問

次の事柄について、自由に思いつくことを話してください。どこからでも結構です。また、この項目は大まかな目安です。これ以外のことでも、結構です。

1. 最初の質問。**字誌づくり全体についての考え**。どのような仕事をしたと考えていますか。いい仕事でしたか。大変な仕事でしたか。集落にとっては、どうだったとお考えですか。字誌づくりとは、何をすることだと思われますか。

2. **字誌づくりに関わるようになった経緯**について。どのようなことから、字誌づくりに関わるようになりましたか。それは無理矢理にでしたか。誰かから、勧められたのでしょうか。以前から、関心がありましたか。字誌づくりを知っていましたか。集落（シマ）の暮らしについて、以前から関心を持っていましたか。

3. **字誌づくりは、実際にはどうでした**か。楽しかったですか。驚いたことが、ありましたか。オジーやオバーの反応は、どうでしたか。聞き取りをしたり原稿を書いたりして、改めて考えたことがありますか。字誌づくりに関わって、自分が変わったと思うことがありますか。集落全体で、字誌づくりの影響があったと感じることは、何ですか。

4. **集落（シマ）での暮らし**は、どのようなものですか。一週間を、どのように過ごしていますか。家族での暮らしの様子。先輩や仲間との交流。後輩や若い人たち、子ども達とのかかわり。集落（シマ）の行事への参加。それを、どのように感じていますか。集落の外で暮らすことと、それはどのように違うと感じていますか。

5. **集落（シマ）との関わりや今までの経験**について。子供のころの経験で、覚えていることがありますか。両親やオジーやオバーは、どんな人でしたか。どんな暮らしをしていましたか。集落（シマ）の外に出て暮らした経験が、あります

わ行

た行

な行

は行

ま行

や行

ら行

さくいん

あ行

か行

さ行

●章扉写真撮影・提供
名護市・島袋正敏氏

第１章　カチャーシーを踊る久志のオバァ（1979年）

第２章　嘉陽集落風景。集落の前方に保安林・砂浜・イノー（礁池）・ヒシ（リーフ）・外海、背後に水田とクサティムイ（腰当森）のヤンバル独特な集落立地風景

第３章　仲尾次公民館広場でビー玉で遊ぶ子どもたち（1980年代）

第４章　米軍海兵隊基地に隣接する辺野古の子どもとタクシー（1965年）

第５章　戦争体験を語る天仁屋の農夫（1980年代）。天仁屋字誌づくり聞取り調査で

第６章「やんばるの戦争」について平和学習の北部の高校生たち（伊江島の壕）。平和学習は名護市史編纂係が企画して行われ、現在も続けられている

第７章　屋部豊年祭に向けて先輩が青年たちへ踊りの指導している（1980年代）

第８章　タコ獲りのオバァ（天仁屋のヒシで　1980年代）

第９章　辺戸の婦人たち（旧暦５月５日のハンカ*行事で）
*ハンカ・シマクサラシ・シマクーなどと呼ばれる伝統祭祀。外部からのヤナカジ（身に見えない流行病や悪霊など）の集落内への侵入を防ぐため、古くは牛、現代は豚などを犠牲にして行う祭祀行事

●表紙写真提供
芭蕉布〈工房うるく〉大城あや氏

末本　誠（すえもと　まこと）

1949年、福井県生まれ。東京学芸大学卒。東京大学大学院教育学研究科博士課程修了後、東京大学助手、神戸大学講師、助教授を経て、現在、神戸大学大学院人間発達環境学研究科教授。博士（教育学）。日本社会教育学会会長。著書に、Moments de formation et mise en sens de soi.（L'Harmattan　2011　共著）、Evénements et formation de la personne.（L'Harmattan　2010　共著）、『地域の創造と生涯学習』（春風社　2010　共著）、『〈ローカルな知〉の可能性』（東洋館出版社　2008　共著）、『生涯学習論』（エイデル研究所　1995　単著）、『新版社会教育基礎論』（国土社　1995　共著）、『地域と社会教育の創造』（エイデル研究所　1995　共著）などがある。

沖縄のシマ社会への社会教育的アプローチ
――暮らしと学び空間のナラティヴ――

2013年8月10日　初版第1刷発行

著　者　　末本　誠
発行者　　石井昭男
発行所　　福村出版株式会社
〒113-0034　東京都文京区湯島2-14-11
電話　03-5812-9702　FAX　03-5812-9705
http://www.fukumura.co.jp
印刷　株式会社文化カラー印刷
製本　本間製本株式会社

ISBN978-4-571-41052-9　C3037
定価はカバーに表示してあります。
乱丁本・落丁本はお取り替えいたします。